음악과 인간행동

음악에서 음악치료까지, 음악에 대한 모든 것

황은영 · 장문정 · 고은진 · 위아름 · 박지선 · 이은선 공저

Music and Human Behavior
All that Music, from Music to Music Therapy

학지사

머리말

"이런 기쁜 순간에는 음악이 있어야 하지."

"음악을 통해 위로를 받았어요. 음악이 괜찮다고 말하는 것 같아요."

지금 당신에게는 어떤 소리가 들리나요?

지금도 주변에 귀를 기울이면 다양한 음악소리를 들을 수 있을 것입니다. 기쁨의 순간에는 우리를 더욱 행복하게 하고, 슬픔의 순간에는 우리를 위로하는 것이 바로 음악입니다.

음악이 이러한 마법 같은 힘을 발휘할 수 있는 것은 무엇 때문일까요?

이 책은 음악이 인간에게 미치는 다양한 영향력에 대해 독자들에게 정보를 주고자 합니다. 이 책은 총 2부로 구성되어 있습니다. 1부는 음악이 무엇인가에 대해, 2부는 음악이 어떻게 사용되는가에 대해 다루고 있습니다. 즉, 1부는 음악 자체가 가지고 있는 속성에 대해, 2부는 음악의 기능적인 사용에 대해 다루고 있습니다.

1부 1장은 음악의 기원과 역사 그리고 음악의 요소에 대해 다루고 있습니다. 음악이 어떻게 시작되었으며 서양과 한국에서 음악의 발전 그리고 음악이 가지고 있는 기본적인 요소인 리듬, 선율, 화성, 조성 등 기본적인 정보를 설명하고 있습니다.

2장은 이러한 음악이 어떻게 발생하고 전파되고 인간에게 지각되는가를 음향학적인 관점에서 설명하고 있습니다. 즉, 멜로디는 어떻게 지각되는지 그리고 왜 음악을 들으면 감정이 발생하는지 등 음악인지에서 다루고 있는 내용들을 설명함으로써 음악에 대한 전문적인 이해를 돕고자 하였습니다.

2부 3장은 흔히 생각할 수 있는 음악의 교육적 기능과 좀 더 발전시켜 음악의 치료적인 활용에 대해서 다루고 있습니다. 음악의 교육적 기능에서는 음악교육의 철학적 관점과 달크로즈 등의 음악 교수법에 대해 다루고 있습니다. 반면, 치료적 기능에서는 음악치료의 개요와 접근법, 기법 등 음악치료에 대한 전반적인 이해를 다루고 있습니다.

4장은 태아부터 노인에 이르기까지 음악이 인간에게 미치는 영향에 대해 각 영역별로 다루고 있습니다. 특별히 관련 연구를 제시함으로써 더욱 전문적이고 근거기반적인 음악의 역할을 소개하고 있습니다.

마지막 5장은 대중음악의 특성, 음악과 문화예술, 음악과 산업, 그리고 음악저작권 등 현대 음악산업에서 중요한 이슈가 되고 있는 내용들을 다루고 있습니다. 최근 한류 열풍으로 한국의 대중음악이 세계로 전파되고 있는 시점에서 음악과 산업에 대한 정보는 음악 관련 직업을 가진 모든 전문가에게 매우 유익할 것이라고 생각합니다.

이 책의 저자들은 음악 관련 분야에서 일하고 있는 음악치료사입니다. 음악을 도구 삼아 치료를 하면서 음악의 힘에 대해 많은 것을 경험하고, 그 누구보다도 음악에 대해 깊이 고민하며, 그 적용과 활용에 대해 관심을 갖고 공부하는 전문가들입니다. 이러한 우리의 관심과 열정을 보여 줄 수 있는 기회를 주신 학지사 김진환 사장님과 관계자 분들께 진심으로 감사드립니다.

모쪼록 이 책이 음악을 사용하여 교육과 치료를 하는 학생들과 전문가들 그리고 관심 있는 관련 분야의 전문가들에게 유익한 정보를 줄 수 있기를 바랍니다. 지금 우리 사회에 가장 필요한 것은 치유라고 합니다. 분명 음악에는 치유하는 힘이 있습니다. 힘들고 어려운 우리 사회에서 음악이 좋은 영향력으로, 치유의 힘으로 그 역할을 할 수 있게 되기를 바라며, 그 역할을 함께하고자 하는 사람들에게 조금이나마 도움이 될 수 있기를 바랍니다.

음악은 우리의 친구이자 동반자이며, 때로는 우리 모습을 보여 주는 거울이 되기도 합니다. 우리, 바로 당신이 음악입니다. 감사합니다.

2019년 7월

저자 일동

차례

2장 | 음악과 인간 · 57

2부
음악은 어떻게 사용되는가

3장 | 음악의 기능 · 99

4장 | 음악과 인간발달 · 165

1부

음악은 무엇인가

1장

음악

음악은 인류 역사의 장중한 세월 동안 우리 곁을 지켜 왔다. 세상에는 음악의 역할만큼이나 음악에 대한 다양한 생각이 존재한다. 언어 못지않게 동물과 인간을 구별해 주는 것 중 하나는 인간의 예술성이며 음악은 이것의 대표적인 예이다. 음악은 시대와 문화를 초월하여 인간을 특별한 존재로 만들어 주었고 인간의 삶을 다양한 방식으로 풍요롭게 해 주었다. 물론 우린 꼭 음악이 아니어도 살 수는 있다. 그러나 삶의 환경을 끊임없이 개선하여 인간답게 살고자 하는 우리의 기본적인 욕구는 인간이 음악을 만들고 즐기는 데 기초가 되어 주었다. 역사와 삶에 깊숙이 배어 있는 음악은 이제 무시할 수 없는 인간의 일부가 되었고, 삶의 질을 고려할 때 음악 없이 살아가기는 어렵게 되었다.

음악은 인간 본성의 일부이다(Blacking, 1973/1998; Dunbar, 2004; Mithen, 2005/2008; Rousseau, 1781/2001). 음악은 인류의 보편적 특성 중 하나이다. 음악은 의사소통의 도구이고, 감정의 자극제이며, 놀이이고, 상품이다. 또한 음악은 인간행동이다(Blacking, 1973/1998; Lehmann, 2010/2012). 음악은 과연 무엇일까? 인간에게 음악은 어떤 의미일까? 민속음악학자 블래킹(Blacking, 1973/1998)은 저서 『인간은 얼마나 음악적인가?』에서 음악은 인간을 위해, 인간에 의해 조직된, 인간성을 반영한 소리로 다른 문화적 기술처럼 학습되는 것이 아닌 인간의 타고난 보편적 특성이라고 하였다. 각 사회와 문화마다 음악에 대한 정의와 범주가 다를지라도 음악이 소리의 조직이자 인간행동의 산물이라는 데에는 이견이 없을 것이다. 라도시와 보일(Radocy & Boyle, 1997/2001)은 인간이 습득하는 특정한 언어 및 음악 어법과 형식은 문화적 경험과 학습에 의존하게 된다 하더라도 인간이 '자연적'으로 언어를 습득하도록 타고난 것처럼 '자연적'으로 음악을 습득할 수 있다고 하였다. 음악에는 서로 다른 사회·문화적 환경에 속한 개개인들의 생각과 경험이 반영된다. 따라서 음악이 사람들에게 미치는 영향력은 그들이 속한 문화적 환경 내에서 겪는 경험에 따라 달라질 것이다.

그러나 음악은 시대와 문화를 초월하기도 한다. 음악의 역할 가운데 대표적으로 언급되는 것이 인간에게 즐거움을 제공하고 정서 환기를 통해 특정 행동을 유발한다는 것이다. 스스로 음악을 만들든 음악에 맞춰 춤을 추거나 음악 외적인 행동을 하게 되든 우리는 음악으로 무엇인가를 한다. 음악이 이렇게 할 수 있는 이유는 무엇일까? 이에 대해 신경생물학자 챈기지(Changizi, 2011/2013)는 흥미로운 주장을 내놓는다. 그에 따르면, 우리는 타인의 얼굴과 몸에서 정서적인 환기를 가장 크게 받는데 강렬한 정서를 불러일으키는 어떤 인공물이 있다면 그것은 어떤 식으로든 '사람'처럼 보이거나 들린다는 것이다. 다시 말해, 음악을 통해 정서적 자극을 받은 사람들은 음악에서 '인간'을 느끼게 된다는 뜻이다. 우리가 음악을 직접 만들고 연주하거나 들을 때 우리 몸 안에서 생리적인 과정이 진행된다. 소리를 조직하고 질서를 부여하여 음악을 만들어 내고 이를 이해하며 느끼는 우리의 능력은 학습이 이루어지기 이전에 이미 우리 안에서 일어나는 본능적인 일이기도 한 것이다. 이러한 음악적 본성을 바탕으로 우리 인간은 스스로를 돌보고 나아가 문화를 이루고 사회라는 구조물을 튼튼하게 엮으며 살아간다.

그렇다면 인간에게 이렇게 중요한 음악은 도대체 언제 생겨났을까? 우리의 삶과 밀접한 음악이라는 매체를 즐기고 깊이 숙고해 본 사람이라면 한번쯤 해 봤음직한 질문이다. 유사 이래로 사람들은 인간과 음악의 관계, 음악의 역할과 음악이 인간에게 미치는 영향력을 이해하고자 꾸준히 노력해 왔다. 1장에서는 음악이 언제 시작되었는지 그 기원과 역사를 추적하는 한편, 소리를 음악으로 조직하기 위해 필요한 기본적인 요소를 살펴봄으로써 음악을 이해하기 위한 첫걸음을 시작하고자 한다.

1. 음악의 기원

1) 음악의 시작

음악의 기원에 대해서는 우리가 음악을 영위해 온 시간만큼이나 다양한 이론과 견해가 존재한다. 먼저 **진화론**을 창설한 다윈(Darwin, 1871/2014)은 『인간의 유래와 성선택』이라는 저서에서 **성선택 원리**에 따른 기원을 제시한다. 그는 이성을 매혹하기 위한 새들의 소리에 빗대어 남성이나 여성이 짝을 유혹하기 위해 음률과 리듬이 실린 소리를 내는 과정에서 음악이 유래되었을 것이라고 주장하였다. 또 다윈은 원시언어와 음악은 비슷한 형태를 띠었을 것이며 언어가 발달하는 과정에서 음악이 기초적인 역할을 담당했을 것이라고 보았다.

음악의 기원을 추적할 때 자주 함께 거론되는 것이 언어이다. 언어의 기원은 오래전부터 많은 학자에 의해 탐구되어 왔고 언어로부터 음악이 파생되었을 것으로 여겨지기도 했다. 진화심리학자 핑커(Pinker, 1997/2007)는 음악이 다른 기능을 위해, 즉 언어나 운동 통제를 돕거나 즐거움을 제공하기 위해 파생된 언어의 부산물이라고 보았다. 상호작용을 위한 언어의 과장된 억양에서 음악이 유래되었을 것이라고 보았으며 음악을 즐거움을 제공하는 역할에 한정하였다. 그러나 어느 하나가 다른 무엇으로부터 파생된 것으로 결론을 내기에는 언어와 음악은 너무나 깊게 연관되어 있으며 상호 영향을 주고받으며 진화해 왔다. 네틀(Nettl, 1983)은 언어와 음악의 의사소통 기능에 주목하였다. 그는 강세, 고저, 장단을 가진 의사소통 패턴이 초기에는 음악이나 언어로 뚜렷이 구분되지 않았으나 이후 음악이 다양한 방식으로 분화 발전하면서 독립했을 것으로 추정한다. 토머스(Thomas, 1995)와 브라운(Brown, 2000)은 음악과 언어가 공통의 뿌리를 가지고 있다고 보았다. 특히 브라운은 자신의 논문에서 음악언어(musilanguage)라고 명명한, 언어와 음악의 공통 전구체를 제시하였다. 이것은 인류 조상들이 사용했던 옛 의사소통 체계의 한 종류였는데 과거 어느 시점에서 개별 체계로 분화했을 것이라고 하였다. 즉, 갈라진 두 체계가 이후 발전 과정에서 각기 고유한 속성을 추가로 획득하면서 하나는 음악이 되고, 나머지 하나는 언어가 되었다는 설명이다.

음악의 기원을 추적하기 위해 사용되는 방법 중 또 하나는 음악의 보편적인 특성을 연구하는 것이다. 모든 시대, 모든 문화에서 공통으로 발견되는 것 중 하나인 자장가는 대다수 문화권에서 멜로디와 리듬, 박자가 비슷하다. 개스턴(Gaston, 1995)을 비롯해 다수의 학자는 원시시대 양육자가 아이에게 불러 주던 자장가가 최초의 음악이었을 것으로 여기고 자장가를 비롯한 아기와 양육자 간 소통 방식으로부터 음악의 기원을 찾는다. 양육자와 아기의 신체 접촉은 아기에게 심리적 안정감을 주고 그들 사이의 결속을 돕는 매우 중요한 요소로 특히 생후 첫해에는 밀접한 신체 접촉이 필수적이다. 심리학자 퍼널드(Fernald, 1991)의 연구에 따르면 목소리가 직접적인 신체 접촉을 대신할 수 있는데, 아기들은 선율적인 억양의 과장된 말투에 훨씬 더 강하게 반응한다. 아기를 향한 과장된 말투를 IDS(infant-directed speech, 유아어, 유아를 지향한 말)라고 하는데, 이는 아직 완전한 언어를 습득하지 못한 유아들에게 하는 독특한 이야기 방식을 일컫는다. IDS는 세계 모든 양육자가 유아에게 하는 보편적인 말로, 목소리 톤의 높낮이 폭을 크게 하되 대체로 높은 톤으로 말하고 모음을 강조해 길게 발음하며 쉼표를 충분히 활용하고 짧게 반복해서 말하는 것이 특징이다. 이처럼 IDS는 운율이나 리듬적 요소가 과장되기 때문에 음악처럼 들리기도 한다. 언어 습득 이전의 유아는 상대방이 선율적이고 리드미컬한 말소리로 이야기할 때 더 큰 관심과 반응을 보일 뿐 아니라 상대의 의도와 감정을 이해하기 때문에 아기를 향한 말이 자연스럽게 이러한 형태를 띠게 되는 것이다. 결론적으로 과장된 운율의 말은 아기의 언어 습득을 촉진하고 감정을 유발할 뿐 아니라 아기와 양육자, 가족 간의 사회적 결속을 돕는다(Mithen, 2005/2008).

한편, 음악의 기원에 관한 또 다른 이론으로 사회적 결속과 관련된 내용을 들 수 있다. 인류학자이자 진화심리학자인 아이엘로와 던바(Aiello & Dunbar, 1993)는 언어와 음악의 발생 원인을 인류가 큰 무리를 지어 살게 된 것에서 찾는다. 즉, 집단의 규모가 커질수록 개인 간의 신체 접촉이 줄어들 수밖에 없는데 소리를 이용한 접촉으로 소통을 대신했다는 것이다. 집단을 이루고 사는 인류에게 소리, 특히 음악은 접촉을 도울 뿐 아니라 특정 행동을 유발해 협동을 수월케 한다. 박자와 리듬에 맞춰 함께 노래하거나 움직이면 목소리와 행동뿐 아니라 감정도 일치되고 힘이 강화된다. 슬로보다(Sloboda, 1986) 역시 음악의 사회적 기능에 주목하고 집단을 이루며 살게 된 인간이 소속감과 응집력을 위한 필요로 음악을 시작하게 되었을 것이라고 하였다. 집단의 생산성과 효율성을 위해 불리는 노동요나 집단의식에서 주술적 기능을 위해 사용된 음악 역시 집단성이라는 맥락에서 시작된 것이라고 볼 수 있다. 사회적 존재인 인간에게 결속은 필수적인 요소이다. 양육자와 아기 사이의 음악적 대화이든 집단에서 함께 하기 위한 것이든 음악이 관계 형성 및 결속을 위해 기능했다는 사실은 음악이 인간의 삶에서 결정적인 의미를 지닌다는 것을 보여 준다.

인류 진화에 중요한 사건 중 하나로 **직립보행**을 들 수 있다. 이는 언어와 음악 능력의 발달에도 핵심적인 역할을 했는데, 특히 인류의 몸 전체에 해부학적인 변화를 일으켜 인간의 뇌와 성도뿐 아니라 몸을 사용하는 방식에 영향을 미쳤다. 인류학자 아이엘로(Aiello, 1996)에 따르면 직립보행과 식생활 변화(육식 증가)로 얼굴 골격과 치아 상태에 변화가 일어나 인간의 후두 위치가 초기보다 아래로 내려가게 되었고 그 결과 성도의 길이가 늘어나 더 다양한 소리를 만들어 낼 수 있게 되었다. 안정적이고 효율적으로 걷거나 달리기 위해서는 리드미컬한 움직임이 필요한데 인류의 직립보행 능력이 발달하면서 인간에게 내재된 음악의 가장 기본적인 요소인 **리듬**이 함께 발전하였다. 직립보행으로 인간은 손 사용을 비롯한 여분의 신체활동을 활발히 할 수 있게 되었고 성도와 자세의 변화로 발성 폭이 넓어져서 다양한 소리를 만들어 낼 수 있게 되어 **의사소통**이 증가하게 되었다.

2) 악기의 발명

세계 각지에서 발견된 동굴이나 고대 유적의 벽화 및 부장품 중에는 악기로 추정되는 물건들이 포함돼 있어 인류가 꽤 오래전부터 이미 악기를 사용했음을 짐작케 한다. 앞서 언급한 대로 인류 진화에 중요한 사건 중 하나인 **직립보행**은 음악 능력의 진화와도 적지 않은 관련이 있다. 똑바로 선 자세는 성도의 변화를 이끌어 다양한 발성을 가능하게 했을 뿐 아니라 다리만으로 이동이 가능해진 인류가 이전보다 손을 자유롭게 사용할 수 있게 해 주었다. 학자들은 직립원인이자 초기 인류 중 하나인 호모에렉투스 시기부터 도구를 본격적으로 제작하기 시작했을 것으로 추정하고 있다. 음악적 도구라고 할 수 있는 악기의 발명도 이와 무관하지 않을 것으로 보이는데 고고학적 증거가 충분치 않아 최초의 악기에 대해서는 학자들마다 의견이 분분하고 시기적으로도 다소 거리가 있으나 직립원인이 출현한 이후 악기로 추정되는 도구가 발견되어 인류의 악기 발명에 대한 정보를 제공해 주고 있다. 1995년 슬로베니아의 디브예 바베 동굴에서 뼈로 된 피리가 발견되었다. 곰의 다리뼈로 만들어진 12.5cm 길이의 피리에는 4개의 구멍이 온전히 보전되어 있었다. 학자들은 이것을 43,000~67,000년 전 쯤의 것으로 확인했고 네안데르탈인이 사용했을 것으로 추정한다(정종구, 2014에서 재인용). 이 밖에도 독일 남부 슈바벤알프스의 카르스트 동굴, 프랑스 피레네와 오스트리아 북부 등에서도 길고 가느다란 뼈가 발견되었다. 고고학자들은 여러 개의 작은 구멍이 일정한 간격으로 뚫려 있어 플루트처럼 보이는 이 뼈들을 호모사피엔스가 출현한 석기시대의 악기로 추정한다. 한편, 인류학자들은 20만 년 전 아프리카에 살았던 호모사피엔스의 호흡기관과 발성기관이 현대인의 것과 거의 일치한다는 데 의견을 같이한다. 이를 통해 두 가지를 가정해 볼 수 있다. 하나는 노래가 음악적 표현의 가장 원초적 형태로서 지금까지 발견된 가장 오래된 악기보다 최소 두 배 이상 더 오래된 역사를 지닌다는 것이고, 다른 하나는 인류가 집을 짓고 살기 훨씬 이전부터 악기를 만들어 음악을 즐겼다는 것이다(Lehmann, 2010/2012).

인류가 도구를 사용할 수 있게 되기 전에는 목소리를 사용해 노래를 부르는 것이 인류의 주된 음악생활이었을 것이다. 목소리는 인간의 몸으로 구현하는 가장 원초적이자 직접적인 악기인 것이다. 더불어 손과 발도 악기로 기능할 수 있는데 손뼉을 치거나 발을 구르고 자신의 몸을 두드림으로써 음악적 리듬을 만들어 낼 수 있기 때문이다. 이후 인간은 악기를 발명하고 발전시킴으로써 본격적으로 음악 문화를 형성하고 확장하기 시작한다. 유적에서 발견된 악기들은 인간이 최소한 석기시대부터 이미 스스로 음악적 도구를 만들었음을 보여 준다. 악기는 인간의 소리를 단순히 흉내 내는 것 이상의 다채로운 음을 만들어 냄으로써 전혀 새로운 형태의 음악을 만들어 내는 데 일조하였다. 이후 악기는 아예 독립적인 성격을 가진 음악적 도구가 됨으로써 음악적 범주를 다양화하여 본격적인 음악 문화를 형성하였다. 즉, 악기가 발명된 이후 본격적인 음악의 역사가 시작되는 것이다.

3) 음악에 관한 신화와 전설

신화와 전설은 세상의 사물과 일이 언제, 어디서, 어떻게 비롯되었는지를 이해하는 데 있어 역사적 증거를 통해 합리적으로 입증할 수 없는 것을 상징적인 방법을 통해 보여 주는 가장 오래되고 인류에게 익숙한 설명 방식이다 (Campbell & Moyers, 1991/2014; Lehmann, 2010/2012). 역사시대 이전의 음악에 대한 구체적 증거물과 자료가 그리 많지는 않으나 음악의 기원과 조상들의 음악생활을 짐작해 볼 수 있는 고대의 이야기들은 기록을 통해 찾아볼 수 있다.

전 세계적으로 가장 많이 읽히는 것으로 알려진 성서는 인류가 세상에 존재하기 전 태초에 '말씀'이 있었고 천지를 창조할 때 야훼는 '말씀'으로 모든 것을 명하였다고 전한다(창세기 1장). 이에 대한 다양한 해석이 존재하는데 가능한 해석 중 하나는 '말씀'이 소리로 이루어진다는 것이다. 소리는 언어와 음악의 가장 기본적이고 핵심적인 요소이다. 고대 그리스인들은 인류가 나타나기 아주 오래전부터 이미 우주에는 조화로운 천체들의 움직임으로 만들어진 소리, 즉 음악이 존재한다고 믿었고 이를 '천구의 음악'이라는 개념으로 설명한다. 마찬가지로 성경은 천지창조에 관해 서술하는 장에서 모든 것이 야훼의 '말씀'으로 이루어졌음을 전한다. 또 야훼는 이스라엘의 지도자 모세에게 백성들이 기억해야 할 내용을 노래로 가르치고 부르게 하여 전승하도록 명했고(신명기 31장 19절), 이스라엘 왕 사울에게 악신이 깃들어 그가 고통스러워하고 있을 때 목동이었던 다윗이 수금을 연주하여 그를 위로하고 낫게 하였다(사무엘상 16장 14~23절). 성서 전체를 통틀어 가장 긴 책인 **시편**(Psalms)은 '찬가'라는 뜻을 가지고 있으며 찬양, 좌절, 희망, 탄원, 환희와 심지어 복수에 대한 내용 등 신앙의 모든 측면에 관한 시와 노래를 담고 있다(Lang, 2007).

고대 그리스 신화에는 음악에 대한 이야기가 풍성하다. 특히 음악적인 소리를 만들기 위해 만들어진 악기에 대한 이야기가 많이 전해진다. 그중 가장 유명한 이야기는 음악가 오르페우스에 관한 것이다. 음악의 신 아폴론과 무사이 아홉 자매 중 현악과 서사시를 담당한 칼리오페의 아들인 오르페우스는 노래를 잘 만들고 불렀으며 리라(수금)의 명연주자였다. 신화는 인간뿐 아니라 산천초목과 짐승들이 그의 노래와 연주를 듣고 함께 기뻐하거나 슬퍼했다고 전한다. 오르페우스가 독사에 물려 죽은 아내 에우리디케를 찾아오기 위해 지하세계로 갈 때 뱃사공 카론은 그의 노래와 연주에 감동해 저승의 강을 건널 수 있게 도와주었다. 또 아르고 원정대가 노래로 선원들을 유혹해 목숨을 앗아가는 세이렌의 바다를 지나게 되었을 때도 오르페우스의 연주 덕분에 선원들이 무사히 항해를 계속할 수 있었다. 오르페우스가 연주하던 리라는 갓 태어난 신 헤르메스가 거북이 한 마리를 죽여 등딱지에 소가죽을 씌우고 양의 내장으로 된 일곱 개의 줄을 달아 만든 것이라고 한다. 판(Pan)과 시링크스의 전설은 **팬플루트**(Panflute)의 기원을 전한다. 사랑에 빠져 자신을 쫓아오는 판을 피해 달아나던 시링크스가 더 이상 달아날 곳이 없게 되자 대지의 여신에게 부탁해 갈대가 되었고, 판은 이 갈대를 꺾어 악기로 만들어 불면서 슬픈 마음을 달랬다고 한다. **팬파이프**(Panpipe)는 악기를 만든 판(Pan)의 이름

팬플루트

생황

[그림 1-1] 팬플루트와 생황
출처: 네이버 지식백과.

을 딴 것으로 이후 팬플루트라고도 부르게 되었다.

악기에 관한 이야기는 **중국 신화**에서도 발견된다. 하늘과 땅 사이를 메우고 사람과 동물을 만든 신 여와(女媧)가 사람과 사람 간의 감정이 친밀하지 않은 것을 보고 봉황의 모습을 본 뜬 생황이라는 악기를 만들고 연주하여 사람들로 하여금 교류하게 하였고 하늘과 땅의 혼란을 잠재워 세상을 조화롭게 하였다(이재용, 2014). 이 같은 전설을 가진 중국 고대의 악기 **생황**은 3000년 이상 사라지지 않고 아직까지 그 면면을 이어오고 있다. 생황 못지않게 오랜 역사를 가진 악기인 **하프**는 사냥할 때 쓰는 활의 줄을 튕긴 데서 유래된 것으로 악기 중에서 그 기원이 가장 오래되었다. **북유럽 신화**에는 하프에 관한 다음과 같은 이야기가 전해진다. 시와 웅변의 신 오딘은 아들 브라기의 탄생을 축하하기 위해 마법의 하프를 선물한다. 어린 시절 브라기는 배에 태워져 저승으로 향하는 강으로 떠내려가게 되었는데, 하프를 연주해 파도를 일으켜 배가 물가로 가도록 했다고 한다.

이상과 같이 전해오는 이야기들은 신 또는 인간이 삶의 필요와 목적을 위해 노래를 부르고 악기를 발명했음을 보여 준다.

2. 음악의 역사

지구상에 존재하는 수많은 민족과 나라는 각기 자신들의 역사와 문화 속에서 자신들의 삶을 반영한 음악을 꾸준히 향유하고 발전시켜 왔다. 지금도 사람들의 삶의 모습만큼이나 다양한 음악이 세계 곳곳에서 향유되고 있으며 각 지역, 나라마다 발전시켜 온 음악의 역사와 모습 또한 다양하다. 이 절에서는 현재 세계적으로 가장 보편화되어 있는 서양음악을 중심으로 음악사를 간단히 살펴볼 것이다. 또 서양음악이 전해지기 이전인 19세기경까지의 한국 음악의 역사를 되짚어 볼 것이다.

1) 서양 음악사

(1) 고대

고대 그리스는 현대 서양의 모든 사회, 문화, 예술, 사상의 기초이자 절대적인 영향을 미친 시대이다. 고대 그리스는 특히 음악에 대한 분명한 철학을 바탕으로 사회문화를 일구었으며 따라서 그들의 문명은 음악에 대한 다양한 사상 및 형식과 깊게 맞물려 있다. 고대 그리스인들은 음악을 우주의 질서와 연관시켜 생각하였다. 단위와 수를 통해 우리가 사는 세상을 이해하고 정리하고자 했던 피타고라스 학파의 철학자들은 자연의 소리는 천체의 운행이 조화를 이룰 때 내는 소리라고 보았으며, 그들에게 있어 '조화'란 차례로 울리는 음들 사이의 일정한 비율을 뜻했다. 이 같은 생각을 바탕으로 피타고라스와 그의 제자들은 음정과 줄 길이 사이의 관계를 탐구하여 현악기의 줄들이 정수의 비율을 가질 때 조화를 이룬 음이 생겨나 우리 귀에 아름답게 들린다는 사실을 알아냈다. 그리스 사회는 음악이 인간의 의식에 영향을 미친다는 것을 알았고 조화로운 음악에 대한 중요성을 강조하여 조화롭지 않은 음악의 연주를 금지하는 법안을 제정하기도 하였다(Hall, 1957/1971/2018).

고대 그리스는 음악의 조화로움뿐 아니라 음악의 윤리적 역할 또한 중요시하였다. 이 시대의 대표적 철학자 중 한 사람인 플라톤은 음악이 인간 영혼에 미치는 영향을 강조하면서 음악으로 인간의 몸과 마음을 정화할 수 있다고 여겼다. 아리스토텔레스 역시 인간의 성격을 발전시키기 위한 음악교육을 위해 윤리적 멜로디와 화성의 사용을 강조하였다. 따라서 그리스인들에게 음악교육은 곧 인성교육에 다름 아니었으며 도덕성과 정연한 마음을 기르기 위한 전인 교육의 목적으로 제공된 음악은 특히 청소년들의 교육과 인격형성에 중요한 역할을 담당하였다.

당시 젊은이들이 반드시 익혀야 할 일곱 가지 학문으로 대수학, 기하학, 천문학, 음악, 문법, 수사학, 토론 과목이 있었다. 문법, 수사학, 토론은 오늘날 인문학이라 불리는 '**트리비움**(trivium, 세 개의 길)'에 속하고 음악은 오늘날의 자연과학 분야인 대수학, 기하학, 천문학과 더불어 '**쿠아드리비움**(quadrivium, 네 개의 길)'에 포함되었다. 음악은 단위와 수에 기초한 우주 질서의 조화로움을 반영한 것이기에 수학 분과 중 하나로 취급되었던 것이다. 고대 그리스에서 조화의 법칙은 음악을 통해 경험할 수 있었으며 음악은 개인과 공동체를 아우르는 중요한 철학이자 예술 형식이었다.

(2) 중세

고대사회 이후 서양에서는 기독교가 부상하였고 이에 따라 음악에도 변화가 일어났다. 중세시대로 분류되는 이 시기의 모든 문화와 예술은 교회와 수도원을 중심으로 형성되고 향유되었으며 음악가들은 대부분 종교인들이었다. 교회는 종교적 의식을 중요하게 여겼고 음악은 신과 인간을 연결해 주는 매개체로서 신앙적인 내용의 찬양곡이나 예배의식을 위한 곡들이 주를 이루는 등 종교적 형태를 띠며 발전하게 된다. 또 중세에는 모든 교육의 독점권을 교회가 가지고 있었고 음악을 공부하고 가르치는 일은 수도사만이 할 수 있었다. 따라서 기록으로 남겨져 오늘날까지 전해지는 중세 음악은 주로 교회음악들이다.

음악가이자 기독교 신학자이기도 했던 로마 제국의 집정관 보이티우스는 피타고라스와 플라톤을 비롯한 그리스 학자들의 음악 이론을 라틴어로 새롭게 정리하였다. 초기 기독교 음악은 유대교 전통의 유산을 물려받았으나 수도원의 수도사들은 보이티우스를 통해 전해진 고대 음악 이론과 시편을 토대로 기독교 교회음악의 체계를 세우게 된다.

중세 초기 교회음악은 악기 반주 없이 단음으로 된 노래가 주를 이루었는데 이러한 노래를 '그레고리안 찬트(Gregorian Chant)'라고 부른다. 찬트는 영성과 교회의식의 경건함을 고취시키기 위한 노래로 6세기경 교황 그레고리우스 1세가 예배에 쓰이는 노래들을 표준화하고자 선율을 수집하여 정리했다고 전해진다. 이 시대에는 노래를 기록할 표기 체계가 없었기 때문에 미사와 기도 시간에 부르는 성가의 레퍼토리는 모두 구전되었다. 그리고 기억에만 의존해 전달되는 과정에서 차이가 발생하여 성가가 지역마다 다른 형태를 띠기도 하였다. 그러다 9세기경부터 그레고리오 성가에 변화가 일어난다. 인간이 보다 충만하고 풍성한 소리를 갈망하게 되어 두 개 이상의 서로 다른 선율로 동시에 노래하기 시작한 것이다. 이 같은 다성 음악의 출현은 화성의 개념이 발달하는 데 기초가 되었을 뿐 아니라 기보법의 발달을 촉진하기도 하였다.

중세시대 당시는 물론이고 이후의 음악 발전에 크나큰 전기를 마련한 것이 11세기경의 기보법 발명이다. 수도사이자 음악 이론가였던 귀도 다레초(Guido d'Arezzo, 991~1050년경)는 음의 변화를 기록할 수 있는 네우마(neuma)라는 기호를 만들어 종이에 기록하고 읽을 수 있게 하였다. 초기의 네우마는 노래 가사 바로 위에 그린 것으로 상대적인 음의 높고 낮음을 표시한 것에 불과했는데도 구전되던 노래를 기억하고 전달하기 쉽게 만들어 주었다. 이후 네우마는 개량과 발전을 거듭하여 다성 음악이 출현한 이후에는 비교적 정확한 음높이와 음길이까지 표시할 수 있게 된다. 귀도 다레초는 또한 노래의 선율을 선창하고 따라 부르도록 하기 위해 계명창을 고안하였다. 오늘날의 계이름인 '도레미파솔라시'의 시초라 할 수 있는 그의 계명창은 노래를 더 빠르고 정확하게 배울 수 있도록 하는 데 큰 역할을 하였다.

중세음악은 일반적으로 종교음악과 세속음악으로 구분된다(허영한 외, 2011). 여기서 세속이라 함은 '세상의 일반적인 풍속'을 의미한다. 당시 음악의 주도권을 가지고 있었던 교회에서는 평민들이 쓰는 언어가 아닌 라틴어를 사용하였고 그래서 라틴어를 모르는 평민들과는 괴리가 있을 수밖에 없었다. 지위가 높은 계층은 주로 교회음악을 중심으로 한 성악을 즐겼던 반면, 평민들이 향유했던 음악은 대부분 춤곡이었다. 중세는 악기에 대한 멸시와 경계심이 커서 성악을 중심으로 한 음악이 주를 이루었고 악기가 연주되었다 해도 악보로 남기지 않았기 때문에 전해지는 것이 거의 없다. 다만, 평민들이 춤을 추거나 노래할 때는 상당 부분 악기가 사용되었고 주로 즉흥음악이었을 것으로 추정되고 있다.

(3) 르네상스

르네상스(renaissance)라는 말은 '다시 태어남'을 의미하는 것으로 고대 문명을 되살리고자 했던 당시의 문화적 움직임을 담고 있다. 중세 이후 새롭게 등장한 이러한 경향으로 인간이 모든 것의 중심에 놓이기 시작했으며 인간과 자연 세계를 새롭게 발견하고 방향을 잡아 나가게 되었다. 인간을 모든 것의 중심에 놓고자 했던 인문주의(humanism)는 고대 그리스 문명이 인간이 지적으로 이룩한 최고의 문명이라고 여겨 이를 되살리고자 하였다. 콜럼버스의 아메리카 상륙(1492), 코페르니쿠스, 갈릴레오 갈릴레이, 케플러 등에 의한 자연과학의 발달, 구텐베르크의 인쇄술 발명을 비롯해 마르틴 루터의 종교개혁(1517~) 등이 모두 이 시대에 이루어진다.

인간은 신의 피조물이자 교회 집단의 일원으로서 신앙생활과 종교적 체험을 하는 것에 더 이상 만족하지 않고 개인적으로 특별한 의미를 지닌 자신만의 체험을 추구하기 시작했다. 새로운 인간상은 새로운 예술가상을 만들어내게 된다. 교회뿐 아니라 예술 애호가들을 위해 활동하는 예술가들이 등장하기 시작한 것이다. 음악의 변화도 뒤따라 종교의식과 행사를 위한 음악뿐 아니라 일상생활에서도 자유롭게 음악을 향유하게 되면서 미적인 만족과 즐거움을 주기 위한 새로운 방법들이 모색되었다.

르네상스 시대에도 여전히 성악음악이 중심을 차지하고 있었으나 당시는 기악음악이 점점 부상하는 시기이기도 하였다. 라틴어로 '교회식으로' 또는 '교회를 위하여'라는 의미의 '아카펠라(A Cappella)'는 반주가 없는 교회용 합창곡으로 르네상스 성악음악의 대표적인 연주 방식이었다. 또 15세기 초부터 협화음과 불협화음의 사용규칙을 규정한 '대위법' 이론이 본격적으로 발달하기 시작하였다. 대위법은 한 성부의 선율 위나 아래에 새로운 성부의 선율을 대위시키는 것으로 각 성부들의 선율을 동시에 조화롭게 진행시키는 다성음악(폴리포니, polyphony) 기법이다. 이는 협화음을 중시한 르네상스 정신을 반영한 것이라 할 수 있다. 한편, 르네상스 시대의 중요한 사건 중 하나인 종교개혁으로 인한 음악의 변화를 빼놓을 수 없다. 독일인이었던 마르틴 루터를 필두로 한 종교 개혁가들은 예배의식에 라틴어만을 사용하는 것에 반기를 들고 교회에서 자국어를 사용한 노래를 부르기 시작했다. 대표적인 루터교회 음악인 코랄(Choral)은 예배에 참석한 모든 회중이 노래를 부를 수 있게 하려고 기존의 알려진 선율이나 새로 반든 선율에 독일어 가사를 붙인 것으로 이는 현대 찬송가의 기원이 된다.

16세기 무렵 유럽 전역에서는 각 지역의 언어를 사용하면서 지역 특색을 반영한 다양한 민족양식 음악이 발달하게 되었다. 이탈리아의 '마드리갈', 프랑스의 '샹송', 독일의 '리트', 스페인의 '로만세' 등 대부분 자연 묘사나 사랑을 주제로 한 노래들이 유행한다.

(4) 바로크

바로크 시대는 1600년에서 1750년 사이의 기간을 말한다. **바로크**(baroque)는 '일그러진 둥근 보석(진주)'이라는 뜻의 포르투갈어에서 유래된 것으로 세련되게 다듬어지지 못했음을 지칭하는 말이었다. 미술사에서 처음 사용하기 시작했는데 바로크 이후 시대 사람들이 미술과 건축 분야의 감각적이고 장식적인 양식을 약간 비꼬는 투로 지칭한 용어였다. 음악 분야에서도 마찬가지로 이 시대의 음악이 지나치게 대담하고 과장되며 화성과 선율이 복잡하다는 평가를 받게 되면서 사용되기 시작했다. 그러나 19세기 중엽 이 용어가 재해석되고 그 시대 예술에 대한 재평가가 이루어지면서 이제는 17세기 초에서 18세기 중반까지의 지배적인 유럽문화 양식을 가리키는 중립적인 용어가 되었다(정윤수, 2010).

바로크는 새로운 중산층 계급, 즉 도시 시민이 나타나기 시작한 시대로 오랜만에 유럽이 비교적 풍요롭고 안정된, 나아가 각 지역이 경제적으로 부흥하기 시작한 때였다. 또 신구교의 종교적 갈등은 차츰 약화되고 엄격한 종교적 잣대가 완화되었다. 오페라와 함께 이를 위한 전용 극장인 오페라 하우스가 생겨났으며 귀족과 시민들은 사교장에서 다양한 민속춤을 즐기기도 하였다. 중세와 르네상스 시기에 상대적으로 소홀하게 여겨졌던 기악음악이 각광 받기 시작했고 인쇄술의 발달로 악보가 제작되어 널리 유포될 수 있었다. 전문 콘서트가 열렸고 음악교육 또한 전문화되기 시작했다. 안토니오 비발디가 재능 있는 아이들에게 바이올린을 가르치기 시작한 베네치아의 고아원이 최초의 음악학교 가운데 하나로 여겨진다.

바로크 예술가들은 크고 웅장하며 드라마틱한 것을 추구하였다. 그들은 청중의 감동과 열정을 불러일으키기 위한 표현법을 깊이 탐구하였다. 예술가들은 사랑, 미움, 놀라움 등과 같은 인간의 다양한 감정을 이해하고자 했다. 음악가들은 음악을 통해 인간의 감정을 변화시키기 전에는 몸과 마음이 하나의 감정에 머무르는 경향이 있다고 여겼고 청중의 감정을 자극하는 음악의 힘을 믿었다(Bachus, 2007/2009a). 이러한 생각을 토대로 음악가들은 감정이 풍부하고 감각적이며 다채로운 효과를 드러내는 연주를 위해 노력했다. 이를 단적으로 보여 주는 음악적 특징 중 하나로 **장식음**을 들 수 있다. 장식음은 바로크 음악의 핵심이자 주요한 특징으로, 연주자들은 장식음을 통해 자신의 연주를 더 멋지게 만들고자 했다. 반복되는 악구 등을 장식음으로 꾸몄고 즉흥연주는 필수적이고도 특별한 기술이었다.

바로크는 새로운 음악양식의 출현과 변화가 일어난 시기이다. **기악음악**에서는 콘체르토(협주곡), 소나타, 푸가와 여러 가지 춤곡을 한데 엮은 모음곡(suite) 등이 다양한 형태로 발전한다. 또 오페라, 칸타타, 오라토리오와 같은 새로운 **성악음악** 등이 등장하였다. **콘체르토**(concerto)는 바로크 시대에 새롭게 발달하기 시작한 것으로 기둥이 되는 통주저음 위에서 각 성부들이 경쟁적으로 자유롭게 움직인다. **통주저음**이란 **다성음악**의 베이스 성부를 연주하는 것으로 다른 성부들의 출현 여부와 상관없이 전곡 내내 저음부 연주를 지속하는 역할을 하여 **계속저음**이라고도 부른다. 콘체르토 양식에서는 음악적 대비(대조)가 중요한데 세고 여린, 높고 낮은, 빠르고 느린, 주제와 대주제, 독주와 합주, 큰 그룹과 작은 그룹 등의 대비와 악기 음색의 변화 등을 통해 이를 표현하였다. 기악 앙상블 연주 능력은 이러한 콘체르토의 발전과 함께 이루어진다. **소나타**(sonata)는 '소리가 나다, 악기를 울리다'라는 뜻의 이탈리아어에서 유래된 것으로 성악곡인 **칸타타**와 대비되는 기악곡을 이른다. 강약이나 음색 등의 요소를 이용해 서로 대조를 이루면서도 연관 관계를 갖는 그룹

들로 구성되었던 초기 소나타는 후에 다악장 형식의 악곡 형태로 발전한다. 트리오 소나타가 가장 일반적인 형태로 보통 2개 이상의 악기(선율 제공 악기와 화음 제공 악기)로 연주되는 상성부와 1개 또는 그 이상의 악기로 연주되는 계속저음 성부로 구성되었다.

푸가(fuga)는 하나 이상의 주제에 기초한 다성부의 대위법적 양식 곡으로 두 개 이상의 독립적 성부로 짜여진다. 보통 주제와 에피소드로 이루어지는데 처음에 한 성부가 주제 선율을 제시한 후 딸림조(원 조성의 완전5도 위 음을 근음으로 한 조성)의 다른 성부가 주제를 모방하여 뒤따르게 된다. 이어서 성부들이 제시한 주제와 상관없는 에피소드가 나타난다. 바로크 시대에 특히 많았던 모음곡(suite)은 춤을 위한 반주곡이었던 것들을 묶은 것으로 빠르기 변화와 분위기 전환이 특징이다. 이는 바로크 후기에 이르러 정형화되어 악장을 가진 하나의 양식으로 자리 잡게 된다. 모음곡은 보통 첫 악장이 보통빠르기의 독일 춤곡 '알르망드(allemande)', 둘째 악장은 빠르고 경쾌한 분위기의 프랑스 춤곡 '쿠랑트(courante)', 셋째 악장은 3박자의 느린 스페인 춤곡 '사라방드(sarabande)', 그리고 마지막 악장은 빠른 템포의 영국 춤곡 '지그(gigue)'로 구성되었다.

(5) 고전주의

고전주의는 일반적으로 18세기 중반에서 19세기 초반, 즉 하이든(1732~1809), 모차르트(1756~1791)의 작품들과 베토벤(1770~1827)의 초기 작품이 포함된 시대를 일컫는다. 이 시대는 새로운 사상들이 출현하고 사회문화가 격변하여 사람들의 삶에 큰 변화가 일기 시작한 때이다. 미국 독립선언(1776), 프랑스 대혁명(1789), 산업혁명, 계몽주의 운동 등이 모두 이 시기에 일어났다. 특히 이 시대를 지배한 계몽주의 철학은 인간 이성의 힘을 믿으며 정치, 경제, 종교, 교육, 문화, 예술 등 삶의 모든 측면에서 이성의 역할을 강조하여 지식인들을 중심으로 계몽주의 운동이 일어나게 하는 데 기틀이 된다.

이 시대에는 프랑스 대혁명으로 시민사회의 평등사상이 부상하였고 산업혁명으로 부르주아 계급이 등장하였다. 중세에 비해 음악이 많이 대중화되었다고는 하지만 1750년대 이전까지도 음악은 여전히 교회, 왕실, 귀족의 전유물이었다. 그러나 이제는 중산층 이상의 부유한 계급뿐 아니라 하층민에 이르기까지 자유롭게 음악을 즐기고자 하였다. 18세기 후반 무렵부터는 종교음악보다 세속음악이, 성악곡보다는 기악곡이 더 중요한 위치를 점하게 되었고 더 많이 작곡되었다. 왕실과 궁정을 중심으로 한 후원자에게 의존하던 음악가들이 점차 의존도를 줄여 가는 대신 자신의 작품을 출판하거나 연주하고 가르치면서 스스로 생계를 꾸려 나가기 시작했다.

하이든과 베토벤의 삶을 비교해 보면 이 같은 음악가의 지위 변화를 극명하게 알 수 있다. 고전주의 시대 초기의 하이든은 궁정악장으로 일하면서 후원자의 그늘에서 삶의 대부분을 보낸 반면, 고전주의와 낭만주의의 가교 역할을 한 베토벤은 왕실의 후원에 의존하지 않는 대신 의뢰받은 작품을 판매하거나 공개연주회를 열어 스스로 생계를 꾸려 나갔다. 물론 그 사이에는 모차르트가 있다. 한때 대주교와 백작 등에 속해 그들의 후원을 받기도 했지만 오페라 〈피가로의 결혼〉이나 〈돈 조반니〉를 통해 보여 주듯 자유를 갈구한 모차르트는 음악을 통해 귀족에게 반항하고 그들을 조롱하는 등 음악적으로는 누구에게도 종속된 적이 없었다(정종구, 2014). 이는 음악가들의 성격이나 가치관, 삶의 태도 등에서 비롯된 것이기도 하지만 음악을 즐기는 사람들이 계층을 막론해 다양해지고 음악산업이 발전해 가는 등 폭넓게 변화한 시대적 상황과도 무관하지 않다.

또 전문적인 여성 음악가들이 속속 등장하여 오페라와 궁정 발레 공연에서 노래하고 작곡 및 연주를 하거나 귀족들의 음악 교사로 활동하기도 했다. 사람들은 좀 더 순수한 목적의 즐거움을 위해 음악을 듣기 시작했고 악기 제작 기술이 발달하면서 많은 사람이 악기를 소유하고 배울 수 있게 되었으며 가정에서 연주하고 즐기는 아마추어 음악가들이 나타나기 시작했다. 악보 출판업이 활발해지고 전문적인 음악평론가의 출현과 더불어 음악 잡지가 생겨났다.

이러한 시대적 배경하에서 발전한 고전주의 음악은 단순성과 절제미로 특징지어진다. 당시 지식인과 예술가들은 그리스·로마를 이상적인 사회로 여겼다. 그들이 보기에는 고대 예술이 절제와 균형미 등을 지녔던 데 반해 바로크나 로코코 예술은 지나치게 장식적이고 경박하게 여겨졌다. 따라서 예술가들은 복잡하고 장식적인 예술 형태에서 탈피해 고대 그리스의 문화·예술적 특징인 조화와 균형, 절제미와 단순 명료함을 추구했다. 음악가들 역시 즉흥적인 **장식음**의 사용을 줄이고 필요에 따라 악보에 기록하는 형태로 바꾸어 나갔다.

악기, 특히 **피아노**의 개량은 당시의 작곡 양식과 연주 관습에 변화를 가져왔다. 피아노(*p*), 포르테(*f*)와 같은 셈여림이 적극적으로 사용되면서 악보에도 구체적으로 표시되기 시작했다. 이는 하이든 때부터 조금씩 나타나기 시작하여 베토벤 때에는 극적인 형태를 띠며 피아니시모(*pp*)에서 포르티시모(*ff*)까지 나타나기에 이른다. 또한 바로크에서 유행한 **다성법**(polyphonic writing)과 달리 다양한 화성반주 위에서 선율이 명료하고 주된 형태로 진행되는 **단성법**(homophonic writing)이 중요한 작곡 양식으로 자리 잡는다.

성악음악보다 기악음악이 주목받게 된 것은 오페라 반주 역할에 머물렀던 오케스트라가 독립적인 연주 단위로 발전하는 계기가 된다. 오페라의 서곡 형태에 불과했던 **교향곡**은 18세기 들어 규모가 커졌고 독립된 작품으로 입지를 다지게 되었다. 바로크 시대에 인기가 있었던 **협주곡(콘체르토)** 역시 그 지위를 유지하면서 발전해 갔는데 특히 고전주의 시대에 가장 인기가 있었던 피아노를 중심으로 한 협주곡이 많이 작곡되었다. 한편, 바로크 시대에는 성악곡에 대응하는 기악곡을 의미했던 **소나타**(sonata)가 교향곡, 협주곡, 실내

악곡과 함께 고전주의 시대의 대표적인 다악장 형태의 기악곡으로 그 의미가 바뀐다. 여기서 소나타와 소나타 형식을 구분할 필요가 있다. **소나타**는 '바이올린 소나타' '피아노 소나타'와 같이 하나의 기악곡을 가리키는 반면, **소나타 형식**(sonata form)은 다악장 형태의 소나타, 교향곡, 협주곡 등에서 기본적으로 쓰이는 악곡 형식을 뜻한다. 보통은 1악장에 제시부, 전개부, 재현부의 세 부분으로 구성되나 다른 악장에서 사용되기도 했으며 제시부 앞에 서주, 재현부 뒤에 종결부(코다)가 추가되기도 하였다. 소나타 형식은 20세기 초까지도 기악곡에서 악장을 구성하는 주요한 형식으로 사용되었다. 교향곡, 협주곡, 소나타, 실내악 등은 모두 고전주의 시대에 중요한 발전을 이룩했다 (Stanley, 1994/2008)

(6) 낭만주의

19세기 초반 이후 인간의 이성을 신봉했던 고전주의 시대에 반하여 감정이 이성에 우선한다고 주장하는 사람들이 나타났다. 낭만주의자로 대변되는 이들은 절제 대신 풍부한 상상력과 표현의 자유를 신봉했다. 낭만주의를 의미하는 **로망스**(romance, romans)는 자연 풍경이나 머나먼 이국을 배경으로 영웅적인 인물의 모험과 사랑 또는 초자연적인 내용을 담은 중세 음유시인들의 이야기나 시와 이를 바탕으로 한 노래를 일컫던 말이다. 낭만주의 시대의 예술가들은 이 같은 중세의 드라마틱한 이야기나 자연 및 초자연적인 것의 신비로움, 이국적인 것과 보통 사람들에 매료되었고 이를 예술적으로 표현하고자 했다. 또 이들은 개인의 정체성과 개성을 중시하였고 삶의 의미를 찾기 위해 인간의 내면과 감정을 탐구하여 작품을 통해 표출하고자 하였다. 낭만주의 시대 음악가들은 감성적 느낌이나 상상력을 소리로 구현하고자 했다. 문화예술에 이러한 경향이 생겨난 배경에는 급격한 변화를 거듭하던 19세기 초중반의 시대적 상황이 자리하고 있다. **계몽주의**와 프랑스 대혁명은 사회 전반에 희망을 주었으나 나폴레옹이 즉위하여 일으킨 전쟁에서 패배한 후 유럽은 프랑스 혁명 이전의 절대왕정 시대로 되돌아갔다. 이에 따라 자유주의 운동이 저지되고 예술가들의 입지가 크게 위축되었다. 때문에 예술가들은 더 이상 계몽주의의 이성을 믿지 못하게 되었고 허무와 정신적 공황에 시달리게 되었던 것이다.

18세기 중엽 시작된 산업혁명과 잇따른 과학의 발전은 사람들의 생활 전반에 많은 변화를 가져왔다. 기계가 인간의 일을 대신하게 되면서 사람들은 보다 많은 여가 시간을 갖게 되었고 음악 공부와 연주회 관람으로 여가를 보내는 사람이 늘어났다. 음악을 즐기는 사람들이 많아지면서 전문 음악가 및 교사에 대한 수요가 증가하여 주요 도시에 음악원이나 음악학교, 연주회장이 설립되었고 음악 출판업이 성행하게 되었다. 또한 기차나 자동차와 같은 교통 발달에 힘입어 많은 음악가가 순회연주를 다녔는데 작곡가와 연주가들이 생계와 유명세를 위해 자신의 사비로 공연을 개최하기도 하였다.

중세에서 바로크에 이르는 음악은 민족이나 지역에 따른 차이를 구분하지 않았다. 이와 달리 19세기 후반에 이르러 낭만주의 음악가들은 처음으로 각 민족의 고유한 문화적 표현 욕구에 주목하고 종교나 세속의 고급예술이 전혀 주목하지 않던 전설과 민요에 관심을 갖기 시작하였다(Lehmann, 2010/2012). 음악가들은 여러 다른 나라, 특히 동양의 문화 예술이 소개된 프랑스 만국박람회(1889)를 계기로 다양한 이국 문화와 민족 정체성에 대해 관심을 갖게 되었다. 이들은 각 나라 고유의 특성을 지닌 전통, 관습, 종교와 민속 음악 등을 연구하였고 민요나 민속춤들을 수집하여 자신들의 음악에 접목하였다.

이러한 시대 상황을 배경으로 후기 낭만주의에 속하는 새로운 음악 경향이 나타났는데 바로 인상주의의 출현과 민속음악의 부상이다. 인상주의는 원래 19세기 말 프랑스 회화의 한 양식으로서 대상의 색이나 빛의 성질, 전반적인 분위기 등을 순간적으로 포착하여 화폭에 옮기는 것이었다. 이러한 회화에 영향을 받은 음악가들은 낭만주의 음악의 과도한 감정적 표현에서 벗어나 주변 환경에서 받은 인상과 분위기를 소리 자체로 표현할 수 있는 방법을 찾고자 했다. 이를 위해 전통적인 화성 및 조성 체계, 형식미 등에 얽매이지 않고 아시아 등 이국의 새로운 음계를 적극 차용하여 감각적이고 묘사적인 음악을 만들어 냈다. 한편, 체코, 러시아, 핀란드를 비롯한 북유럽 등지에서는 국민악파로 일컬어지는 **민족주의**적 음악 운동이 나타났다. 이들은 그 전까지 지배적이었던 이탈리아나 독일의 음악적 영향력에서 벗어나 자국의 민족적 특성과 음악적 유산을 되살리고자 했다.

낭만주의 시대를 대표하는 악기 가운데 하나인 **피아노**는 개인주의적이고 자유로운 낭만주의 정신의 상징이 되었다. 악기 제작 기술의 발전으로 크게 개량된 피아노 덕분에 음악가들은 작은 소리부터 크고 강한 소리까지 다양하게 표현하며 연주하여 감정과 느낌을 사람들에게 폭넓게 전달할 수 있었고 이로 인해 피아노는 낭만주의 음악가들의 큰 사랑을 받았다. 작곡자들은 다양한 감정을 표현하기 위해 크레센도 및 데크레센도, 스포르찬도와 악센트, 트레몰로, 글리산도 등과 같은 새로운 건반 기술을 개발하였다. 19세기의 많은 중상류층 가정에는 피아노가 있었다. 당시 여성의 삶은 가정 중심이었고 음악은 그들의 교양과 이상을 실현시켜 주는 출구로 여겨졌기에 많은 여성이 피아노 교습을 받았다.

한편, 1877년 에디슨의 **축음기** 발명은 인류의 음악생활 전반을 크게 뒤바꿔 놓았다. 그 전까지 사람들이 음악을 듣기 위해서는 콘서트 장에 가거나 직접 연주를 해야만 했으나 축음기는 누구라도 언제 어디서나 원하는 곡을 들을 수 있게 해 주었다. 무엇보다 축음기는 음악산업의 생성과 발전에 기여하게 되는데 1900년경 이후에는 교향곡이나 오페라 같은 대규모 곡들이 녹음되어 음반시장을 형성하기 시작하여 20세기 초에 이르러서는 음반이 중요한 **대중매체**로 자리 잡게 된다.

(7) 현대음악

새로운 문화예술 운동이 일어나는 배경엔 항상 그 사회와 시대의 광범위한 변화가 자리한다. 현대로 접어드는 20세기 초 인류는 두 차례의 세계대전과 지구촌 곳곳에서 벌어진 크고 작은 전쟁으로 고통을 겪었다. 또 전 세계가 이데올로기에 의해 양분되는 냉전의 시대가 뒤따랐다. 과학기술뿐 아니라 여러 학문이 비약적으로 발전하고 다양해졌으며 미디어와 교통의 발달로 세계가 하나로 이어진 바야흐로 세계화의 시대가 도래하였다. 이에 따라 음악 역시 세분화되고 다양해졌다. 복잡다단한 인간의 삶과 마음을 표현하려는 새로운 음악적 스타일이 끊임없이 창조되었던 것이다.

현대음악은 크게 두 개의 흐름으로 나눠 볼 수 있다. 고전음악 또는 클래식이라고 불리는 서양음악과 대중음악이 그것이다. 오늘날 **클래식**(classic)이라는 용어는 보통 오랜 시간 동안 높은 수준과 가치를 유지해 온 예술이나 문학작품, 패션, 스포츠 등을 일컫는 말로 사용된다. 현대적이고 실험적인 스타일과 대비되어 고급스럽거나 전통적인 스타일과 연관된다. 그러나 **고전음악**(classical music)이라 함은 과거부터 현재까지의 모든 예술음악, 구체적으로는 15세기부터 20세기까지의 서양음악을 가리키며 **대중음악**(popular music)과 반대되는 개념으로 사용된다(Bachus, 2007/2009b).

먼저 현대 클래식 음악에서 특기할 만한 일은 새로운 음악 어법이 출현한 것이다. 20세기 들어 음악가들은 이전과는 완전히 다른 새로운 음악적 시도를 하게 되는데 대표적인 작곡가로 아놀드 쇤베르크와 이고르 스트라빈스키가 있다. 이 중 아놀드 쇤베르크는 **12음기법**이라는 새로운 작곡 기법을 선보였다. 반음계의 열두 음(한 옥타브 안에 있는 모든 흰건반과 검은건반)을 임의로 배열하면서 열두 음이 모두 한 번씩은 등장하도록 하는 이 작법은 조성을 바탕으로 한 중심음을 갖지 않아 **무조음악**이라고도 불린다. 이러한 음악은 이전까지의 음악에 익숙한 청중을 혼란스럽게 했고 화음, 불협화음, 선율 등에 대한 감각을 무력화시켰다. 이 같은 음악의 급격한 변화에 찬반이 엇갈리는 등 크나큰 논쟁이 일었고 청중은 이러한 음악에 쉽게 익숙해지지 못했다.

현대음악의 또 다른 흐름을 형성하고 있는 것은 20세기 초부터 부상하기 시작한 재즈 및 팝과 월드 뮤직으로 분류되는 민속음악 등으로 흔히 대중음악이라고 불리며, 20세기 중반에 이르러서는 전 세계를 장악한 주류 음악이 되었다. 특히 20세기 초 미국에서 등장한 재즈는 모든 예술 분야에 두루 영향을 미칠 만큼 독특하고도 강렬했다. 흑인 민속음악과 유럽음악이 결합된 재즈는 아프리카 음악 특유의 활력 있는 리듬과 연주자의 즉흥성, 자유로움 등이 부각되는 음악으로 당시 미국 하층계급이었던 흑인들이 주로 향유했다. 재즈는 형식이나 스타일 등에 있어 그 전까지 주류를 형성했던 유럽 중심의 클래식 음악과는 근본적으로 차이가 있었다. 재즈와 팝을 비롯해 세계 각 나라의 소시민들이 향유했던 음악들이 대중음악이라는 이름하에 전 세계적으로 확장되었다. 현대 클래식 음악이 전문가나 일부 식자층의 음악으로 인식되고 그 입지가 좁아지면서 그 남은 자리를 대중음악이 채우게 되었다. 한편, 대중음악의 확장은 미국의 급격한 발전 및 문화적 팽창과도 깊은 연관을 갖는다. 녹음 기술 및 텔레비전과 같은 미디어의 발달 또한 팝과 재즈가 20세기의 주요한 대중매체로 자리매김하는 데 크게 일조하였음을 간과할 수 없다. 이들을 활용하여 음악산업이 기하급수적으로 팽창하였고 이제 언제 어디서나 음반을 통해 음악을 들을 수 있게 되어 음악이 하나의 상품이 되기에 이른다.

2) 한국 음악사

한국에 서양음악이 들어오기 시작한 것은 19세기 말 무렵이다. 서양음악의 영향을 받아 오늘날의 대중음악 형태를 갖추기 전까지는 주로 중국, 일본과 영향을 주고받았는데 특히 서역으로부터 음악을 받아들여 토착화한 후 이를 일본에 전파하는 역할을 하였고 우리의 정서와 전통을 담아 꾸준히 발전해 왔다. 한국음악의 역사는 기록을 통해 확인 가능한 삼국시대 전후를 출발점으로 하여 서양음악이 들어오기 시작한 조선말 근대 초기와 일제강점기 시대까지를 살펴볼 것이다.

(1) 삼국시대 및 통일신라시대

기원 전후 고대사회의 음악은 주로 제천의식과 연관된다. 부여의 영고, 고구려의 동맹, 예의 무천 등은 노래와 춤을 통해 한해 농사의 성공과 풍요를 기원하는 종교적 형태의 국가행사였고 오늘날의 굿과 비슷한 형태였을 것으로 추정된다.

삼국시대를 전후로 한국은 중앙아시아 지역의 서역음악과 중국 등 외래의 음악을 받아들여 자국의 음악을 풍성하게 하였다. 당시는 외국, 특히 서역과의 왕래가 활발했다. 외국인들이 많이 들어와서 살았을 뿐 아니라 우리나라에서도 외국에 나가는 사람이 많았다. 중앙아시아 음악이 우리나라에 본격적으로 유입된 시기는 통일신라 이전으로 당시 경주는 아랍, 페르시아 상인들뿐 아니라 중국, 일본인 등 많은 외국인이 드나들며 복합문화를 꽃피운 세계적인 도시였다. 경주 용강로 고분에서는 수염이 덥수룩한 사람 모양의 토우가 출토되었는데 이로 미루어 보아 신라시대 경주에 많은 서역인이 활동했을 것으로 짐작된다(전인평, 2012). 신라시대 처용가의 주인공인 처용 또한 아라비아 상인이었다고 전해진다(정수일, 1992). 중국과 일본에서는 고구려, 백제, 신라 삼국의 음악을 다양하게 사용한 것으로 보이며 이를 통해 교류가 왕성한 시대였음을 알 수 있다.

통일신라시대의 문화는 8세기 성덕왕에서 경덕왕에 이르는 시기에 특히 융성하였다. 정치, 경제, 사회가 안정되고 불교예술이 크게 발전하였다. 고구려, 백제, 신라를 통일한 통일신라는 삼국의 음악을 하나로 통합하고 당나라의 음악(당악)을 수용하여 풍성하게 발전시켰다. 삼국시대 이전에 전래된 외래음악 및 토착음악을 통칭하던 **향악**과 당나라에서 들어온 음악, 즉 **당악**이 통일신라시대의 주요 음악이 되었다. 또 당나라의 불교음악인 범패(梵唄)와 백제 및 고구려의 악기를 받아들였는데, 특히 신라에 전해진 고구려의 거문고와 향비파가 통일신라시대에도 계속 사용되었다. 당시의 대표적인 악기는 **삼현**, 즉 거문고, 향비파, 가야금(가야고)이었다. 『삼국사기(三國史記)』에 의하면 가야금은 6세기경 가야국의 가실왕이 당나라의 악기를 보고 만든 것으로 가야 사람 우륵이 이를 신라에 전한 것이다. 향비파는 원래 서역 악기로 중국음악을 연주하던 악기였으나 이후 향악에만 사용되었다. 삼현과 더불어 **삼죽**이라 불리는 대금, 중금, 소금 또한 자주 연주되었으며 후대에까지 영향을 미치게 된다.

(2) 고려시대

당시 고려는 유교, 불교, 도교의 삼교가 공존하던 시대였다. 유교가 정치적 이념의 바탕이 되었으나 백성들의 생활에 폭넓게 영향을 미친 것은 도교였다. 고려의 국교이자 종교적 이념이기도 했던 불교는 고려 초기부터 국가의 보호를 받으며 크게 융성하였고 이는 문화에도 영향을 미쳤다.

고려시대의 음악은 주로 궁중의 왕과 귀족을 중심으로 향유되고 발전되었다. 궁중의식에서 연주되는 음악을 **아악**이라고 하는데 넓게는 궁중 밖의 음악인 **민속악**(民俗樂)에 대비되는 것으로 당악, 향악, 아악 등을 총칭하는 것이기도 하다. 아악은 중국 주(周)나라 때부터 궁중의 제사음악으로 연주되었고 이후 변형을 거듭하다가 12세기 초 송나라가 **대성아악**으로 정리하고 제도화하여 반포하였다. 고려는 예종 11년인 1116년에 송나라의 대성아악을 들여와 궁중의 제례악으로 삼은 이후 내내 왕실의 주요 행사음악으로 사용하였다. 따라서 대성아악은 한국 아악의 뿌리가 되며 대성아악의 사상적 기초인 예악(禮樂)사상은 조선 말기에 서양음악을 받아들기 전까지 우리나라 음악의 기본 사상이 된다. 예법과 음악에 관한 예악사상은 기본적으로 음악을 인간의 본능적 표현 중 하나로 보았다. 고대 중국은 '예(禮)'를 유교정치의 궁극적인 이상으로 여겼다. 예는 인류 사회의 질서를 확립하는 것이며 인간은 질서 정연한 생활을 함으로써 비로소 쾌락을 느낄 수 있게 되는데 이 같은 쾌락이 음(音)으로 표출된 것이 바로 악(樂)이라는 것이다. 사마천(司馬遷)의 『사기(史記)』 권24 「악서(樂書)」는 "모든 음악은 사람의 마음으로부터의 감흥에 의해 생겨나고, 예는 사람의 외적 행위에 의해서 표출된다."라고 기록하고 있다(이형구, 2012). 따라서 당시 사람들은 아악을 듣고 즐기기 위한 음악이라기보다는 예악사상과 어울리는 의식용 음악으로 여기는 경향이 컸다. 또한 의식 내용과 향유하는 사람에 따라 연주를 위한 악기 편성이나 곡 선택을 달리하였고 소리에 의한 음향적 효과보다는 철학적 사상을 음악에 담아내는 데 더 치중하였다(전인평, 2003).

한편, 고려시대에도 서역인들이 꾸준히 드나들었고 궁중 의례에 초청받기도 하였다. 현재까지 전해지는 고려 향악의 하나인 「쌍화점」은 충렬왕(재위 1274~1308) 때 지어진 노래로 당시 고려에 서역인들이 머물렀음을 알려 주는 자료이다. 이곡은 서역인들의 음식인 난을 파는 가게였던 쌍화점에서 고려 여인과 무슬림 사내가 나눈 사랑 이야기를 담은 노래로 전통 향악과는 조금 다른 외래적 요소를 지닌 음악으로 평가된다.

(3) 조선시대

① 조선 전기(14~17세기)

조선 전기의 음악은 고려시대와 마찬가지로 궁중음악을 중심으로 발전되었는데 세종 시대에 이르러 대대적으로 정비되었다. 세종은 도덕과 예악을 중시하는 왕도정치를 실현하고자 하였다. 당시까지만 해도 조선의 음악으로는 당악과 향악이 섞인 고려의 음악이 사용되었는데 세종은 이들을 정치 이상인 **예악사상**에 맞게 재정비하고자 하였다(윤용섭, 2014). 예악사상은 세종의 주도하에 박연이 아악 정리 작업을 한 것으로 절정에 이르러 이후 조선조 음악의 지도 이념이 되었다. 세종은 아악 정비의 일환으로 악기 제작에 힘썼다. 세종 초기까지 악기가 두루 갖춰져 있지 못했을 뿐 아니라 불완전했으나 세종은 박연으로 하여금 중국 문헌을 참고하여 악기를 새로 만들고 악보를 정리하도록 하였다. 이로써 한국의 **아악**은 조선시대에 걸쳐 오랫동안 유지되며 전승될 수 있게 되었다.

조선시대에는 악보가 제작되고 사용되었다. 현재까지 전해지는 조선시대 악보로 세종실록악보, 세조실록악보, 금합자보가 있다(전인평, 2012). **세종실록악보**는 현재 우리나라에 남아 있는 가장 오래된 악보로 매우 정교하여 오

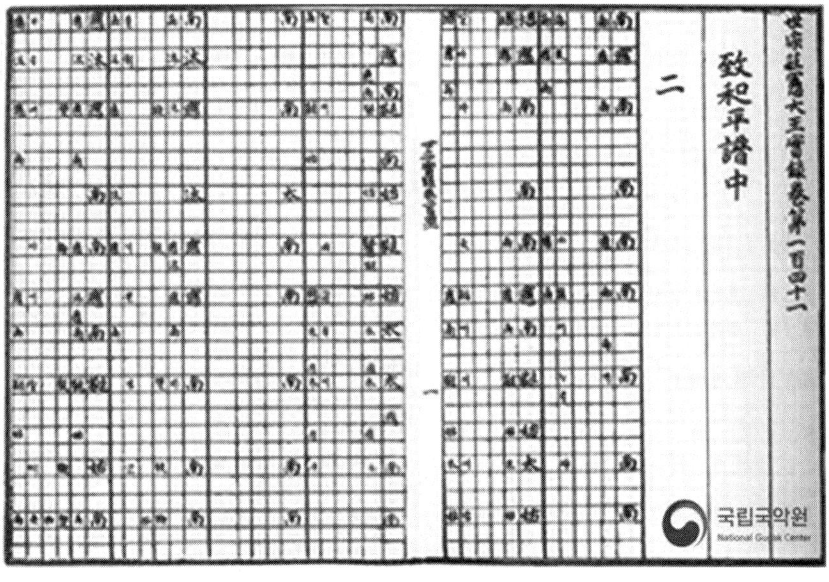

[그림 1-2] 세조실록의 정간보

출처: 국립국악원 공식 블로그.

늘날의 총보(score)와 유사한 기능을 갖는다. 특히 기보법의 하나로 음의 장단과 고저를 표시할 수 있게 만든 정간보는 동양에서 가장 오래된 유량악보로 바둑판 모양으로 칸을 나눈 후 음의 장단은 칸 수로, 음의 고저는 칸 안에 음이름을 적도록 한 것이다. 정간보는 아악 정비 과정에서 보다 정확한 기보를 위해 세종이 고안한 것으로 당시 중요한 국가의식을 위한 음악은 모두 여기에 기록하였다. 세조실록악보는 1행이 32정간(칸)으로 되어 있어 한눈에 보기 어렵던 세종실록악보를 1행 16정간으로 보기 쉽게 개량한 것이다. 금합자보는 1572년(선조 5년)에 편찬된 것으로 서양음악의 총보를 보듯 거문고를 비롯해 비파, 장구 등 여러 악기를 정교하게 기보하여 내용이 풍부해 당시 음악을 파악하는 데 큰 도움을 주고 있다.

② 조선 후기(17~19세기 말)

조선 후기 음악의 흐름은 두 가지 측면에서 살펴볼 수 있다. 하나는 궁중음악의 축소, 다른 하나는 서민음악의 부흥이다(전인평, 2012). 조선 궁중음악은 임진왜란(1592)과 병자호란(1636)을 겪으며 급격히 쇠퇴한 반면, 영정조 이후 사회 안정과 농업 및 상업 발전에 힘입어 가곡, 가사, 시조, 영산회상 같은 풍류음악과 판소리, 잡가, 민요, 시나위, 산조와 같은 다양한 민간음악이 새롭게 형성되고 발전되었다. 조선 후기는 혼란과 격동의 시대였다. 두 차례의 큰 전란을 겪었고 양반제도의 모순이 깊어지면서 사회적 갈등이 심화되어 백성들의 불만이 커져 갔다. 그러나 18세기 영정조 시대를 거치며 정치적으로 안정되고 농업 및 상업 분야가 발전하면서 사회에 큰 변화가 일어났다. 실학자들의 소개로 새로운 농법인 이앙법이 널리 보급된 덕분에 쌀 생산량이 엄청나게 늘어나 농민 사회가 크게 성장하게 되었고 늘어난 경제력으로 신분 상승을 하는 자작농도 생겨났다. 도시 수공업과 민간상업이 활발해지면서 시장이 형성되고 화폐가 발행되었으며 화폐경제의 발전은 계급구조를 바꿔 놓는

데 일조하였다. 상층계급은 물론 하층계급 중에서도 여유로운 생활을 하는 사람이 생겨나 서민층이 확대되었다. 이러한 시대적 분위기에서 서민들도 여유 있게 음악을 즐길 수 있게 되었는데 이는 새로운 음악이 형성되는 데 큰 영향을 미친다(임미선, 2012).

이 시대의 대표적인 음악은 가곡과 영산회상이다(전인평, 2012). **영산회상**은 조선 후기 선비들의 대표적인 풍류음악으로 거문고, 해금, 장구, 젓대 등으로 연주되며 거문고 등 현악기가 중심이 된 **기악음악**이다. 이는 선비들의 자기수양과 교육을 위한 음악으로 선비들은 음악 자체의 기교나 아름다움보다는 자신의 몸을 바로잡고 마음을 깨끗이 하기 위해 영산회상을 연주하거나 들었다. 선비들은 책을 읽다 쉬는 틈틈이 거문고를 연주하곤 했는데 이때의 연주는 유흥이 아닌 공부의 연장이었다. 마음과 몸을 바르게 하고 엄격한 자기절제를 목표로 하는 음악을 **문인음악**(文人音樂)이라고 하였는데 영산회상은 이를 위해 흔히 연주되던 음악이었다. 여러 악기를 함께 연주하기도 하지만 선비들이 주로 자신들의 필수품이기도 했던 거문고로 연주하였기 때문에 **거문고회상**이라고도 한다. 이 음악을 주도한 계층은 선비와 중인이었다. 특히 기술과 실무에 밝았던 중인층은 조선 후기 사회변동과 함께 신분 상승을 하거나 재력을 쌓아 중인 신분임에도 불구하고 양반들과 교류하면서 음악을 공유하고 함께 즐겼다(전인평, 2007). **가곡**은 우리나라 전통 성악곡의 하나로 시조·가사와 함께 정가(正歌)에 속하며 거문고, 가야고, 대금, 단소, 세피리, 장구, 해금 등의 관현 반주에 맞춰 시조시를 노래하는 발전된 형태의 예술 가곡이다. 판소리나 잡가, 민요처럼 일반 백성들에 의해서 향유되던 속가(俗歌)와 구별되며 선비 등 상류층 사람들이 인격 수양을 목적으로 향유하였고 주로 기생이나 가객이 노래하였다(송방송, 2012)

조선 후기의 또 하나의 중요한 음악양식으로 서민들이 주로 즐겼던 판소리를 들 수 있다. **판소리**는 생활의 여유를 갖게 된 서민층의 문화적 욕구가 늘어나면서 즐기기 시작한 것으로 당시 지배층의 위선을 폭로하거나 백성들의 삶을 묘사하는 서사적인 형태의 이야기를 고수(북치는 사람)의 장단에 맞춰 전문 소리꾼이 창(唱, 노래)과 아니리(白, 말), 발림(몸짓)을 섞어가며 구연(口演)하는 즉흥적 형태의 음악이다. 서민예술이었던 판소리는 광대라고 불리던 하층계급 예능인들에 의해 가창되고 전승되다가 사대부들이 즐기게 되면서 19세기 말경에는 내용이 더 세련되고 풍부해져 도시 지식인들 사이에서 많은 인기를 누리게 되었다.

(4) 근대 및 일제강점기(20세기 초~)

19세기 말부터 20세기 초 우리나라는 밀려오는 제국주의의 영향력 아래서 엄청난 변화와 격랑을 겪었다. 개항과 함께 들어온 외국의 상업 자본주의는 사람들의 문화적 욕구와 생활 형태를 바꾸어 놓았다. 이 시대의 중요한 음악적 사건으로는 서양음악과 신문물의 유입을 들 수 있다. 서양음악은 19세기 말 무렵부터 실학자들과 우리나라에 들어온 서양 선교사들에 의해 소개되었다. 조선 조정은 1900년 최초의 서양식 군악대를 창설했는데 군악대의 연주는 당시 서양음악을 접할 기회가 없었던 일반인들에게 서양음악을 들어볼 수 있는 기회가 되었다. 또 1880년경 축음기가 우리나라에 처음 소개되었다. 1887년에 미국공사관의 의료 선교사 알렌이 축음기를 한국에 가지고 들어온 것으로 알려져 있다. 기록을 통해 확인할 수 있는 최초로 제작된 음반으로는 1899년 제작된 춘향가가 있다. 1920년대 중반까지는 국악을 녹음한 음반이 다수였으나 당시 가수이자 배우였던 윤심덕이 취입한 〈사의 찬미〉가 공전의 히트를 치면서 축음기가 널리 소개되었고 1930년대에는 가요가 본격적인 전성기를 맞게 되었다. 1927년에는 한국 최초로 방송국이 개국하여 서양음악이 레코드뿐 아니라 방송을 통해 더욱 빠르게 전파되었다. 레코드와 방송음악은 서양음악과 세계적인 연주자들의 연주를 많은 사람에게 소개하였을 뿐 아니라 동요와 가곡, 창작음악이 발전하는 데도 크게 기여하였다(전인평, 2012).

국악을 비롯한 민간음악에도 많은 변화가 있었다. 궁중음악은 축소되었고 창가라는 새로운 양식의 음악이 출현하였으며 판소리가 창극화되었다. 창가는 서양식 곡조에 맞춰 가사를 지어 부르는 신식 노래를 말한다. 전통 악기의 반주에 맞춰 부르던 잡가가 전통 음악에 익숙한 기성세대들이 주로 향유하던 노래였다면 창가는 당시 신세대들 사이에서 유행했던 노래였다. 초창기 창가는 기독교의 영향을 많이 받아 주로 〈찬송가〉 곡조에 가사를 붙인 것이었으나 이후 계몽적 지식인들을 중심으로 곡이 창작되기 시작하여 찬송가의 영향에서 점차 벗어났다. 학교에서는 창가를 공식 교과로 채택하여 가르쳤고 이는 창가가 급속도로 확산되는 계기가 되었다. 계몽적인 지식인들에 의해 창작되고 신세대들의 사랑을 받았던 창가는 신문명과 신교육을 예찬하거나 교가나 독립군가 등으로 만들어지기도 하여 젊은이들의 민족의식과 애국심, 자주독립 의지를 고취시키는 기능을 하였다. 또한 시간이 지나면서 개인 서정을 노래한 작품들도 등장하였다.

1902년 우리나라에 협률사라는 최초의 상설 관립극장이 설립되었다. 이곳에서는 민간음악뿐 아니라 궁중음악이 공연 형태로 무대에 세워졌다. 또 연흥사, 원각사 같은 민간 종합예술단체 등이 생겨나기도 했다(노동은, 2015). 국악뿐 아니라 서양음악을 가르치는 전문적인 음악교육기관도 생겨났다. 우리 민족이 주체가 되어 설립한 조양구락부는 우리나라 최초의 민간 음악교육단체로 조선의 옛 음악을 전승하고 서양의 신음악을 발전시키고자 했다. 또 외국인 선교사에 의해 설립된 이화여자전문학교, 연희전문학교, 평양의 숭실학교 등에서도 음악교육을 실시하여 전문음악가를 배출하기 시작했다.

한편, 일제의 민족문화 말살 정책으로 우리나라는 문화예술 영역에서 큰 혼란과 부침을 겪기도 했다. 일본은 다방면에서 우리 문화와 역사를 왜곡·억압했고 특히 교육기관을 통해 식민 정책을 강화했다. 학교에서는 독자적인 음악교육이 금지되었고 우리말로 된 노래는 부르지 못하게 되었다. 이 같은 혹독한 상황에서도 조선은 우리말과 음악을 지키고 주체적으로 발전시키려는 노력을 멈추지 않았다. 대표적인 예 중 하나로 1923년경 시작되어 1935년까지 진행된 **프롤레타리아 동요 운동**을 들 수 있다. 문학인을 중심으로 전개된 이 운동은 좋은 노래를 창작하고 보급하여 어린이들에게 민족적 정서를 고취시키려는 목적으로 진행된 것이었다(민경찬, 장전, 야소다 히로시, 류인옥, 김성준, 2008). 일제의 탄압으로 오래 지속되지는 못했지만 선율보다 노랫말을 강조한 프롤레타리아 동요는 음악으로 일제 식민 정책의 부당함과 모순을 고발하고 우리 민족이 처해 있는 현실을 자각시키고자 한 것이었다.

3. 음악의 요소

음악은 인간의 소리를 감지하는 지각 능력과 감지된 소리에 질서를 부여하는 인지 능력에 기초하여 발달된 것이다. 소리가 음악적인 형태를 띠기 위해서는 소리를 조직화하기 위한 요소가 필요하다. 서양음악의 관점에서 흔히 음악의 3요소로 분류되는 리듬(rhythm), 선율(melody), 화성(harmony)은 소리가 음악이 되기 위한 기본적인 요소로 여겨진다. 리듬은 음의 길이와 강약이 변화되고 지속되면서 만들어진다. 여기에 음들의 높낮이가 다양하게 변화하면서 순차적으로 이어질 때 멜로디가 형성되어 비로소 음악의 형태를 띠게 된다. 물론 어떠한 소리가 음악으로 받아들여지는가 하는 것은 문화마다 차이가 있을 수 있으나 리듬과 멜로디는 음악을 이루는 최소한의 구성요소라고 할 수 있다. 화성은 서로 다른 높이의 음이 동시에 울리는 것으로 리듬, 멜로디와 함께 음악의 3요소를 구성하게 된다.

서양음악에서는 이들 3요소가 음계와 조성적 틀 안에서 템포, 크기, 다이

내믹 같은 요소들과 연합하여 다양한 방식으로 조직된다. 음악을 이루는 각각의 요소들은 별개로 또는 상호 영향력 안에서 인간의 감정과 행동을 유발한다. 각 요소들이 어떤 형태로 어떻게 결합되고 표현되느냐에 따라 음악의 형태가 달라지며 그것이 인간의 정서와 행동에 미치는 영향 또한 달라지는 것이다. 이 절에서는 음악의 3요소를 리듬, 선율, 화성 순으로 먼저 살펴본 후 서양음악을 이해하는 데 기본 전제가 되며 곡 전체의 구조와 분위기를 확립하는 문법적 지식이라고 할 수 있는 조성에 대해 알아볼 것이다. 개념을 설명하면서 문맥에 따라 멜로디와 선율, 하모니와 화성을 혼용할 것이다.

1) 리듬

리듬(rhythm)은 연속되는 음의 흐름에서 서로 다른 길이와 강약을 가진 개별 음들의 일정한 패턴이다. 음악의 기초가 되며 가장 기본이 되는 요소로 세계 모든 문화에 존재하는 음악에서 가장 공통적이고 근본적으로 나타나는 것이 리듬이다. 원시 부족 음악이나 랩처럼 선율이 없는 음악은 있어도 리듬이 없는 음악은 발견하기 어렵다. 음악적 에너지의 원천이 되는 리듬은 음악에 질서와 역동성을 부여하고 계속 진행되도록 한다(Radocy & Boyle, 1997/2001). 리듬을 연주하는 타악기는 인류 역사상 가장 오래된 악기로 초기 타악기는 인간이 자연에서 영감을 받아 고안되었을 가능성이 크다(Hall, 1957/1971/2018). 다채로운 조합의 반복되는 리듬은 인간의 생리적 반응을 유도하고 몸과 마음을 자극하여 움직이게 한다. 초기 인류는 리듬이 인간에게 미치는 영향을 체득하고 이를 제의와 주술, 공동체 결속 등을 위해 사용하였다. 고대 그리스인들에게 리듬은 인간의 물질적 삶과 육신의 기능을 상징했다.

다채로운 리듬에는 박(beat)과 박자(meter), 강세(accent) 등이 유기적으로 함께 기능한다. 음악의 뼈대라 할 수 있는 박(beat) 또는 박동(pulse)은 균등

하고 규칙적인 맥박과 같은 것으로 리듬 구조의 기초가 된다. 이러한 박들을 일정한 기준으로 그루핑한 것이 박자(meter)이다. 각 그룹은 강조하는 음과 그렇지 않은 음의 연속체로 구성되는데 이때 특정 음을 강조하는 것이 강세(accent)이다. 음악이 되기 위해서는 모든 박이 동등하게 취급되지 않는다. 다시 말해, 강세를 박(beat)의 어디에 두느냐에 따라 박들에 대한 그루핑이 달라지며 그룹 지어진 박자는 마디선에 의해 구분된다. 강세는 박들의 구조적 그루핑을 도울 뿐 아니라 리듬에 생명력을 부여해 주기 때문에 그것이 없으면 박자는 역동성을 잃고 단조로워진다. 박과 박자, 박들이 연주되는 속도(tempo) 등이 음악적 시간을 측정하는 기준이 되며 음악이 시간성을 갖는 가장 큰 이유가 된다.

한편, 시간적 간격이 동일하게 배치된 박으로 리듬이 이루어진 곡의 경우 사람들은 변화가 잦은 리듬의 곡보다 안정감을 느끼게 된다. 이를 가장 흔하게 느낄 수 있는 예로 심장 박동을 들 수 있는데, 정현주(2013)는 이 같은 박의 나열은 태아가 양수 속에서 경험했던 평정 상태를 재경험하도록 해 주며 감상자로 하여금 엄마로부터 받았던 양육과 돌봄을 연상케 하여 에너지 수준을 평정 상태로 인도하고 '쉼(rest)'을 제공한다고 설명한다.

인간에게는 음악을 들을 때 음의 시간적 패턴뿐 아니라 박, 박자와 동작에 자신을 맞추려는 경향이 있다. 박자에 맞춰 집단이 함께 노래를 부르는 것은 인간에게서만 발견되는 특별한 재능으로 듣는 능력 및 운동감각과 밀접하게 맞물린 우리 두뇌의 특별한 능력이기도 하다. 연구에 의하면 여러 사람이 함께 박자를 맞출 경우 반짝이는 불빛과 같은 시각적 신호보다 발로 소리를 내면서 기본 박을 잡아가는 것이 훨씬 더 효과적이었다고 한다(Lehmann, 2010/2012). 동물에게서는 발견되지 않는 인간의 이러한 동시 집단행동 또는 집단적 발성은 소리에 기초한 규칙적인 박동을 지각하여 리듬을 따를 수 있는 능력에서 나온다. 인간의 음악성을 결정적으로 키워 주는 것은 바로 이러한 리듬 지각 및 형성 능력 덕분인 것이다. 결론적으로 '리듬 감각'은 인간에게 있어 여타 일반적인 인지 능력이나 운동 능력만으로는 설명할 수 없는 특별한 것으로, 함께 일하며 노래를 부르거나 춤을 추는 것에서 밴드나 심포니 오케스트라에서 협주하는 것에 이르기까지 모든 음악의 토대가 되고 인간이 사회적 존재로서 기능하게 한다.

2) 선율

선율(melody)은 특정 음계와 리듬 구조를 가진 역동적으로 상호 연결된 단일 음들의 연속체이다. 선율은 음의 길이(음가)와 높이(음고와 음정 관계)를 달리하면서 음들이 이어지는 음악의 수평적 요소이다. 선율은 음계 안에서의 음들을 토대로 만들어지며 음계는 선율의 기초 단위이자 선율의 가장 기본적인 형태이기도 하다. 선율은 음들을 단순히 나열했다고 해서 만들어지는 것이 아니다. 조성 체계 안에서 각 음들이 유기적인 관계를 맺으며 방향성을 가지고 역동적으로 움직일 때 선율이 이루어진다(Zuckerkandl, 1959/2010).

음악을 편안하게 듣고 즐기며 이해하기 위해서는 자신이 속한 문화의 음계 체계를 이해해야 한다(Jourdain, 1997/2002). 음계(scale)는 옥타브 내의 각 음들이 높이에 따라 차례대로 배열된 것으로 온음과 반음들이 정해진 순서와 음정 관계에 따라 어떻게 구성되느냐에 따라 결정된다. 선율에 사용되는 음들은 주어진 음악적 문화의 전통과 관습으로부터 채택되어 만들어진다. 중동에서는 24개의 음정을 가진 음계가 발견되었으며 인도에서는 22개의 음정으로 구성된 음계를 사용한다(최현석, 2009). 12음정 미만의 음계도 존재한다. 인도네시아 가멜란(gamelan: 인도네시아의 전통적인 오케스트라) 음악의 슬렌드로(slendro) 음계는 1옥타브를 비교적 고르게 5등분한 5개의 음으로 구성된다. 그러나 음정 관계가 고정되어 있지 않고 지역마다 미묘하게 차이를 보이기도 한다. 전 세계적으로도 많이 사용되나 아시아에 특히 흔한 **5음 음계**(pentatonic scale)는 협화적인 음들만으로 구성되어 있다. 따라서 이 음계로 된 선율은 음들 간의 배합이 안정적이라 듣기에도 좋고 쉽게 익힐 수 있다. 아시아 여러 나라의 오랜 역사 속에서 널리 향유된 민속음악이나 동요 등은 대부분 5음 음계로 되어 있다.

대부분의 서양음악 선율은 온음계 내의 음들로 구성된다. **온음계**(diatonic scale)는 한 옥타브가 온음정 5개와 반음정 2개로 구성된 7개의 고정음고로 되어 있으며 역사적으로는 반음계보다 먼저 출현하여 현재까지 가장 널리 사용되고 있다. 서양음악에 기초한 대부분의 곡이 7개의 비교적 적은 수의 온음계를 기반으로 하는 것에 대해 인간 기억력의 인지적 제약과 관련이 있는 것으로 추정하기도 한다(Mithen, 2005/2008). **반음계**(chromatic scale)는 보통 온음계에서 파생한 음계로 취급되며 12개의 반음정으로 구성된 전음계이다. 서양 조성음악 체계에서 기본적으로 가장 널리 사용되는 음고 배열은 장음계(major scale)와 단음계(minor scale)이다. 장음계로 이루어진 장조음악은 밝은 느낌을 주는 반면 단음계로 된 단조음악은 슬프거나 우울한 느낌을 주는 것으로 알려져 있다.

학자들은 어떠한 지각적 특성과 심리적 요인들이 인간으로 하여금 특정 음의 연결을 선율로 조직화하여 듣게 하는지에 많은 관심을 가졌다. 런딘(Lundin, 1967)은 **근접성**, **반복성**, **종결성**을 선율의 세 가지 구조적 특성으로 제시하면서 음들이 근접해 있을 때, 음들이 일정 정도 반복될 때, 그리고 선율이 명백히 종결을 향해 나아갈 때, 선율을 더 쉽게 지각할 수 있다고 하였다. 또 선율이나 선율 유형에 대한 익숙함도 **선율지각**에 영향을 준다. 인간은 자신이 속한 문화의 음악적 관습을 배우고 특정 음계 내에서 형성된 선율을 경험함으로써 음악적 기대감을 발달시킨다. 마찬가지로 미학적 관점에서 어떤 선율이 '좋은' 선율인가 하는 것은 선율의 구조와 이를 받아들이는 사람들의 심리적 특성을 바탕으로 판단된다. 선율 패턴과 구조적 특색, 규칙성과 반복성, 감상자의 사전 경험과 친숙성 등이 선율 판단에 영향을 미친다(Radocy & Boyle, 1997/2001).

3) 화성

리듬, 선율과 함께 음악의 주요소가 되는 것이 하모니, 즉 **화성**(harmony)이다. 화성은 둘 이상의 음을 동시에 울려 소리 낸 **화음**(chord)이 연속적으로 배열된 것이다. 멜로디가 연속되는 음들의 수평적 관계를 보여 주는 것이라면 화성은 동시 발생한 음들의 수직적 구조를 나타낸다. 화성은 리듬과 멜로디를 포괄하면서도 두 요소를 초월하는 것으로 음악에 있어 태도, 분위기, 의도의 영역에 속하는 것으로 설명된다(Changizi, 2011/2013). **고대 그리스**인들은 하모니를 영적 존재로서의 인간과 관련시켜 생각했다고 하며, 어떤 이들은 화성학의 발전이 인간의 영적 성장과 더불어 이루어진 것이라고 설명하기도 하였다(Hall, 1957/1971/2018).

서양음악에서 하모니는 **조성**(tonality)에 기초하여 진행된다. 곡이 어떤 음계로 구성되며 중심음이 무엇이냐에 따라 조성이 결정되는데 보통은 곡에 사용된 음계의 첫 음(으뜸음)이 곡의 화성적 기초가 된다. 페레츠(Peretz, 1993)에 의하면 온음계의 음들 사이에는 중요도와 안정성에 있어 일련의 위계가 존재한다. 즉, 모든 음은 으뜸음을 중심으로 조직되는데 특히 3음과 5음은 나머지 음에 비해 으뜸음과 좀 더 긴밀한 관계를 맺는 것이다. 다장조를 예로 들면, 도가 중심음(으뜸음)으로서 다른 음들에 비해 많이 사용되면서 다른 음들이 지속적으로 되돌아가고자 하는 귀착점이 된다. 아무리 다양한 음으로 화려하게 구성된 곡일지라도 곡의 종결은 보통 **으뜸음**으로 끝을 맺으며 이 으뜸음을 뒷받침하는 화음이 으뜸화음이다. **으뜸화음**은 '도' 음 위에 3도씩 음을 차례로 쌓아올려 만든 것으로 '도미솔'로 구성된다. 각 음계의 첫 번째, 네 번째, 다섯 번째 음을 **근음**(root)으로 하여 그 위로 3도씩 차례로 음을 쌓아올려 만든 세 개의 화음이 주요 3화음으로 각각 I도 화음(tonic, **으뜸화음**), IV도 화음(subdominant, **버금딸림화음**), V도 화음(dominant, **딸림화음**)이라고 부른다.

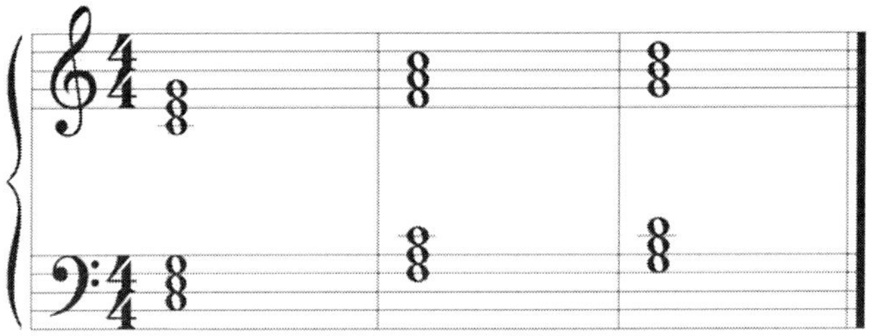

I도 화음 VI도 화음 V도 화음

다장조 주요 3화음

주요 3화음은 화성 진행의 기초가 되는 음악적 재료이며 과거 서양음악에서는 주요 3화음을 가장 안정된 **협화음**이자 성스러운 화음으로 여겼다. 화음을 구성하는 음들의 위치를 변화시킬 때 울리는 소리의 분위기가 달라진다. 이를 **전위**라 하는데 주커캔들(Zuckerkandle, 1959/2010)은 각 화음의 근음이 최저음으로 울릴 때만이 완전히 균형을 이룬 소리가 난다고 하였다. 3음이나 5음, 다장조의 I도 화음(도미솔)을 예로 들면, '미'와 '솔'이 제일 밑에서 울리게 될 경우 동일한 화음이라도 서로 다른 소리를 내게 되어 분위기와 음악적 뉘앙스가 바뀐다. 간단한 변화만으로도 화성적 어휘를 풍부하게 만들 수 있는 것이다.

제1전위 제2전위

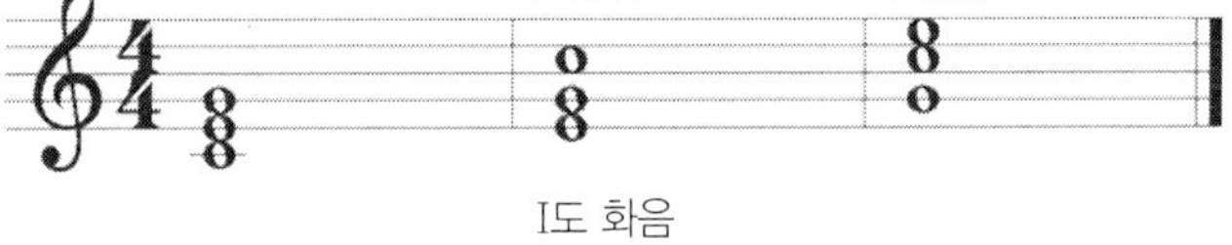

I도 화음

화성은 선율과 밀접하게 연관되어 사람들의 선율인지에 영향을 준다. 화성 진행에 따라 선율의 각 음에 대한 화음 구성과 진행 패턴이 달라질 수 있다. 또한 같은 멜로디의 곡이라도 화성 진행에 따라 곡의 분위기가 달라지게 된다. 이때 곡의 화성이 모호하거나 복잡하게 전개될 경우 청자는 멜로디를 지각하고 익히는 데 어려움을 느끼게 된다(Apel, 1969). 하모니는 선율에 표현된 감정과 곡의 정서를 강화하는 역할을 한다. 단선적이고 수평적으로 흐르는 선율에 깊이를 더함으로써 공간감을 형성하여 곡을 풍부하게 하는 것이 바로 화성이다. 리듬과 선율이 시간성에 기초해 표현된 것이라면 화성은 여기에 공간성을 부여해 주어 청자에게 3차원적 경험을 제공한다고 할 수 있다.

둘 이상의 음이 동시에 울렸을 때 편안하게 들리는 음들의 조합이 있는가 하면 그렇지 않은 조합도 있다. 음들이 잘 어울려 긴장감 없이 우리 귀에 편안하게 들리는 것을 협화음이라 하는데, 이는 소리 간의 질서와 관계가 안정된 것으로 여겨진다. 반대로, 각 음들이 서로 어울리지 않아 긴장감을 불러일으키는 것을 불협화음이라고 한다. 이는 무질서, 무관계한 상태를 나타내며 소음처럼 지각되기도 하나 청자의 문화적 수용도와 훈련에 따라 다르게 판단되기도 한다. 작곡가들은 불안한 화성을 통해 의도적으로 긴장을 유발했다가 조화로운 조합으로 긴장을 해소하고자 한다. 다양한 화음을 사용한 화성 진행을 통해 긴장과 이완을 반복하는 것은 음악에 극적인 느낌을 부여하고 음악의 분위기를 형성하여 청자들의 감정과 정서를 자극하게 된다.

4) 조성

조성(tonality)은 음악의 멜로디나 화성을 진행해 나가는 데 중심이 되는 음조를 말한다. 어떤 하나의 음이 선율이나 화성의 중심 역할을 하고, 다른 음들이 거기에 종속적인 관계를 맺고 진행되는 경우 조성을 지닌 음악이 된다.

곡의 중심이자 가장 많이 사용되는 음(중심음 또는 으뜸음)을 기본으로 배열된 음계가 곡 전체의 선율과 화성을 담당하게 된다. 중심음은 음악적 예상감을 갖게 해 주는 역할을 한다. 대부분의 곡은 해당 조성의 으뜸음 또는 으뜸화음으로 시작하고 그것으로 종지한다. 서양음악을 배경으로 한 오늘날의 음악은 대부분 중심음을 축으로 하는 조성음악이다.

조성의 중심을 결정하는 것은 음계이며 보통은 중심음의 반복을 통해 구조화된다. 또한 음계에 의해 조성적 색채가 확립되고 유지된다. 음계는 멜로디나 하모니를 이루는 음들의 순차적 배열로 장음계(major scale)에 바탕을 둔 것을 장조(major key), 단음계(minor scale)에 바탕을 둔 것을 단조(minor key)라 한다. 장음계는 한 옥타브 안에 두 개의 반음과 다섯 개의 온음을 가지는데 3음과 4음 사이, 7음과 8음 사이가 반음이고, 나머지는 온음으로 구성된다.

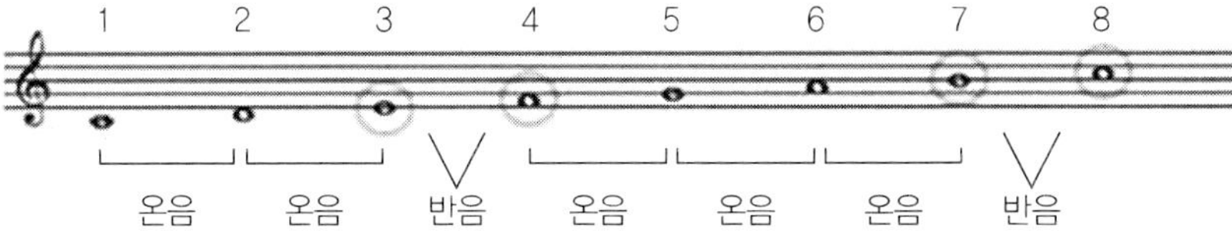

다장조 음계(C Major scale)

단음계는 2음과 3음, 5음과 6음 사이가 반음이고 나머지는 온음이다. 일반적으로 장조는 명랑하고 밝은 느낌의 정서를 드러내고 단조는 우울, 분노, 슬픔의 정서를 드러낸다.

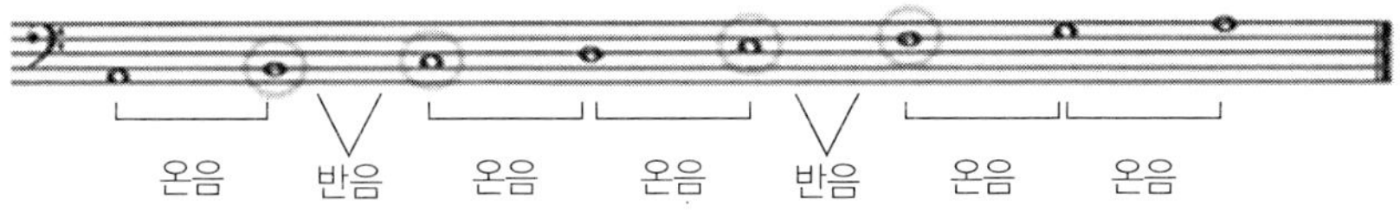

라단조 음계(a minor scale)

조성음악 체계에 익숙한 사람들은 전문적인 음악훈련을 받지 않았더라도 곡의 선율 방향, 특히 종지에 대한 느낌을 비교적 어렵지 않게 기대하고 예측할 수 있다. 예를 들어, 다장조(C Major)의 곡에서 V도 화음(딸림화음) 또는 V7 화음이 으뜸음(도) 또는 I도 화음(으뜸화음)으로 진행할 때 종결을 기대하거나 종결감을 느끼게 되는 것이다.

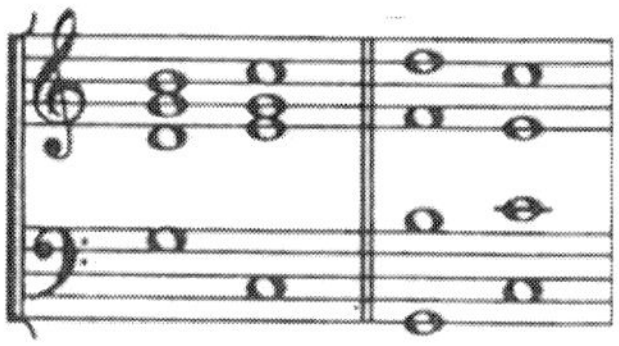

조성은 결국 그것이 내포한 중심음을 어떤 식으로든 드러내려는 것이라 할 수 있다. 즉, 하나의 중심음과 다른 음들 간의 청각적 관계 및 역동성 위에 만들어지는 음악인 것이다(Zuckerkandl, 1959/2010). 조성은 음악심리학 및 미학적 측면에서 신중하게 다루어지고 선택된다. 멜로디가 단순한 음의 나열이 되지 않도록 하고 화성 진행의 기초가 될 뿐 아니라 곡 전체를 통해 작곡가의 의도와 작품의 성격을 드러내는 역할을 하기 때문이다.

멜로디의 진행이 그것이 속한 조성의 음계와 화음구조에 일치할수록 곡의 조성감이 뚜렷해진다(Taylor, 1976). 즉, 청자들은 멜로디가 온음계로 구성되고 곡이 으뜸음으로 끝나며 으뜸음과 긴밀한 관계를 맺고 있는 3음, 5음을 중심으로 화성이 진행될 때 조성감을 더 분명하게 느끼는 것이다(Cuddy, 1982; Peretz, 1993). 라도시와 보일(Radocy & Bolye, 1997/2001)에 의하면 서양음악 역사에서는 바로크와 고전시대의 곡들이 낭만주의 시대의 곡들보다 더 강한 조성강도를 지녔다. 18세기 무렵부터 발전한 기능화성의 발달로 화성에 대한 인식과 사용이 확장되어 고전시대 이후 낭만시대를 지나면서 조성강도가 점점 약해졌고 20세기 이후에는 조성적 틀에서 자유로워졌거나 아예 그 틀을 가지고 있지 않은 음악들이 나타나기도 했다. 그러나 여전히 많은 사람에게 익숙한 대다수의 음악은 **조성음악**의 틀 안에 있다고 할 수 있다. 조성음악은 기본적으로 음악적 예상감을 제공하고 중심음으로 돌아오는 회귀성을 갖고 있어 사람들에게 안정감을 제공하기 때문이다.

2장

음악과 인간

음악과 인간과의 관련성에 대해 논하기 위해서는 음악이 어떻게 인간에게 인지되는가를 다루는 인지과학에 대한 이해가 필요하다. **음악인지**는 음악인지 과학에서 다루어지는 분야로서 '음악을 듣는 인간의 마음' 혹은 '인간의 음악적 행위'를 다루는 학문으로 음향학과 심리학의 학제 간 연구를 바탕으로 사람이 어떻게 음악을 듣고 이해하는가를 설명하고 있다. 음악에 대한 인간 마음의 관계에 관심을 갖기 시작한 것은 기원전 6세기 피타고라스로부터 시작되는데, 그는 망치 소리의 아름다운 조화를 듣고 물리적 근거를 연구하기 시작하였으며 이후 음악적 협화음을 설명하였다. 이러한 관심은 중세시대에까지도 음악과 마음의 관계를 수를 통해 설명하려는 것으로 이어졌으며, 19세기 들어서면서는 실험을 바탕으로 음악과 마음에 대한 연구가 활발해졌다. 이때부터 실험이라는 객관적 검증 과정을 거치게 되면서 음향(물리적 변수)과 이에 대한 느낌(심리적 변수)의 관계에 대한 과학적 검증을 하게 되었다. 21세기에 들어서면서 이러한 학문은 음악의 청취와 감상자의 행위에 대한 관심으로 확대되면서 과학적이고 실증적인 근거들을 마련하게 되었다.

음악인지에서 주요 관심사는 '인간은 어떻게 음악을 듣고 느끼고 이해하는가?'이다. 따라서 이와 관련된 연구는 소리의 발생-지각-인지의 단계로 구분될 수 있다. 발생은 소리 혹은 음악이 공기 중의 진동에 의해 생성되는 것을 말하며 지각은 감각기관을 통해 들은 소리를 '음'으로 느끼는 단계이다. 마지막 인지는 귀로 들어온 음향을 지각한 후 일어나는 정신적인 과정을 말한다. 그 외의 음악인지와 관련된 연구는 인간의 음악적 능력을 측정하고 예측함으로써 음악적으로 성공할 수 있는가에 대한 요소를 평가하는 연구, 음악의 미적 기능 이상의 다른 목적으로 사용되는 기능음악에 대한 연구, 음악양식의 문화적 조직을 살피는 것으로 인간이 문화적인 차원에서 음악을 어떻게 인지하는가에 대한 연구이다.

1. 소리의 발생, 전파, 지각

소리의 지각(perception)은 귀와 같은 감각기관으로부터 입력된 정보에 의미를 부여하는 인간의 능력이라고 할 수 있다. 이는 감각기관으로부터 입력된 소리가 정보를 소유하고 있는 두뇌로 이동하여 이전 경험과 비교하면서 그것이 무엇인가를 명명하는 것을 말한다. 지각을 위해서는 먼저 이해(comprehension)가 필요하다. 특히 청각은 우리 삶에서 매우 중요한 감각으로서 출생 전 가장 먼저 발달되는 감각이며 또한 생을 마감할 때까지 가장 오랫동안 남아 있는 감각이라고 한다. 태아는 보통 4개월 반 정도부터 소리를 들을 수 있다고 알려져 있으며 그들의 청각은 대부분 심박, 혈류의 움직임, 특히 엄마의 목소리를 듣는다고 한다(Minson, 1992).

한편, 소리의 지각과 관련하여 최근 연구에서는 출생 전부터 아기는 외부의 소리를 들을 수 있으며 신생아들은 실제로 그들이 출생 전에 들었던 소리를 출생 후에도 인식한다고 한다(Standley & Madsen, 1990). 이것은 **달팽이관**의 신경이 22주에 **유수신경**(myelinated)이 되고 대뇌로 뻗어 나가 **측두엽**이 완전히 출생 후 기능할 수 있도록 수초화되기 때문이다(Wade, 1996). 신생아들은 음악에 민감하며 출생 후에도 이들은 다른 소리보다 음악소리에 더욱 민감하게 반응한다. 출생한 지 한 달쯤 되면 신생아들은 서로 다른 주파수를 구별하며 6개월이 되면 멜로디 형태에서의 변화에 반응할 수 있다(Jourdain, 1997).

1) 소리의 발생

소리(sound)라는 단어는 청각적인 자극을 심리학적 감각으로 보고하기 위해 사용되는 주관적인 용어를 말한다. 순수한 의미의 물리적인 관점에서 우리의 귀가 소리라고 인식하는 것은 **진동**(vibration)이다. **진동**은 앞뒤로의 움직임이며 물리적이며 기계적인 에너지를 갖는 것으로 음악을 포함한 모든 종류의 소리는 공기의 **진동**으로부터 시작된다. 소리를 발생시킨다는 것은 그 음원과 그 주위 공기에 압력의 변화를 일으키는 것이며 이러한 자극은 주변의 공기 밀도를 변화시켜 공기 입자들을 움직이도록 하는 것이다. 이러한 공기의 움직임이 인간의 청각에 의해 감지될 때 그것을 소리라고 한다.

인간에게 소리로 지각되는 **진동**은 크게 **주기성**(periodicity)을 가지고 있는 소리와 **비주기성**(non-periodicity)을 가지고 있는 소리, 두 가지이다. 진동이 주기성을 갖는다는 것은 음악을 포함하여 규칙적으로 반복적인 움직임을 통해 소리들이 발생한다는 것이다. 또한 **주기성**을 갖는다는 것은 그 음의 높이를 느낄 수 있다는 것이다. 1초에 몇 번의 주기를 갖는가에 따라서 초당 진동수(cycle per sound) 혹은 **주파수**(frequency, 단위 Hz)라고 하는데, 예를 들어 1초에 200회의 주기를 갖는 경우를 200Hz라고 한다. 한편, **비주기성**을 갖는 소리는 일반적으로 **소음**(noise)이라고 한다. 대부분 음악소리는 **주기성**을 갖지만 음정을 갖지 않는 타악기의 소리들은 비주기성을 갖기 때문에 음향학적으로는 소음에 해당된다고 할 수 있다.

보통 인간이 들을 수 있는 주파수 범위를 가청주파수라고 하는데 개인별로 차이는 있지만 보통 20Hz에서부터 20,000Hz라고 한다. 즉, 1초에 20번 이상 진동을 일으켜야 소리로 감지할 수 있으며 20,000번 이상의 진동을 넘어서면 들을 수 없다는 의미이다. 이러한 진동은 우리에게 '음고', 즉 음정으로 느껴진다. 주파수는 물리적인 기준인 데 반해 음고는 심리적인 표상이라고 할 수 있다. 보통 낮은 주파수의 소리들은 낮은 음으로 느껴지고 높은 주파수의 소리들은 높은 음으로 느껴진다.

2) 소리의 전파

주변 공기의 압력 변화를 통해 발생하는 소리는 그것을 통과하는 공기의 동요를 통해 전달된다. 공기 중의 소리는 종파(longitudinal wave)로 전달되는데 종파는 자극이 가해지는 방향과 소리가 전달되는 방향이 동일한 경우를 말한다. 반대로, 자극이 가해지는 방향과 소리가 전달되는 방향이 직각을 이룰 때는 횡파(transverse wave)라고 한다. 이러한 횡파는 고체 상태에서만 가능하기 때문에 공기 중에 소리의 전파는 모두 종파라고 할 수 있다. 음악에 있어서 횡파는 현악기의 현에서 발생하는 파를 생각할 수 있다([그림 2-1] 참조).

소리의 전파는 전달매질에 따라 달라지는데 매질의 탄성이 높고 밀도가 낮을수록 소리의 속도는 빨라진다. 공기 중에서 소리의 속도는 섭씨 20도를 기준으로 344m/s이며 기온에 따라 달라진다.

소리의 전파와 관련되어 몇 가지 현상을 생각할 수 있다. 먼저 도플러 효과이다. 소리는 전파되면서 그 강도가 기하급수적으로 감소하지만 주파수는 전파 과정에서 변하지 않는다. 그러나 음원이나 듣는 사람이 이동하는 경우는

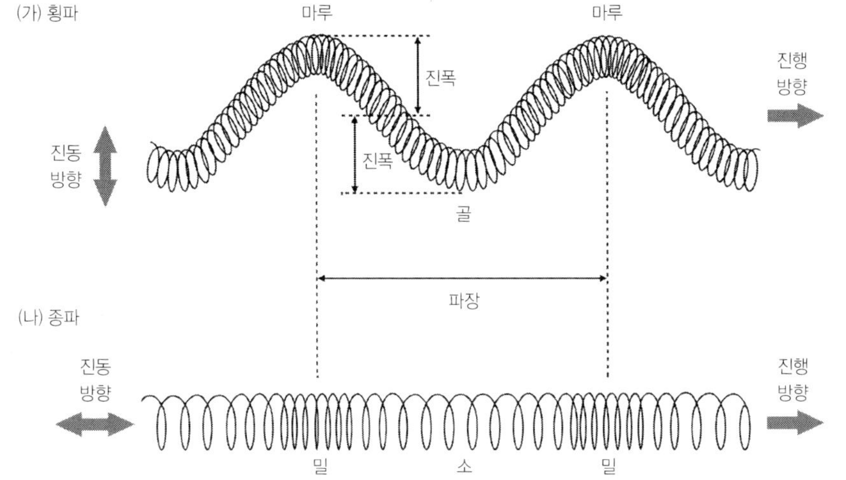

[그림 2-1] 소리의 종파와 횡파

예외가 된다. 만약 이동으로 인해 음원과 듣는 사람 사이가 가까워지면 **주파수**는 증가하고, 멀리 떨어지면 **주파수**는 감소한다. 이로 인해 음원과 듣는 사람이 가까워지면 음정이 올라가는 것으로 들리고, 멀어지면 음정이 떨어지는 것으로 들린다. 이러한 현상을 **도플러 효과**라고 한다([그림 2-2] 참조).

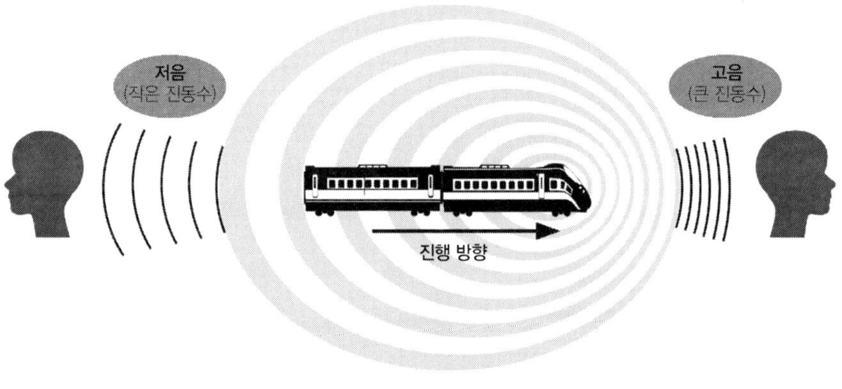

[그림 2-2] 도플러 효과
출처: doopedia.co.kr.

또한 소리는 전파하는 과정에서 흡수(absorption)와 반사(reflection)가 일어나는데 흡수와 반사는 동시에 발생한다. 연주회장을 설계할 때는 소리의 이러한 현상을 반영하여야 하는데, 예를 들어 소리가 잘 전달될 수 있도록 하기 위해서는 무대 뒤쪽에 반사 구조물을 설치하고 객석을 계단식으로 설계하는 것이 좋다.

한편, 소리가 전파되는 과정에서 기온이나 밀도가 다른 지역을 통과하거나 바람 부는 지역을 지나갈 때 소리가 휘어지는 현상이 발생하는데, 이를 굴절(refraction)이라고 한다. 굴절 현상은 밤에 소리가 잘 들리는 이유를 설명하는 원리가 될 수 있는데 소리의 속도는 기온과 관계가 있어서 기온이 다른 대기를 통과하면서 소리가 굴절되기 때문이다. 즉, 해가 지고 저녁 때가 되면 따뜻한 공기는 위로 올라가고 지면의 온도는 하강하게 되는데, 소리는 찬 공기보다는 따뜻한 공기 속에서 더 빠르게 전달되기 때문에 지면을 향해 휘어지게 된다. 이로 인해 밤에 소리가 더 잘 들리게 되는 것이다([그림 2-3] 참조).

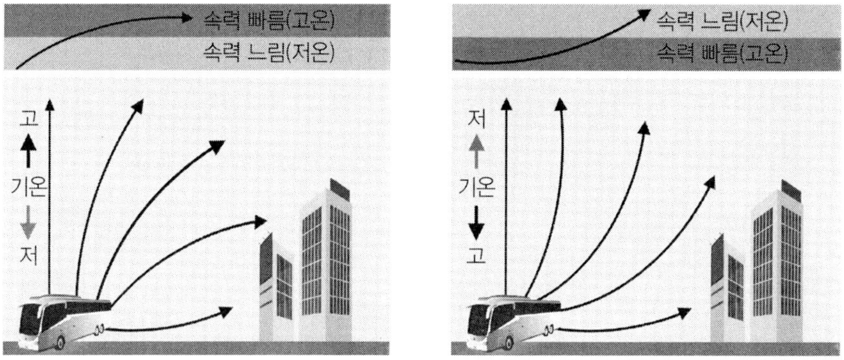

[그림 2-3] 소리의 굴절 현상

그리고 빌딩 숲과 같은 장애물을 만나면 소리가 휘어지는 또 다른 현상이 나타나는데, 이를 회절(diffraction)이라고 한다. 이러한 회절은 주파수에 따라 크게 달라진다고 할 수 있다. 즉, 주파수가 넓을수록 소리는 옆으로 분산된다. 그래서 고속도로 소음을 차단하기 위해 차음벽을 설치한다고 해도 고주파의 소리는 어느 정도 막아 주지만 저주파의 소리에는 효과가 크다고 할 수 없다. 만약 소리가 **회절**하지 않는다면 우리는 직접 대면하지 않는 사람과는 대화를 나눌 수 없다. 트럼펫 같은 관악기 끝에서 발산되는 소리, 왼쪽 귀가 오른쪽 음원에서 나는 소리를 들을 수 있는 것 역시 모두 **회절**로 인한 현상 때문이다([그림 2-4] 참조).

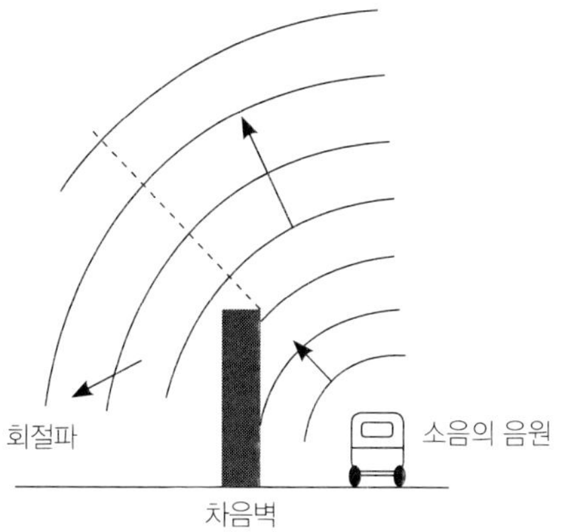

차음벽은 고주파의 소리는 어느 정도 막아 주는데 저주파의 소리에는 별로 효과가 없다.

[그림 2-4] 소리의 회절 현상
출처: 이석원(2003), p. 74.

한편, 소리가 장애물이 아닌 소리와 만나게 되면 또 다른 현상들이 발생하게 된다. 즉, 소리와 소리가 만나게 되면 서로 합쳐질 수도 있고 상쇄될 수도 있는데, 이러한 현상을 **간섭**(interference)라고 한다. 이때 소리가 서로 합쳐져 이론적으로 진폭이 배가 되는 소리를 만들어 내는 현상을 **보강간섭**(constructive interference)이라고 하고 소리가 상쇄되어 없어지는 현상을 **상쇄간섭**(destructive interference)이라고 한다. 이러한 상호 간섭 현상은 **맥놀이**

(beat)를 만들어 내는데, 맥놀이는 소리를 들었을 때 커졌다 작아졌다 하는 현상을 보인다([그림 2-5] 참조).

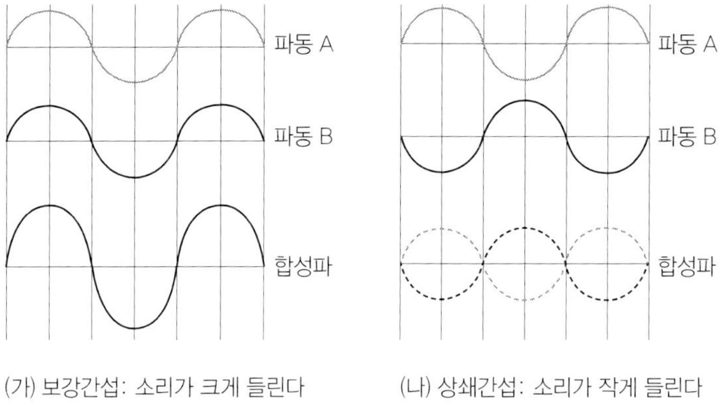

[그림 2-5] 보강간섭과 상쇄간섭

3) 소리의 지각

음악은 청각적 예술로서 청각기관을 통해 인지되고 지각된다. 따라서 이를 위해서는 먼저 청각기관을 이해하는 것이 필요하다. 듣기는 매우 느리게 진화했고 귀는 신체기관 중 가장 복잡하고 연약한 구조를 가지고 있다고 한다([그림 2-6] 참조).

먼저 소리는 공기 중의 진동으로 가장 먼저 귀에 도달한다. 귀는 외이와 중이 그리고 내이로 구분할 수 있다. 외이(outer ear)는 밖으로 돌출되어 있으며 귓바퀴(pinna)가 있다. 귓바퀴의 주요 역할은 소리를 증폭시켜 고막으로 전달시키는 것이다. 인간의 귓바퀴는 너무 작아서 저주파 소리를 구성하는 긴 파장을 잘 받아내지 못하기 때문에 고주파 부분만을 증폭시켜 음악을 좀 더 감미롭게 만든다. 이렇게 증폭된 진동은 2~3cm 깊이의 고막에 이르게 되고 고막 역시 소리를 공명시켜 진동수를 증폭시킨다.

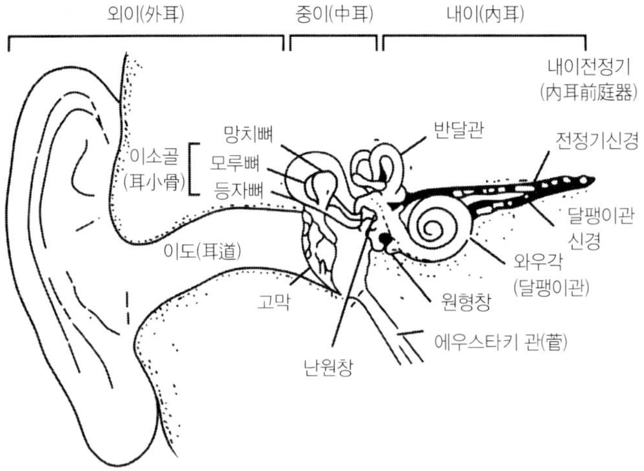

[그림 2-6] 청각기관
출처: 이석원(2003), p. 115 재작업.

전달된 소리는 다음에는 **중이**(middle ear)에 이르게 된다. 중이에는 울퉁불퉁한 모양의 잔뼈(ossicles)들이 인대에 달려 있다. 전달 과정을 살펴보면 고막이 **중이**의 첫 번째 위치한 **추골**(malleus, 망치)을 밀면 그것이 두 번째 있는 **침골**(incus, 모루)을 치고 또 **침골**은 세 번째 있는 **등골**(stapes, 등자)을 밀어 **내이**의 입구로 밀어붙인다. 이 작은 뼈들은 각각의 음에 담겨 있는 각각의 진동수를 단번에 감싸 안아 복합적인 패턴으로 진동시킨다.

소리는 마지막 단계로 **내이**(inner ear)에 이르게 된다. 중이의 가장 안쪽에 있는 뼈는 **난원창**이라는 타원형의 얇은 막과 연결되어 있는데 **내이**는 이 막을 기준으로 안쪽을 말한다. **내이**는 측두골 내부에 보호되어 있으며 미로와 같은 통로를 형상하는 부분으로 **와우각**(cochlea)이라고 불리는 나선 모양의 뼈 사이에 있는 일종의 관을 포함하고 있다. 이 **와우각**은 달팽이 껍질 모양을 하고 있어 **달팽이관**이라고도 불린다. 소리를 듣는 데 매우 중요한 역할을 하는 **달팽이관**은 **외림프**(perilymph)라는 액체로 채워져 있으며 그 가운데 **중계**(scala media)라는 부분이 있고 여기에는 **내림프**(endolymph)라는 액체가 들어 있다.

중이로부터 전해지는 진동이 내이의 액체를 진동시켜 소리를 전달하게 된다.

달팽이관은 기저막이라는 부드러운 막에 의해 전정계(scala vestibuli)와 고실계(scala tympani)로 나뉘어 있으며 와우공(helicotrema)이라는 작은 구멍으로 통한다. 한편, 고실계는 원형창(round window)으로 연결되어 있는데 이 부분은 충격 완화 기능만을 전달한다. 이렇게 통과한 소리들은 신경계에 이르게 된다. 코르티기관은 유모세포(hair cell)라 불리는 특수한 뉴런 다발들로 이루어져 있으며 뉴런 다발들은 서로 다른 음파, 즉 달팽이관 입구에서는 고음부의 음들, 나선의 끝에서는 저음부의 음들에 각각 민감하게 반응한다.

이러한 과정을 통해 음들은 뇌의 양옆 측두엽(temporal lobe)에 위치한 1차 청각피질에서 멈춘다. 1차 청각피질도 저음에서 고음까지 각각의 진동수에 상응하는 길고 얇은 띠들이 지나고 있으며 어느 단일 주파수의 소리가 귀에 다다르면 곧 그 주파의 피질 띠가 반응을 보인다. 어느 진동수의 음이든 큰 소리는 1차 청각피질에서 멈춘다. 우리의 두뇌는 소리들을 진동수대로 정리할 뿐만 아니라 강도와 지속 기간의 변화 수준에 따라서도 소리들을 분류하는 것으로 보인다. 그리고 2차 청각피질을 통해 더욱 복잡한 소리들을 지각하게 되는 것이다.

청각기관을 통해 도달한 소리를 지각하는 근거에 대해 지금까지 알려진 바로는 두 가지 이론이 있다. 첫째는, 기저막의 어떤 부위에 자극이 가해졌는가에 따라 소리를 다르게 지각한다는 기저막에서의 '위치이론'이고, 둘째는, 우리 귀가 소리 속에 있는 박동 주기를 통해 소리를 다르게 지각한다는 '주기성이론'이다(이석원, 2003).

먼저, 위치이론에서는 기저막(basilar membrane)을 중요하게 고려하고 있다. 기저막은 인간이 소리를 듣는 데 결정적인 역할을 하는 것으로 와우각을 두 부분으로 나누고 있다. 이 이론은 헬름홀츠(Herman Helmholtz)에 의해서 체계화되었는데, 그는 기저막의 유모세포가 각각 반응하는 주파수 영역을 달리 가지고 있어 그 영역의 주파수가 들어오면 진동하여 그것을 뇌에 전달해 준다고 주장한 최초의 사람이다. 이로부터 많은 학자에 의한 실험 결과, 인간은 1,500가지의 음정을 구별할 수 있다는 사실을 발견하게 되었다.

기저막의 유모세포는 바깥쪽에서부터 안쪽까지 나란히 분포되어 있는데 기저막의 각 부분마다 반응을 보이는 주파수 영역이 있어 우리로 하여금 음의 높이를 알 수 있도록 해 준다는 것이다. 이때 낮은 주파수일수록 안쪽에, 높은 주파수일수록 바깥쪽에 위치하여 지각되고 있음을 알 수 있다. 즉, 기저막에서 가장 큰 진동이 일어나는 지점은 주파수에 따라 달라진다고 할 수 있다. 따라서 기저막의 진동은 해당 신경섬유를 자극하고, 이 섬유에 가해진 자극이 각각의 신경섬유들을 따라 뇌에 전달되면 뇌는 어떤 섬유가 전달해 주었는지에 따라 그 파의 음높이를 알게 된다는 것이다.

다음으로, 주기성이론은 소리를 인식할 때 기저막이 중요하기는 하지만 전적으로 기저막에만 의존하여 소리의 음높이를 판단하는 것은 아니라는 것이다. 아주 짧은 소리의 경우 순간적으로 소리가 만들어 내는 기압의 변화가 고막을 치게 되고, 이러한 짧은 박동이 계속될 경우 우리는 소리가 고막에 닿는 주기성을 감지하여 음높이를 지각한다는 것이 주기성이론이다. 하지만 인간이 음고를 인식할 때는 한 가지 정보만을 이용하는 것이 아니고 음높이를 판단하는 위치정보(기저막에서의 위치)와 시간정보(박동빈도)를 모두 사용하여 인식하게 된다. 일반적으로 초당 100박동 이하에서는 주기를 통해 소리를 인식한다는 주기성이론이 우세하고, 100박동이 넘으면 기저막의 위치에 따라 소리를 인식한다는 위치이론이 우세하다고 한다(이석원, 2003).

2. 음악의 지각

1) 음악요소의 지각

음악에서는 소리라는 단어보다는 '음'이라는 단어를 사용한다. 소리는 공기의 진동에 따라 우리 귀에 수용되는 모든 종류의 소리를 포함하는 포괄적인 개념인 반면, 음은 음악을 구성하고 있는 단위가 되는 소리를 말한다. 소리는 물리적 특성인 반면, 음은 심리적 요소라고 할 수 있다. 그 둘의 관계는 〈표 2-1〉과 같다.

〈표 2-1〉 물리적-심리적 관계

물리적 변수	감각적 변수	지각적 변수
진동	소리	음(단음)
빈도(주파수) ———	고저 ———	높이(음고)
폭(진폭) ———	강약 ———	크기(음량)
시간(진동시간) ———	장단 ———	길이(음가)
모양(파형) ———	질 ———	색채(음색)

출처: 이석원(2003), p. 146.

(1) 음고의 지각

음고(pitch, 음정)는 소리의 높낮이를 말하며 음고에 대한 느낌은 항상 주관적이다. 그러므로 두 사람이 같은 소리를 들어도 다르게 느낄 수 있는데, 음의 세기에 따라서도, 지속시간에 따라서도 다르게 느낄 수 있다. 따라서 음높이를 바탕으로 보편적인 기준을 만드는 것이 어렵기 때문에 주관적인 기준을 사용하게 되었는데 이를 멜(mel)이라고 한다. 즉, 멜값이 배가 될 경우 그 지점이 음고를 배로 느끼게 되는 지점이 된다.

또한 우리가 음높이를 다르다고 느끼는 최소한의 차이를 JND(Just Noticeable Difference)라고 한다. JND는 심리적인 식역이며(Limen), JND 간격이 좁다는 것은 그만큼 작은 차이도 들을 수 있다는 것이다. 따라서 JND의 폭이 좁은 사람은 귀가 예민한 사람이라고 할 수 있다. 일반적으로 60dB(데시벨)의 소리 크기를 가진 경우에는 62Hz 주파수 영역에서는 그 주파수의 4% 정도 차이가 나면 감지될 수 있고, 250Hz 정도의 주파수 영역에서는 그 주파수의 1% 정도의 차이가 나면 감지될 수 있다. 하지만 400Hz 이상에서는 0.25%의 차이가 날 때 차이를 알 수 있다. 즉, 큰 소리에 대해서는 더 좁은 JND를 갖게 되며 따라서 큰 소리의 경우 소리 높이를 식별하는 것이 더 수월하다는 점을 반영한다([그림 2-7] 참조).

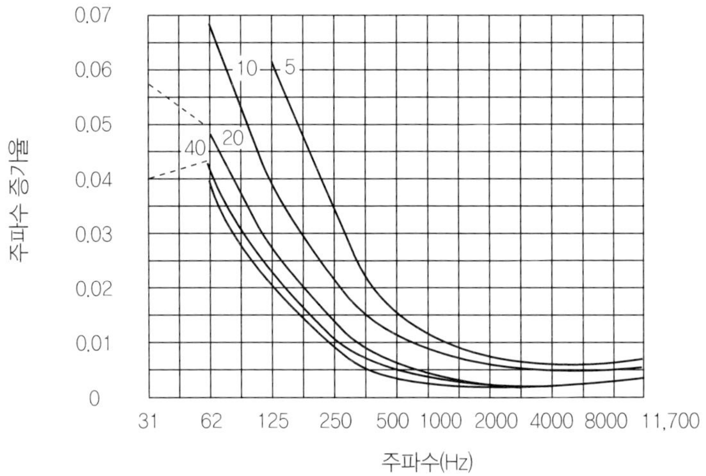

[그림 2-7] 주파수 영역에 따른 음고 식별의 민감도

출처: 이석원(2003), p. 153.

이와 같이 음고를 다르게 지각하는 데에는 여러 가지 원인이 있다. 먼저, 주파수의 변화는 음고를 다르게 느끼게 하며 소리의 세기도 음고를 다르게 인식하게 하는 요인이 된다. 예를 들면, 낮은 음역에서는 소리가 커질수록 더욱더 낮아지는 것으로 들리는 반면, 높은 음역에서는 소리가 커질수록 더욱더 높아지는 것으로 들릴 수 있다는 것이다. 또한 소리의 지속시간 역시 음고지각에 영향을 미치게 된다. 보통 3ms 정도면 음고를 인식하기에 충분한 시간이라고 한다. 주파수가 불확실할수록 긴 시간이 필요하고 음의 지속시간이 짧을수록 주파수의 불확실성이 높아진다. 보통 많은 연구에서는 25ms보다 짧으면 음고는 변화하는 것으로 들릴 수 있다고 한다. 기타 음고에 영향을 미치는 요인으로는 엔벨로프가 있다. 엔벨로프는 소리가 시작해서 끝나기까지의 진폭 변화 곡선을 말하는데 엔벨로프의 음압과 상승, 하강 곡선에 따라 음고가 달라진다고 한다.

(2) 선율의 지각

멜로디(melody, 선율)는 시간에 따른 음정들의 움직임으로 공간에서 형태를 만드는 특정 관계들을 의미한다. 멜로디는 몇 가지 특징이 있다. 첫째는 시간에 따라 다양한 음길이를 갖는 음들을 연속적으로 배치하여 이것이 그 자체로 움직임이 되도록 한다(Maconie, 1997). 음은 또한 그 자체로도 움직임으로 인지되는데 그 이유는 음정들의 시간 척도는 의식적인 이해의 시간 척도보다 더 정교하기(finer) 때문이다. 이것은 한 음의 지각이 다음 음보다 약간 시차가 있기 때문에 발생하는 것이며 이로 인해 앞으로 가는 것 같은 움직임을 만들어낸다.

둘째, 멜로디는 공간에서 모양을 형성하는데 음정 관계의 지각으로부터 분리되어 위아래의 움직임의 패턴이 되며 이를 멜로디 윤곽(melodic contour)이라고 한다. 멜로디에서 각 음들은 기억 안에 저장되어 있는 공간적인 윤곽을 따라 움직인다. **멜로디 윤곽**은 멜로디 지각에 있어서 핵심이 된다. 멜로디 윤곽은 "연속적인 곡선의 불연속적인 표현"이라고 한다(Maconie, 1997, p. 144). 멜로디는 이전의 기억에 저장되거나 혹은 현재 나타나는 멜로디 형태와 불연속적인 음들을 비교함으로써 지각된다. 멜로디 지각은 이러한 음들을 윤곽으로 그루핑하기 위한 문화적 관습에 의해 훈련된다. 각 문화는 자신만의 멜로디 윤곽을 창조하는 시스템을 발달시키는데 이것이 작곡 혹은 송라이팅의 규칙으로 형성될 수 있다(Blacking, 1973).

셋째, 멜로디는 또한 다양한 음 사이의 관계를 가지고 있으며 이 관계가 **음정**(interval)이다. 예를 들어, 한 음이 연주되고 두 번째 음이 2배 높게 연주되면 이 관계는 옥타브가 되며 음정 관계 비율은 1:2가 된다. 즉, 한 음이 100Hz이면 옥타브의 음은 200Hz가 되어 두 번째 음이 첫 번째 음보다 2배 빠르게 움직인다고 할 수 있다. 이러한 **음정** 관계는 움직임과 역동적인 관계를 지각하게 한다. "멜로디는 이러한 관계들이 긴장과 이완, 기대와 놀람을 만들면서 이러한 것들을 활용하는 음악적 상태"이다(Rothstein, 1995, p. 102).

우리는 여러 가지 화음으로 진행되는 반주에서도 멜로디를 구분해 낼 수 있는데 그 이유는 우리의 청각계가 다음의 네 가지 기술을 사용하여 멜로디를 구분해 내기 때문이다(Powell, 2016/2018).

첫째는, **유사성**이다. 많은 경우 멜로디를 담당하는 악기는 독특한 음색을 가지고 있다. 우리는 유사한 음색의 소리들을 묶어서 처리하며 이것이 멜로디를 구분하는 데 도움이 된다.

둘째는, **근접성**이다. 근접성이 멜로디를 구분하는 데 도움을 주는 방식은 두 가지, 즉 시간의 근접성과 음높이의 근접성이 있다. 시간의 근접성은 멜로디의 음들은 연속적으로 이어지며 음들이 꼬리에 꼬리를 물고 이어지므로 각각의 음이 서로 연결된 것의 일부임을 알아볼 수 있기 때문에 멜로디를 구분하는 데 도움을 준다. 또한 멜로디는 대부분의 시간 동안 순차적인 음들로 이어지는 작은 음높이 보폭만을 사용하기 때문에 음높이의 근접성도 멜로디를 구분하는 데 도움을 준다.

셋째는, **연속성**이다. 멜로디는 항상 어디론가 진행 중이다. 가장 높은 지점으로 올라가거나 가장 낮은 지점으로 내려가며 그 과정에서 방향을 바꾼다. 많은 경우 우리는 다음 음이 어떻게 될지 추측할 수 있고 정확한 음은 몰라도 어떤 음이 전혀 예상 밖의 음인지를 확실하게 구분할 수 있다.

넷째는, **공통운명**이다. 멜로디와 반주악기가 비슷한 음색으로 연주된다면 멜로디를 구분하는 것은 쉽지 않다. 이런 경우 멜로디를 구분하는 방법은 멜로디의 음높이를 반주보다 높게 만드는 것이다. 하지만 이렇게 계속 진행하면 지루해지고 결국 멜로디와 화음이 같은 음역으로 내려올 수 있는데 이럴 경우 공통운명을 파악함으로써 멜로디를 구분할 수 있다. 이런 범주화 기술을 통해 우리 뇌는 반주에서 멜로디를 구분할 수 있게 된다.

(3) 리듬의 지각

리듬(rhythm)은 시간에 대한 것이며 시간에 따른 음들의 관계이다. **리듬**은 연속적인 순서이지만 빛이나 소리처럼 시간을 지각하기 위한 특정 센서는 없다. 조르단(Jourdain, 1997)은 **리듬**을 감지하기 위한 것은 없으며 오히려 시간에 대한 심리적인 경험은 그 자체가 세상과의 관계를 지각하는 신경 시스템으로부터 발생한다고 한다. 또한 심리적인 시간은 소유하고 있는 경험의 경험이라고 하였다. 즉, 시간이 지나가는 것을 지각하는 것은 우리 마음이며, 추상적인 관계의 형태는 오랜 시간 동안 유지되고 있고 이것이 일종의 시간적인 지도를 만든다. 그래서 우리는 지각되는 것이 무엇인가를 기본으로 예측할 수 있을 때 다음에 무엇이 올 것인가를 기대할 수 있다(Fraisse, 1982). 사실, **리듬** 지각은 시간에서 발생하는 것 같으며 의식(consciousness) 이하에서 발생하는 과정이다(Wallin, 1991).

리듬(rhythm)이라는 말은 '흘러가는(to flow)'이라는 의미의 그리스어 rhythmos에서 유래된 것으로 음악적 타이밍의 모든 측면을 의미한다(Mankin, Wellman, & Owen, 1979). 음악적 타이밍은 음들의 지속시간, 비트, 박자, 템포 그리고 리듬 패턴 모두를 포함한다. 시간은 음악과 음악 경험에 있어서 매우 본질적인 것이고 음악의 각 부분은 시간적인 조직화에 따른 행동이며 조성으로 흐르는 것이 음악이 된다. 음악은 침묵으로 출현하고 침묵으로 돌아간다(Wallin, 1991). 소리를 음악이 되게 하는 것이 리듬이며 멜로디, 춤, 시를 포함하여 여기에 모두 공통적으로 포함되는 것은 역시 리듬성이다(Merker, 2000). 리듬은 태고 때부터 음악 요소가 되고 오랜 뿌리를 가진 원시적인 것이며(Hughes, 1948, p. 258), 또한 문화를 넘어서는 현상이고 모든 음악에 있는 보편적인 특성이다(Bunt, 1994).

리듬은 음악을 앞으로 나아가게 하고 음악을 역동적으로 만들며 에너지를 준다. 음악적 타이밍에서 첫 번째 요소는 지속시간이다. 지속시간(duration)이라는 말은 '지속하는 것(to last)'이라는 의미의 라틴어 durare에서 유래된 것으로 하나의 음이 실제로 얼마나 소리를 내는가에 대한 것이다. 모든 음정을 들을 때 최소한 0.013초 동안 유지되어야 인식될 수 있다. 음악적 기호로 지속시간은 4분음표, 8분음표 등으로 표기될 수 있다.

음악적 타이밍에서 두 번째 요소는 박자인데 이것은 비트를 그루핑하는 것이다. 왈츠를 생각해 보면 분명하게 3으로 나누어짐을 느끼게 된다. 마지막 요소는 리듬 패턴이며 다양한 지속시간을 결합한 것이다. 이처럼 리듬은 시간에 따른 흐름이며 음악에 역동성을 갖게 한다.

리듬은 흔히 음악에서 가장 자연스러운 속성으로 우리 몸의 맥박에서 비롯된 것이라고 한다. 리듬은 음악적 형상에 윤곽선을 그려 주는 것으로 따라서 리듬이 없으면 음악이 존재할 수 없다고 한다. 리듬은 두뇌가 음악적 형상을 쉽게 이해할 수 있도록 도와주는 것이라고 할 수 있다. 청각 시스템은 우리가 음들을 처리할 수 있도록 알맞은 크기로 잘라 주는데 이것을 도막내기(chunking)라고 한다. 도막내기는 종종 계층적이어서, 작은 도막들은 어느 정도 바로 이해될 수 있지만 아주 큰 도막들은 길게 연속된 결과들이 완성될 때까지는 하나로 묶이지 않는다. 이는 우리가 언어를 인지할 때의 현상과 유사하다고 할 수 있다. 우리 두뇌는 단어를 들을 때 그것들을 개별적으로 파악하긴 하지만 아직 전체 문장의 의미를 파악하는 것은 아니다. 비슷한 이해 체계가 복잡한 음악을 들을 때에도 적용된다고 할 수 있다.

리듬은 시간과 많은 관련이 있으며 종종 시계 소리에 비유된다. 우리의 두뇌는 개별적인 소리와 침묵(silence) 사이의 길이를 측정하며 이러한 시간들 사이의 유형들을 파악하여 박자로 인식한다. 각 박자의 시작은 악센트를 갖는다. 때로는 강세가 없는 박에 강세를 두는 당긴음을 사용하여 음악적 표현을 풍성하게 하기도 한다. 템포는 음악 흐름의 속도를 의미하며 리듬과 밀접한 관련이 있다. 음악에서 음들이 특정한 속도 이상으로 연주되기 시작하면 개별적인 음들로 들리는 것이 아닌 하나의 구조로 느껴지게 된다.

(4) 화성의 지각

화성(harmony)은 멜로디와 관련이 있으며 음정이 동시에 울릴 때를 말한다. 즉, 화성은 수직적인 관계로 동시에 소리가 울리면서 음악에 깊이를 더해준다. 화성은 음들이 함께 그리고 각각 움직이는 것으로 절대 정체된 것이 아니다. 서양음악에서 화성은 음악을 더욱 아름답게 한다. 서양의 초기 음악에서 화성은 저음부에 있었는데 저음부는 멜로디가 연주되는 동안 계속적으로 소리를 내고 있었다. 즉, 백파이프와 인디언 북 같은 악기들이 멜로디에 대하여 기본적인 음악을 계속 연주하는 것이다. 화성이 사라지면서 더 복잡한 음들 사이에 관계가 발달되었으며 이로 인해 음들 사이에 긴장과 해결이 나타나게 되었다.

한편, 화성은 화음(chord)의 연속적인 배열을 의미하며 따라서 좋은 소리를 내는 음들을 잘 고르면 화음이 되고 다시 이는 화성의 바탕이 된다. 화음과 관련되어 협화음과 불협화음의 개념을 생각할 수 있다. 협화음이 함께 잘 어울리는 소리를 말한다면 그 외의 모든 소리는 불협화음이라고 할 수 있다. 불협화음은 세 개의 다른 원인에서 발생하는데 첫 번째는 신경학적 원인, 두 번째는 음향학적 원인, 마지막은 음악이론에 근거를 두고 있다.

불협화음 원인에 대한 신경학적 설명은 내이, 즉 달팽이관에 초점을 맞추고 있다. 달팽이관의 기저막은 특정한 진동수와 관련된 부분에서 가장 많이 변형되고 수용세포들도 가장 활발하게 반응한다. 이러한 활성화 범위를 소리에 대한 임계진동수대(critical band)라고 한다. 두 소리의 임계진동수가 겹치면 불협화음이 만들어진다고 하는데 이는 달팽이관을 따라 너무 가까이 두드리는 두 소리는 서로의 감지를 방해하기 때문이다. 이러한 현상은 진동수가 비슷한 음악이 불협화음으로 들리는 이유를 설명해 주는 근거가 되기도 한다([그림 2-8] 참조).

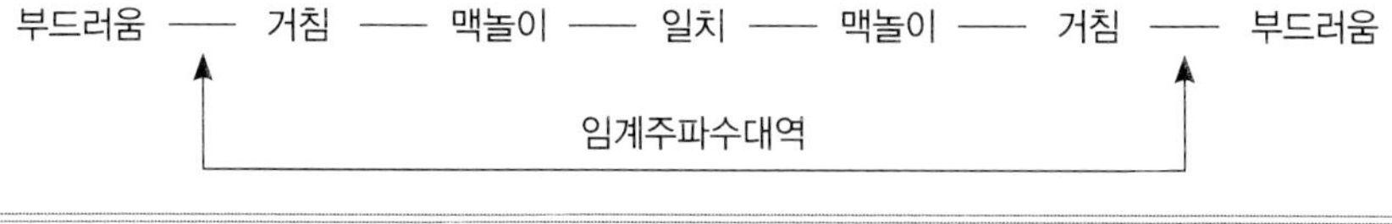

[그림 2-8] 불협화음의 원인

두 번째 불협화음 원인에 대한 음향학적 설명은 소리의 어울림을 물리적 속성에서 찾으려는 것이다. 즉, 두 음의 주파수의 비로 설명하려는 것이다. 헬름홀츠는 불협화음이 발생하는 것은 이러한 주파수 관계에서 부딪힘이 방해가 되기 때문이라고 한다.

헬름홀츠가 주장한 방해이론은 두 음이 옥타브 간격이면 문제가 되지 않는다. 왜냐하면 기본진동수가 f인 낮은 음은 배음으로 2f, 3f 등이 되기 때문에 마찰이 전혀 발생하지 않기 때문이다. 하지만 두 음이 진동수가 p : q이면 첫째 음의 제q부분음과 둘째음의 제p부분음이 일치하게 되고 첫째음의 제2q와 둘째음의 제2p가 일치하게 된다. 예를 들면, 5도음의 진동수는 기본 진동수의 3/2인데 이 진동수의 정수배들은 기본음의 제3부분음의 진동수의 정수배와 일치한다. 따라서 기본음과 5도 사이는 마찰이 심하지 않다.

하지만 최근에 이 방해이론에 대해서도 반론이 제기되고 있다. 첫째, 이러한 방해이론은 배음이 풍부한 소리에만 적용된다는 것이다. 이 이론이 맞다면 순음 사이에는 항상 협화음으로 들려야 하지만 사실은 그렇지 않다. 또한 방해이론의 가정대로라면 정확한 비율에 따라 음이 조정되어야 하는데 현대의 악기들은 그렇지 않다는 것이다. 따라서 우리는 부정확한 협화음의 경우에 약간의 마찰이 있어도 그대로 협화음으로 인식하게 된다.

또한 불협화음의 원인으로 '윙 하는 소리내기(beating)'라는 음향학적 현상을 생각할 수 있다. 예를 들어, 1초에 100사이클 진동수를 가진 소리와 1초에 102사이클 진동수를 가진 소리가 결합될 때 최대 강도의 순간은 일치하지 않는다. 그러나 규칙적인 음정에서는 이 두 소리의 최고점이 1초에 두 번씩 일치하게 된다. 그때 두 소리의 힘이 합쳐져 고막을 세게 두들기게 되면 순간적으로 강한 소리 '윙' 하는 소리가 각각 1초에 약 20번까지 들리게 된다. 높은 진동수에서는 일종의 청각 마찰로 귀에 거슬리는 소리가 발생하게 된다. 에벨링은 음 주기들의 자기상관으로 인해 협화음과 불협화음을 설명한다.

세 번째 불협화음의 원인에 대한 음악이론적 설명은 음들 사이의 화성적 관계에서 발생한다는 것이다. 즉, 구조상의 문제이다. 어떤 코드든 잘 어울리는 협화음은 오직 제한된 수의 다른 코드로만 이동할 수 있으며 그렇지 않은 조합들은 모두 귀에 거슬리는 불협화음이 된다는 것이다. 음계의 첫 번째, 네 번째, 다섯 번째 음으로 만들어진 코드 간은 이동이 쉬우며 다른 음들로 만들어진 화음은 좀 더 조심스럽게 접근해야 한다. 궁극적으로 불협화음은 소음, 무질서,

무관계한 상태이며 **협화음**은 소음제거, 질서, 관계의 풍성함이라고 할 수 있다. 하지만 음악에서는 **협화음**과 **불협화음**의 조화로 인해 긴장감을 줄 수 있다.

우리의 두뇌는 개별적인 소리들을 비교적 잘 인식한다. 그러나 음악적인 하모니를 인식하는 것은 개인마다 차이가 있다. 하모니에 대한 민감성은 음들 간의 거리, 즉 음정을 정확하게 인지하고 기억하는 능력과 관계가 있다. 우리는 음고 영역의 간격을 분류함으로써 이를 수행할 수 있다. 각각의 진동수를 서구 음계의 12음 중 하나와 정렬하여 분류하듯 음들 간의 다양한 간격을 특정한 음정들로 분류한다. 이러한 측정은 음고 영역의 출발점에 따라 상대적이기 때문에 이와 같은 방식으로 음을 지각하는 능력을 **상대음감**이라고 부른다.

(5) 음색의 지각

1960년 미국표준협회(American National Standards Institute)에 의하면 **음색**(timbre)은 "음량과 음고에 있어서는 똑같은 두 개의 소리를 듣는 이가 다르다고 구별할 수 있게 하는 청감각의 속성"이라고 하였다. 또한 "**음색**은 음고, 음량, 음가와는 다른 판단 기준을 사용하여 두 소리가 다르다고 판단하는 청각감각속성"이라고 할 수 있다. 음색은 측정 기준이 여러 가지이기 때문에 한마디로 정의하기 쉽지 않다. 즉, 소리의 속성 중 음색은 유일하게 본질적으로 다차원적(multidimensional)이라고 할 수 있다.

이러한 음색에 영향을 미치는 요인은 합성음의 분포에서 어떤 부분음들이 비중이 높은가에 대한 **배음 분포**이다. 음악에서 사용되는 소리는 모두 합성음이라고 할 수 있다. 합성음은 한 가지 주파수로 되어 있지 않고 여러 가지 주파수가 섞여 있는 소리라고 할 수 있는데 합성음의 구성 성분이 되는 음들을 부분음(partial tones)이라고 하며 이 중 가장 기본이 되는 낮은 부분음을 **기음**(fundamental)이라고 한다. **부분음**과 **배음**, **오버톤**의 관계는 〈표 2-2〉와 같다.

〈표 2-2〉 부분음, 배음, 오버톤의 관계

부분음(partial)	배음(harmonics)	오버톤(overtone)
100Hz 제1부분음	기음	기음
200Hz 제2부분음	2배음	제1오버톤
300Hz 제3부분음	3배음	제2오버톤
400Hz 제4부분음	4배음	제3오버톤

출처: 이석원(2003). p. 91.

배음이 별로 없는 소리들은 부드럽고 유쾌하게 들리며, 6배음까지 어느 정도 음량을 가진 소리(피아노, 호른, 목소리 등)는 배음이 별로 없는 소리에 비해 더 풍성하며 더 음악적으로 들린다. 클라리넷과 같이 홀수 배음을 가진 소리는 공허하게 들리며, 배음이 많아지면 비음으로 들리는 경향이 있고, 6~7배음 이상의 고배음이 세면 거칠고 예리한 소리로 들리게 된다. 이러한 배음들의 파형에 따라 음색이 달라지며 이 외에도 포먼트에 따라 음색이 다르게 인식될 수 있다. 즉, 같은 파형의 음이라면 스펙트럼은 같겠지만 기음의 음고에 따라 각 배음들의 주파수는 크게 달라질 것이다. 특정 배음 대신에 특정 주파수 영역에서 배음들의 진폭이 커져 악기의 특색을 특징짓는 요인이 있는데 이를 악기의 **포먼트 영역**(formant region)이라고 한다. 또한 악기의 첫소리(initial transient)와 끝부분(decay transient)의 진폭변화 곡선, 즉 엔벨로프 역시 악기의 음색을 구별하는 요인이 될 수 있다.

2) 음악지각과 관련된 신경학적 현상

음악을 지각하는 데 있어 관여되는 몇 가지 현상 중 중요한 것은 음정의 인식과 관련된 **공명**(resonance) 현상, 리듬인식과 관련된 **동조화**(entrainment) 현상이다.

(1) 공명

공명은 넓은 의미로 하나의 진동이 다른 곳에 영향을 주는 것을 의미한다. 이러한 현상은 하나의 바이올린의 개방현을 진동시키면 진동시키지 않은 바이올린의 현이 유사한 진동을 보이는 현상을 예로 들 수 있다. **공명**은 '다시 소리내기(re-sound)'라고 할 수 있는데, 즉 어떤 물체의 움직임이 다른 물체의 움직임을 변화시키는 것을 의미한다. **공명**은 물리적인 변화 현상이며 '공감적인 진동(sympathetic vibration)'은 이와 관련된 심리적인 현상이라고 할 수 있다. **공명**은 물체뿐만 아니라 사람의 감정 역시 전달되는 것으로 설명할 수 있다.

공명하는 물체는 두 가지 형태로 구분할 수 있다. 즉, 공명막대와 같이 스스로 자연적인 주파수를 갖는 물체와 다양한 주파수를 갖는 물체로 구분할 수 있는데 후자를 **강제 공명**(forced resonance)이라고 할 수 있다. 우리가 음악을 들을 때 우리 고막에서는 이러한 강제 공명 현상이 이루어지게 된다. 만약 우리의 귀가 자연적인 공명 시스템을 갖는다면 특정 주파수의 소리에만 반응하게 되므로 특정 소리만을 인식할 수밖에 없을 것이다.

(2) 동조화

동조화 현상은 리듬과 관련된 것으로 어원은 '기차 같은 운송수단'이라는 의미를 가지고 있다. **동조화**는 한 가지 속도에서 다른 속도로 뇌파, 호흡, 심박을 변화시키는 것을 말한다. 가장 흔한 **동조화** 현상은 음악에 맞추어 발을 까닥거리는 것으로 설명할 수 있다. 이러한 리듬에 대한 지각으로 음악은 뇌졸중 같은 두뇌 손상을 입은 환자에게 치료적으로 적용할 수 있는 근거가 된다.

과학자이며 행동기술자인 앳워터(F. Holmes Atwater)는 **동조화**와 관련하여 세 가지 기본 법칙을 설명하였다(Leeds, 2010). 첫 번째 법칙은 **동조화 법칙**(resonance rule)이다. 한 시스템이 다른 시스템으로 **동조화**가 이루어지기 위해서는 두 번째 시스템이 동일한 진동수에 도달할 수 있어야 한다. 두 번째 법칙은 **힘의 법칙**(power rule)이다. **동조화**가 이루어지기 위해서는 반드시 두 번째 **동조화**가 일어날 수 있을 만큼의 힘이 필요하다. 따라서 두 대상이 너무 멀리 있다면 힘이 약해질 수밖에 없다. 세 번째 법칙은 **일관성의 법칙**(consistency rule)이다. **동조화**가 이루어지기 위해서는 첫 번째 발생하는 소리가 동일한 주파수와 진폭을 유지할 수 있어야 한다.

3. 음악과 감정반응

1) 음악요소와 감정반응

음악이 인간의 감정에 어떻게 작용하는가는 오랜 연구자들의 관심 있는 주제가 되어 왔다. 음악의 여러 가지 요소는 인간의 감정에 영향을 미치는 것으

〈표 2-3〉 음악요소와 감정

구분	행복	두려움	분노	다정함	슬픔
템포 (속도)	빠르고 일정함	빠르고 가변적임	빠르고 일정함	느리고 일정함	느리고 가변적임
조성유형	장조	단조	단조	장조	단조
평균 음높이	높음	높음	높음	낮음	낮음
음높이 변화	심함	심함	적당함	적음	적음
화성유형	협화음	불협화음	불협화음	협화음	불협화음
세기	중간이거나 크고 일정함	조용하고 가변적임	크고 일정함	중간이거나 조용하고 일정함	조용하고 가변적임

출처: Powell(2016/2018), p.54.

로 오래전부터 알려져 왔다. 예를 들어, 템포는 음악이 어떤 감정을 담고 있는가를 확실하게 보여 주는 요소가 된다. 이 외에도 음악 요소는 인간의 감정에 영향을 미친다고 할 수 있다(〈표 2-3〉 참조).

일반적으로 음악이 감정을 일으키는 심리적인 기제에 대해 다음과 같이 말한다. 이러한 심리적 기제들은 인간의 생존과 관련되어 발생하는 현상이라고 설명한다(Drosser, 2009/2015).

첫째, **뇌간반사**이다. 뇌간은 어떤 일이 발생하면 아드레날린 분비를 촉진시켜 상황에 대처하도록 준비시키는 뇌의 한 부분이다. 만약 갑작스럽고 요란하고 불협화음이 많고 리듬이 빠르거나 자주 바뀌는 음악을 듣게 되면 감정적으로 흥분반응을 보이게 되는데, 이는 바로 뇌간의 반응이라고 할 수 있다. 이러한 뇌간반응은 필요한 상황에서 생존을 지킬 수 있도록 하는 인간의 반응과 관련이 있다고 할 수 있다.

둘째, **리듬동조**이다. 차분한 음악을 들으면 맥박과 호흡이 느려지고 빠른 음악을 들으면 감정적으로 흥분한다. 이러한 이유는 인간이 외부적인 리듬에 대해 동조화하기 때문이다. 동조화 과정에는 수 분이 걸리며 음악과 박이 지나치게 빠르거나 느리면 맥박과 호흡이 음악과 딱 맞아떨어지지 않을 수도 있다. 이러한 동조화 반응은 신체 활동을 보다 효율적으로 수행할 수 있도록 돕는다.

셋째, **평가적 조건화**이다. 예를 들어, 좋아하는 어떤 사건과 특정 음악이 연결되면 그 음악을 들을 때마다 기분이 좋아지기도 한다. 이러한 이유는 우리 뇌가 그 곡을 들을 때마다 기분이 좋아지도록 스스로를 조건화시키기 때문이다. 이러한 심리적 기제는 어떤 것을 학습하는 데 도움이 된다.

넷째, **감정의 전염**이다. 이는 음악이 묘사하려고 하는 감정이 무엇인지 확인하고 이어 스스로 그 감정에 빠져들도록 허락하면서 발생한다. 감정의 전염은 불행하거나 화난 음악보다 쾌활하거나 편안한 음악일 때 훨씬 더 자주

일어난다. 이러한 심리적 기제는 감정이입과 관련이 있으며 주위 사람들과 유대감을 가질 수 있도록 돕는다.

다섯째, 시각적 심상이다. 음악을 들으면 풍경 혹은 개인적으로 관련된 시각적 영상을 불러일으키게 되는데 이러한 경험은 음악에 더 깊이 몰입하게 하고 더 깊은 정서적 반응이 일어나게 한다. 음악은 우리로 하여금 생각의 세계에 빠져들게 하며 이러한 심상(image)을 자극함으로써 음악을 심리치료적인 목적으로 활용할 수 있다.

여섯째, 에피소드 기억이다. 음악은 특정한 기억을 끌어내고 그 기억이 떠오르는 감정 상태로 다시 돌아가게 한다는 것이다. 이런 자극은 원래의 감정을 재현할 수도 있지만 혐오스러운 감정을 불러일으킬 수도 있다. 이러한 심리적 기제는 어떤 상황을 만족스럽게 혹은 위협적으로 느낄 수 있도록 한다.

마지막으로, 음악적 기대이다. 음악적 경험이 많은 사람들은 음악이 어떻게 진행될지 기대를 하게 된다. 한 번도 들어보지 못한 음악조차도 몇 개의 음을 들어보면 다음에 어떤 음들이 이어질지를 예측할 수 있고 예측이 맞으면 만족감을 느끼게 된다. 이러한 심리적 기제는 무슨 일이 일어날지 평가하고 그에 맞춰 준비할 수 있도록 돕는다.

2) 음악반응의 메커니즘

인간의 뇌가 음악을 어떻게 처리하는가에 대한 메커니즘은 다음과 같이 설명할 수 있다(Drosser, 2009/2015). 먼저, 귀에서 온 전기 신호는 우선 뇌간을 통해 입력된다. 뇌간은 계통발생학적으로 가장 오래된 뇌 부위로 전기 신호가 무엇인가 인지하기도 전에 먼저 감정이 발생할 수도 있다. 즉, 큰 폭발음이 들리면 우리는 그것을 위험 신호로 감지하여 도망갈 준비를 하게 되는데 음악은 이런 원초적인 반사들을 적극적으로 이용한다.

다음에 신호는 청각피질에 도달하여 본격적으로 처리된다. 먼저, 기본 음향 특징들, 즉 음높이, 음색, 소리의 질감이 추출되지만 여전히 소리는 혼합되어 있다. 다음 단계에서 이 성분들이 분석된다. 즉, 음향적 소리들이 분석되는데 이것이 자동차의 소음인지 또는 친구의 목소리인지 분석할 수 있게

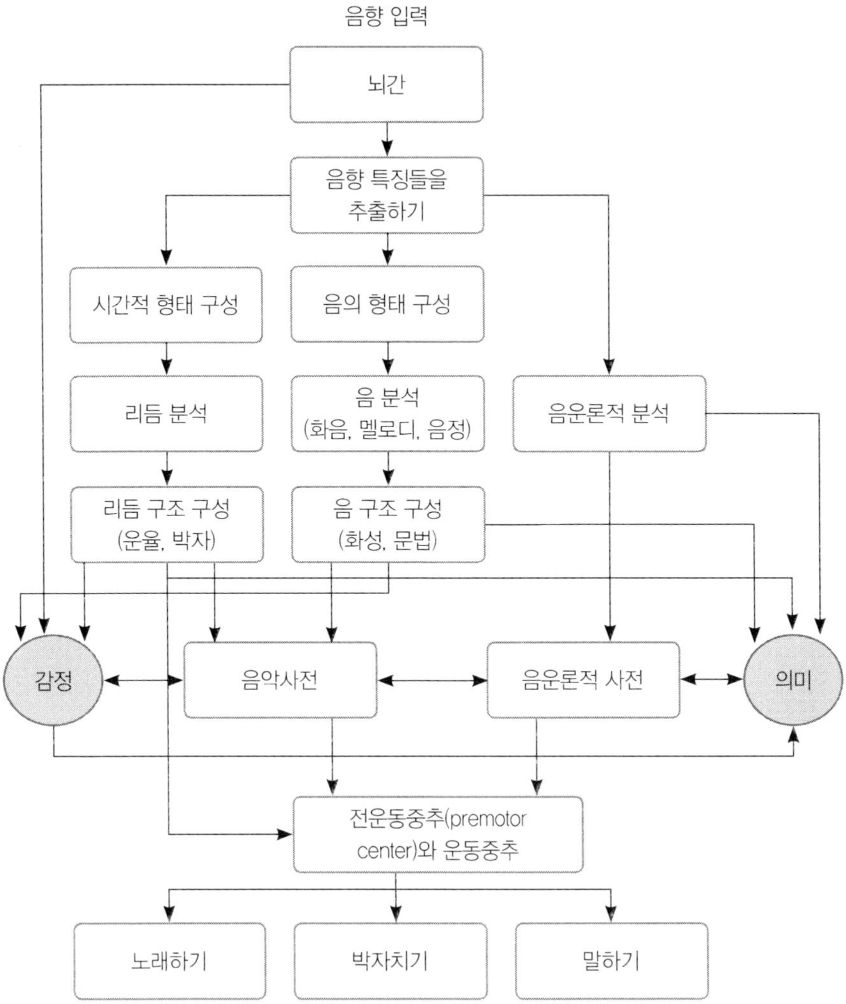

[그림 2-9] 음악반응에 대한 메커니즘

출처: Drosser(2009/2015), p. 98.

된다. 다음에 음악의 음 측면과 리듬 측면이 대체로 상호적으로 분석된다. 음 분석 과정에서 음높이와 관련이 있는 다양한 측면이 분석되는데 멜로디 윤곽, 음정 등이 분석된다.

이 밖에도 음악에서 틀린 화음 같은 것들도 인식하게 된다. 시간적 분석에서는 곡의 리듬이 인지된다. 우리가 리듬을 박자라는 규칙에 넣으려고 하게 되면 약간 리듬이 잘못되었다고 해도 규칙적인 리듬으로 인지할 수 있다. 다음에는 이러한 분석을 통해 각 개인에게 저장된 음악사전에서 노래를 찾는다. 이를 통해 내가 알고 있는 노래인지 그렇지 않은지를 인식할 수 있다. 노래의 의미는 가사를 언어적으로 분석함으로써 인지할 수 있다. 이렇게 노래를 인지한 후 다음 단계는 운동계획이다. 즉, 노래를 부르거나 소장단, 발장단을 맞추는 경우가 있다. 이를 그림으로 표현하면 [그림 2-9]와 같다.

4. 생애주기별 음악인지

1) 신생아와 음악인지

과학자들은 생후 4개월 정도의 시기가 음악소리에 민감하게 발달할 수 있는 시기라고 한다. 또 한편으로 토머티스(Tomatis, 1991)는 소리를 처리하는 과정은 모든 신생아에게 새로운 기능이 아니며 이미 출생 전 4개월 반 전부터 음악을 들을 수 있다고 한다. 따라서 아기가 출생하면 외이와 중이는 액체를 유입하는 것에서 기체를 유입할 수 있도록 전환되며 아기의 청각적 메커니즘은 100% 기능을 한다.

출생 후 아기의 두뇌는 많은 신경으로 구성되어 있다. 학습을 위한 신체적·정신적 기능을 위한 잠재력은 신경적인 경로들이 외부 다른 부분들과 연결될 때 실현될 수 있다. 출생 후 첫해 동안 신경세포가 형성되고 놀라울 만큼 빠른 속도로 연결되기 때문에 이후 아동의 학습을 위한 대부분의 능력이 이 시기에 결정될 것이다.

최근 연구에 의하면 음악은 두뇌의 많은 영역에서 실제로 지각된다고 한다. 즉, 리듬은 소뇌에서, 멜로디는 측두엽에서 지각되고 언어를 처리하는 좌측 부분과 관련된 우측 부분에서 음악적인 음을 해석하게 된다. 음악지각은 공간적인 추론과 수학을 위한 회로가 인식되는 뇌의 부분과 동일한 부분에서 발생한다. 아이가 음악을 들을 때 이 부분이 자극되고 이로 인해 신생아의 신경발달이 증가하는 것이다. 또한 언어와 음악은 모두 의사소통의 형태이며 음정, 악센트, 리듬, 음색에서 고도로 조직화되어 있다. 언어에서 소리는 패턴으로 결합되고 음악은 멜로디 프레이즈로 결합된다.

아기들은 음악을 선호하는데 그 이유는 노래는 말보다 더 예측이 가능하기 때문이라고 한다. 노래는 일반적으로 한정된 노래 레퍼토리가 있어서 아기들에게 친숙하고 위안을 준다. 하지만 언어의 경우는 아기에게 지나친 자극이 될 수도 있다. 즉, 언어의 경우는 그 내용에 대해 생각해야 하고 답변을 준비해야 한다. 이런 이유로 아직 언어를 이해하지 못하는 아기에게 이러한 언어적인 질문은 자극이 되며 불편함을 줄 수 있다.

실제로 엄마가 약간 스트레스를 받고 있는 아기에게 노래를 불러 주면 차분하게 되고 또한 아기가 약간 화가 났을 때도 놀이 노래를 불러 주면 더욱 효과적이라고 한다(Sandra, Niusha, & Marieve, 2015).

2) 청소년과 음악인지

12~19세는 신체에 놀랄 만한 변화들이 일어나는 시기이다. 대부분의 연구는 이 시기에 즐겨 듣는 록, 헤비메탈, 랩 음악이 부정적인 영향을 미친다고 보

고하고 있는데 이는 아마도 1960년대 록음악이 성, 마약 등과 관련된 내용을 담고 있기 때문인 것으로 보인다. 하지만 이러한 반역적인 음악을 듣는 사람들이 모두 관련된 반역적인 행동을 하는 것은 아니다. 에드리언 노스(Adrian North)는 온라인 설문조사를 통해 전 세계 인터넷 사용자 3만 6,000명의 응답을 분석한 결과 헤비메탈 팬이 창의적이고 비교적 내향적이며 자존감이 낮아서 고전음악 팬과 가장 유사하다고 보고한다(North & Hargreaves, 2008).

대부분의 사람은 15~25세에 갖게 된 음악 취향을 유지한다고 한다. 이러한 음악 장르 취향의 보수성을 이해하기 위해서는 도식(schema)이 필요한데, 도식은 특정 음악 장르가 따르는 규칙들의 총체이며 순수한 음악적 규칙 이외에 사회적 규칙, 즉 그 음악을 어떤 상황에서 즐기는가에 대한 도식도 포함한다. 이에 대해 몇 가지 사례가 있다. 예를 들어, 로큰롤은 12박으로 이루어진 기본 리듬과 세 가지 화음을 기초로 하며 소규모 밴드에 의해 연주되고 흔히 피아노가, 때로는 색소폰이 포함된다. 또한 세부 장르와 상관없이 재즈곡은 상당히 견고한 형식을 지니는데 먼저 주제가 연주되고 이어서 개별 연주자들의 독주가 시작된다. 대개 관악기가 먼저 나오고 기타나 피아노가 연주되며 다시 마지막에 밴드 전체가 주제를 연주한다. 그리고 교회에서 종교음악을 연주할 때 박수치지 않는다. 팝송은 절과 후렴으로 구성되는데 경우에 따라 간주가 추가되기도 한다. 이러한 여러 가지 도식이 관련 음악을 지각할 때 영향을 미치는 요인이 될 수 있다.

3) 노인과 음악인지

청각 회복(auditory restoration)이란 가능한 모든 영역의 주파수에서 발생하도록 청각적 메커니즘을 조율하는 과정을 의미한다. 소리는 에너지이며 귀는 일차적으로 두뇌와 신경 시스템의 포털이 되기 때문에, 따라서 논리적으로 소리가 에너지를 많이 가질수록 좋다. 소리는 외이, 중이, 내이를 통해 지각되며 물리적인 손상 혹은 외이의 변형으로 소리의 흐름에 영향을 줄 수 있다. 또한 스트레스로 인해 중이가 손상되어 청각이 기능하지 못할 수도 있다. 청각 회복과 소리 자극을 통해 중이의 하위 기능이 회복될 수 있는데 이것은 근육이 다시 긴장을 회복하도록 돕는 것이다. 신체적인 건강을 넘어서 노인들의 기본적인 관심은 마음을 유지하는 것이며 노화로 인해 내이 처리 과정이 감소되면서 소리를 듣는 것이 어려울 수 있다. 하지만 내이의 손실이 회복되지 못하더라도 중이 기능의 긴장은 소리 지각과 관련된 더 많은 것을 할 수 있게 해 준다(Leeds, 2010).

5. 음악인지 발달단계

인지발달을 중심으로 음악인지 발달 역시 특정한 단계를 거친다고 보고되어 왔다. 하지만 이러한 인지발달에 대한 견해는 학자마다 약간의 차이가 있다.

1) 피아제

피아제(Jean Piaget, 1896~1980)는 아동의 인지 발달에 관한 연구를 통해 세계적으로 명성을 얻게 된 스위스의 심리학자이다. 그는 심리학적 입장에서 과학적인 방법으로 연구와 실험을 통해 인간이 태어나서부터 어른이 되기까지의 지적 성장 과정을 밝혀냈다. 이러한 피아제의 아동발달에 관한 이론은 그 후 아동의 인지적 · 심동적 · 정의적 발달 과정에 관한 광범위한 연구를 낳게 하고, 또한 이러한 연구들은 아동 음악교육을 포함한 모든 아동교육에 새로운 통찰력과 빛을 던져 주게 되었다.

최근 아동교육에 대한 관심이 고조되면서 어느 아동교육 분야를 막론하고 보다 체계적이고 건실한 학문적 배경과 과학적 이론의 뒷받침에 대한 필요성이 대두되고 있음이 사실이다. 이러한 맥락에서 볼 때 그동안 아동교육에 커다란 영향을 끼쳐 온 피아제의 아동발달 심리학 이론은 음악을 포함한 모든 아동교육에 있어서 빼놓을 수 없는 중요한 이론이다.

피아제에 의하면 인간은 태어날 때 이미 인간으로서의 독특한 능력을 부여받으며, 이러한 능력은 그 후 외부 환경과의 끊임없는 상호작용에 의해 계속 발달되어 나간다. 이러한 피아제의 발달 개념은 인간의 **인지발달** 과정에 그 기초를 두고 있는데, 피아제는 인간이 태어났을 때부터의 **인지발달** 과정을 다음과 같은 4개의 단계적 시기로 분류하고 있다.

- **감각운동기**(sensorimotor period, 0~2세)
- **전조작기**(preoperational period, 2~7세)
- **구체적 조작기**(concreteoperations period, 7~11세)
- **형식적 조작기**(formaloperations period, 11세~성인)

(1) 감각운동기

유아가 탄생해서부터 약 2년간의 기간을 의미하는 이 시기에 유아는 잡기와 빨기 같은 본능적인 반사작용에서 시작해 점차적으로 감각과 동작을 통해 주위 환경을 탐색하고 적응해 나가기 시작한다. 감각과 동작을 통해 유아가 주위 환경을 탐색하고 그에 적응하는 것은 연습을 거듭함에 따라 수정되게 되는데, 그 수정은 **동화**(assimilation)와 **조절**(accommodation)을 통해 이루어지게 된다. 예를 들어, 유아는 길고 가는 물체와 둥그런 물체를 잡을 때 손가락 쓰는 법이 다른 것을 잡히는 물체의 모양에 따라 손놀림을 조절함으로써 알게 되는 것이다. 이렇게 감각운동의 조직으로 주위 환경의 물리적 세계를 조직해 감에 따라 유아는 물체나 공간 그리고 시간이나 인과관계 등에 관한 개념을 획득해 나가게 된다.

(2) 전조작기

2세에서 7세까지를 말하는 이 시기는 아직 이론적 조작이 나타나지 않는 시기라고 해서 **전조작적 사고**기라고 부른다. 이 시기의 초기단계인 2~4세에는 아동의 언어발달이 급속도로 이루어지는데, 특히 사고와 언어가 서로 연결되므로 아동은 상징으로만 사고하던 것을 언어, 말로 표현하게 된다. 이 초기단계가 지나 후기단계(4~7세)로 들어서게 되면 아동의 사고는 주로 지각적 활동에 의해 영향을 받게 되는데, 즉 물체를 자신의 눈에 보이는 대로 판단하는 것이다. 예를 들어, 가늘고 높은 병에 들어 있던 물을 넓고 낮은 병에 옮기게 되면 물의 양도 줄어든다고 생각하는 것이다. 이 시기의 또 하나의 특징은 아동이 한 물체가 하나가 아닌 여러 가지 특성을 가지고 있다는 것을 인식하지 못한다는 것이다. 이 시기 아동의 이러한 인지적 상태는 시간이 지남에 따라 점차 논리적인 경향을 띠게 되면서 다음 단계인 구체적 조작기로 넘어가게 된다.

(3) 구체적 조작기

7세에서 11세 정도까지의 이 시기는 아동이 눈앞에 당장 보이는 지각에서 벗어나는 시기이다. 아동은 이 시기에 아주 구체적인 방법으로 자신이 이용하는 자료를 지적으로 조작 또는 변형시킬 수 있으며, 또 문제를 논리적이고 구체적으로 추론할 수 있게 된다. 전조작 단계 후반기의 아이들은 구체적 조작 단계에 이르게 되면 인지 능력이 좀 더 발전된 양상을 보이게 된다. 이 단계에서는 **보존 능력**이 생기면서 양, 무게, 부피의 보존이 가능하며 가역적인 사고를 할 수 있다. 즉, 같은 선율이 다른 템포나 악기로 연주되어도 알 수 있으며 음높이 및 리듬의 변형 등의 가락 보존 능력이 가능하다. 그리고 부분을 포함한 전체의 개념과 대상 간의 공통점과 차이점을 이해하게 되어 계열적 순서화의 능력이 생김으로써 구체적으로 사고할 수 있게 된다. 음악적으로는 셈여림표, 음표, 쉼표 등을 어떠한 순서대로 나열할 수 있게 된다. 이 시기의 특징적 현상은, 첫째, 보존 개념의 여러 가지가 발달하고, 둘째, 계열화와 분류의 초보적인 논리가 조작 가능하다는 것이다.

(4) 형식적 조작기

11세에서 성인까지를 말하는 이 시기는 아동이 점차 성인으로 발달해 나가는 과정의 시기이다. 이 시기에 아동은 모든 종류의 문제점을 논리적이고 추상적인 방법으로 해결할 수 있는 사고 능력을 길러 나가게 된다. 피아제의 이와 같은 인지발달론은 또한 다음과 같은 내용을 내포하고 있다.

- 아이들은 발달 과정에 있어서 한 단계에서 다른 독립된 단계로 뛰어넘지 않는다.
- 인지발달은 각 단계가 연계성을 가지고 이루어지는데, 즉 한 단계의 모든 것이 축적되어 그다음 단계로 이어지게 되며 거기서 또 축적을 이루어 그다음 단계로 넘어가게 되는 것이다.
- 각 단계의 기간은 일반적인 표준이며, 또 각 단계의 행동 특성도 아이들이 그 시기 동안에 언젠가는 나타낼 특성을 의미하고 있다.
- 모든 아이는 발달 과정의 속도에는 차이가 있을 수 있으나 이러한 발달 단계를 다 똑같이 거치게 된다.
- 각 단계 안의 인지적 행동의 영역은 그 한계가 꽤 광범위하고 넓다.

2) 짐머만과 하그리브스

짐머만(Zimmerman)과 하그리브스(Hargreves)는 피아제의 인지발달을 기본으로 음악인지 발달을 비교하였다. 하그리브스는 다섯 단계를 제시하였는데 첫 번째 단계는 **감각운동 단계**이다. 이 단계에서는 리듬에 맞춰 몸을 흔들거나 옹알이처럼 노래한다. 두 번째 단계는 **형상적 단계**이다. 이 단계에서는 눈에 보이지 않는 음악을 듣고 이를 자신만의 방법으로 표현할 수 있다. 세 번째 단계인 **도식적 단계**에서는 아동들이 성인들이 하는 표현 방식에 관심이 많아져 이를 따라 하고자 하지만 이전의 표현양식과 혼합된 양상을 보이게 된다. 그리고 네 번째 **규칙체계 단계**에 이르러서야 성인과 같은 표현 방식을 하게 된다. 마지막 **전문적 단계**에 이르면 실현적이며 반성적인 창작물을 만들 수 있다. 하그리브스는 다섯 단계를 거치는 동안의 음악발달을 가창, 상징, 인지, 청각의 하위 영역으로 나누어 제시하고 체계적이고 반성적인 능력을 전제로 하는 창작적 능력을 가장 상위의 음악 능력으로 보고 있다(〈표 2-4〉 참조).

〈표 2-4〉 피아제, 짐머만, 하그리브스의 음악인지 발달 비교

<table>
<tr><th>피아제</th><th>짐머만</th><th>하그리브스</th></tr>
<tr><td>감각운동기
(만 0~2세)</td><td>• 일정박 리듬에 따라 반응함(모태의 박동)
• 2세경 5도의 음역에 반응함</td><td>0~2세 감각운동 단계
(sensorimotor phase)</td></tr>
<tr><td rowspan="2">전조작기
(만 2~7세)</td><td rowspan="2">• 4세 이전에 상대적 셈여림을 구별
• 악보 읽기 활동 가능함
• 5~6세 빠른박에서 일정박 유지할 수 있음
• 6~7세 청각 지각 능력 발달
• 6~8세 선율 지각 능력 향상
• 6~9세 음정 구별 능력 향상</td><td>2~5세 형상적 단계
(figure phase)</td></tr>
<tr><td>5~8세 도식적 단계
(schematic phase)</td></tr>
</table>

구체적 조작기 (만 7~11세)	• 8세 조성 감각 현저한 발달 • 8세 청각 지각의 안정 시기 • 8세 화성 지각 능력의 발달을 위한 결정적 시기의 시작 • 8~9세 조성 기억 능력 향상 • 음악에서 전조를 구별할 수 있음 • 9세 이후 일정박 유지 가능 • 9세 음악(요소)보존 능력 안정기 • 10세 가창 능력 발달(두 옥타브 음역) • 10세 음악선호 결정	8~15세 규칙체계 단계 (rule systems phase)
형식적 조작기 (만 11세~)	• 또래 음악 문화에 대한 관심이 높아짐 • 음악에 대한 비판적, 분석적 학습이 가능해짐	15세~전문적 단계 (professional phase)

출처: 민경훈, 김신영, 김용희, 방금주, 양조모(2013), p. 125.

3) 스와닉과 틸만

스와닉(Swanwick)과 틸만(Tillman)은 음악발달 단계를 연령에 따라 4단계로 구분하고 각 단계별 두 가지 성격의 음악 경험에 중점을 두어 8단계가 되는 음악 능력 발달 수준을 말하였다(〈표 2-5〉 참조).

〈표 2-5〉 스와닉과 틸만의 인지발달 단계

단계	세부단계
숙달기(mastery, 만 0~4세)	감각적 숙달
	조작적 숙달
모방기(imitation, 만 4~9세)	개별적 모방
	어법적 모방
상상기(imaginative play, 만 10~15세)	사유적 상상
	관습적 상상

메타인지기(meta cognition, 만 15세 이상)	상징적 메타인지	
	체계적 메타인지	

출처: 민경훈 외(2013), p. 127.

4) 울프와 가드너

울프(Wolf)와 가드너(Gardner)는 예술 영역의 인지발달 과정을 연령에 따라 4단계로 구분하였다(〈표 2-6〉 참조).

〈표 2-6〉 울프와 가드너의 음악인지 발달 단계

단계	연령
직접 소통기(child as direct communication)	0~18-24개월
상징 사용기(child as symbol user)	18-24개월~만 5-7세
숙련기(youth as craftsman)	만 5-7세~만 11-13세
예술적 비평/참여기(youth as critic and full participation in the artistic process)	11~13세 이상

출처: 민경훈 외(2013), p. 128.

6. 음악성의 발달

많은 연구에 의하면 음악성은 주어진 재주(gift)라기보다는 능력(faculty)이며 음악성의 발달은 인간의 다른 발달 영역과 비교될 수 있다. 우리의 두뇌는 발달의 첫 단계에서 의미 있는 소리를 만들고 처리하기 위한 준비를 한다. '음악두뇌'는 초기 단계부터 매우 복합적이며 다른 핵심적인 기관처럼 발달 단계를 따르는데 아동기 동안 적응적이며 가소성을 가지고 있다. 모든 인간은 두뇌와 신체 발달을 통해 소리, 특히 의미 있는 소리 패턴을 발견할 수 있고 이러한 소리를 사회적 상호작용과 즐거움 안에서 만들 수 있다.

'태아의 음악심리' 연구에 의하면(Parncutt, 2006), 태아는 자궁 안에서 어머니의 소리와 움직임의 패턴을 듣는다. 태아의 청각 시스템은 16~20주 안에 발달되며 청각적인 환경은 이를 위한 자극이 된다. 태아는 아마도 출생 이후 엄마와의 연결을 준비하기 위해, 엄마의 신체적이고 정서적인 상태에 맞추기 위해 소리를 듣는다. 출생 전에 소리를 잘 들은 태아는 출생 후에도 엄마와 좋은 관계를 유지한다.

어머니는 본능적으로 아기와 의사소통하기 위해 아기의 음악성을 호출하고 환기와 정서를 조절하도록 돕는다(Malloch & Trevarthen, 2009). 마찬가지로 신생아 역시 어머니와 의사소통하기 위해 음악성을 즉각적으로 이동한다. 초기 상호작용 이론가들은 이를 의사소통적인 음악성이라고 부른다. 어머니 혹은 보호자는 계속해서 아이의 음악성 발달에 있어서 '멘토'가 된다. 그러나 최근 연구에서는 상호적인 노력과 소위 '음악적 전문가(musical connoisseurs)'라고 하는 놀라운 능력에 대해 강조하고 있다. 몇몇 연구에서는 유아들이 매우 복잡하고 표현적인 음악 기술과 능력을 소유하고 있다고 한다.

이러한 음악성 발달과 관련하여 음악영재의 의미에 대해 생각해 볼 수 있다. 음악영재란 음악 영역에서 능력을 발휘할 가능성이 높은 사람 또는 탁월한 능력을 발휘하는 사람으로 정의할 수 있다. 또한 음악영재는 음악 관련 지적 능력 및 실천적 · 지적 능력이 높고 호기심, 강한 성취동기 등 개인적 성향을 지니며 음악 영역에서 뛰어난 성과를 나타내거나 나타낼 잠재력이 높은 사람이라고 정의할 수 있다(한국예술영재학회, 2006). 여러 학자의 의견을 종합하면, 일반적으로 음악영재는 음악 분야에 뛰어난 능력을 가진 사람을 말한다. 또한 음악적 잠재력을 가진 사람을 말하는데 이러한 재능이 계발될 수 있을 때 비로소 음악영재가 될 수 있다. 따라서 음악영재는 잠재된 음악적 능력이 있으며 그 재능을 발견하고 계발할 수 있는 교육적 환경이 뒷받침될 때 비로소 완성된다고 할 수 있다(박다솜, 2018).

이러한 음악영재의 특징에 대해 렌줄리(Renzulli)는 다음과 같이 밝히고 있다. 첫째, 음악에 관련된 분야에서 평균 이상의 지적 능력을 가지고 있으며 이러한 능력은 개념이나 기본 원리를 이해하고 필요한 것을 빠르고 쉽게 배우며 예리한 판단력으로 음악들 간의 차이를 파악하는 능력으로 나타난다. 둘째, 과제 집중력, 목표의 지향, 성취동기 등 영재성 발현에 영향을 끼칠 개인적 성향요소를 내재하고 있다. 셋째, 높은 창의성을 가지고 있으며 문제를 발견하고 해결하는 능력이나 기존 지식을 생활에 응용하는 능력, 하나의 문제에 대한 다양한 해결방법, 그리고 독특한 아이디어의 창출을 시도한 것으로 보인다(박다솜, 2018에서 재인용).

이처럼 음악영재는 음악 분야에 대한 규칙과 체계를 통찰하고 자기화시키는 능력이 뛰어나다. 이러한 능력 가운데 절대음감에 대해서 생각해 볼 수 있다. 절대음감은 많은 연구가 이루어졌지만 여전히 미지의 분야이다. 절대음감을 가진 사람에게는 모든 소리가 개성 있게 들린다. 예를 들면, 개는 Eb장조로 짖어대며 에어컨은 F# 단조에서 소리를 낸다는 등 독특한 속성을 찾아 듣는다. 하지만 절대음감을 가진 이들 중 소수만이 요구에 의해 정확한 음악을 낼 수 있으며 대다수는 단지 듣는 음악을 확인하는 정도이다(Jourdain, 1997).

절대음감이 형성되는 과정에 대해 다음의 이론들이 있다(이석원, 2003).

첫째는, 유전이론(heridity theory)이다. 이 이론은 절대음감은 유전적 요인 등 선천적으로 결정된다는 것이다. 둘째는, 학습이론(learning theory)이다. 이 이론은 절대음감은 유전이 아닌 계속적인 학습을 통해 얻어질 수 있는 능력이라는 것이다. 셋째는, 비학습이론(unlearning theory)이다. 이 이론은 절대음감은 누구에게나 발달될 수 있지만 어릴 때부터 훈련에 의해 발달될 수 있다는 것이다. 넷째는, 각인이론(imprinting theory)이다. 이 이론은 새끼 오리들이 처음 대상을 보고 따라다니는 것처럼 음감이 어렸을 때부터 마음속에 심어진다는 것이다.

절대음감과 대비되는 것은 상대음감(relative pitch)이다. 대부분의 사람은 두 음을 들으면 어떤 음이 더 높은지 상대적으로 맞힐 수 있다는 것이다. 상대음감은 선율적 또는 화성적 특성을 음들 간에 존재하는 음정 관계를 통해서 음을 기억하는 것으로 유기적이며 규칙적인 관계에 의해 음악을 파악할 수 있기 때문에 음악의 전체적인 윤곽을 기억하는 데 더욱 효과적이라고 할 수 있다(이내은, 2002). 상대음감과 절대음감의 옳고 그름이 아닌 각각의 장점과 단점을 살릴 수 있는 방법으로 교육하는 것이 더욱 중요하다고 할 수 있다.

2부

음악은 어떻게 사용되는가

3장

음악의 기능

음악에 대한 인간의 반응은 인류 역사와 함께 시작되었고 음악은 우리 삶의 중요한 구성요소로서 삶 자체를 표현할 뿐 아니라 인간 활동 전반에 영향을 주고 있다. 인간과의 관계에서만 성립할 수 있는 음악은 인간의 사상과 감정을 음으로 나타내는 소리 예술이다. 이러한 음악에 대하여 인간은 어떠한 형태로 반응하며, 그 활용은 어떻게 이루어지고 있는지 알아보고자 한다. 즉, 음악의 어떠한 구체적 속성들이 우리가 음악에 반응하며 경험하고 교감하여 어떻게 사람들에게 도움이 되도록 영향을 미쳐 왔는지 음악의 교육적 활용과 치료적 활용으로 나누어 살펴보고자 한다.

1. 교육적 활용

음악교육(music education)은 '음악(music)'과 '교육(education)'이 합성된 용어이며, 음악의 교육과 학습과 관련한 연구의 한 분야이다. 음악은 다른 예술과는 달리 그것이 갖는 독특한 감각작용을 통해 인간의 일상생활과 정서교육에 지속적으로 영향을 끼쳐 왔으며 음악이 인간 그 자체와 결부된 교육적 측면을 크게 강조하여 왔다. 이에 음악을 통한 역사와 철학 그리고 교수법을 통해 음악교육의 활용을 살펴보는 것은 중요한 의미가 있다.

1) 개념 및 정의

음악교육은 음악의 아름다움에 대한 이해와 감득(感得)을 통해 높은 미적 정조(情操)와 풍부한 인간성의 육성을 목표로 행해지는 예술교육의 한 분야이다. 이러한 음악교육의 목적은 폭넓은 음악적 생활을 할 수 있도록 높은 미적 정조와 풍부한 인간성을 육성하는 데 있으며, 교육목표는 바람직한 음악의 체험을 통하여 음악성을 계발하고, 풍부한 정서와 창조성을 길러 조화로운 인격을 형성하게 하는 것이다.

2) 역사

인류 역사와 함께 시작된 음악은 우리 삶의 중요한 구성요소로서 자리 잡고 있으며 인간과 음악의 관계는 역사적으로 오늘날까지 시대적인 흐름 속에서 같이 이어지고 있다. 이에 음악이 고대 문명 이래로 다양한 시대적 변화와 함께 어떻게 이해되고 이용되었는지 알아보고자 한다.

(1) 고대 그리스 · 로마시대

기원전 6세기 피타고라스는 우연히 망치 소리의 아름다운 조화를 듣고 그 물리적 근거를 연구하기 시작하였다. 피타고라스는 옥타브는 망치의 무게비가 1 : 2일 때, 완전 5도는 무게비가 2 : 3일 때 소리가 나게 된다는 음정 관계의 수적 비율을 발견하게 된다. 이러한 사실로 피타고라스의 이론은 배음렬과 음계 형성의 기초가 되었다. 이것은 인간이 '음악'과 '인간 마음의 관계'에 대해 관심을 갖기 시작한 최초의 예라고 볼 수 있다. 이후로 그는 배음렬과 음향 측정기 모노코드(monochord)의 현 길이 비율로 음악적 협화음(옥타브, 5도, 4도)을 설명하고자 했으며 이는 소리를 만들어 내는 원리, 즉 물리적 세계와 인간의 마음인 심리적 세계를 상호 연관 지으려는 시도였다. 플라톤은 이상적인 국가에서의 교육은 영속적인 것이며, 예술이라는 것은 교육의 진가를 달성하기 위한 최고의 수단으로 음악은 사람의 마음을 움직인다고 보았다(이석원, 1997). 또한 음악의 윤리적 측면을 강조하였는데, 도덕과 미적 정서는 좋은 음악에 의해서 배양되며 인간의 심성과 정서의 발달을 위하여 음악교육이 매우 중요한 수단임을 강조하였다. 아리스토텔레스는 음악이 인간의 성격과 습관에 영향을 준다고 보았으며, 교육적 목적보다는 교양적 가치로서 여가선용 목적에 비중을 두었다. 또한 음악이 미적 감정을 일으키는 데 가장 중요한 방편이며 도덕교육에 있어서도 불가결의 요소라 하였다. 로마시대는 그리스시대와 마찬가지로 음악교육의 교육적 가치와 사회적 측면을 인정하였다. 음악교과에서는 이론을 중시하고 수리적 기초를 가진 인지적인 교과로 다루었다. 이후 말기에는 음악의 교육적 의미가 약화되고 오락적 의미가 중시되었다(유덕희, 1983).

(2) 중세시대

중세는 기독교의 영향력이 막강했던 시대로 음악에서 종교적 가사의 성악을 중시했고, 경건한 단선율 음악을 추구하였다. 음악교육에 있어서도 절제성과 종교적 교화를 도모하였으며 표현의 자유는 허락되지 않았다. 그 당시 이러한 기독교 중심의 음악교육은 하나님 중심의 신앙적인 음악교육에서 그 가치를 찾을 수 있으며, 내세를 준비하기 위한 현세에서의 인간의 성화

(sanctification)가 음악교육의 최고의 목표였다(주영흠, 1995). 따라서 찬트와 성경적 기도송이 음악교육의 주된 내용이었고 교육의 주체도 교회를 중심으로 이루어졌다. 또한 중세시대에도 음악과 인간의 심성 사이의 관계를 수(數)를 통해 설명하려고 하였으며, 음악을 '소리를 통한 수(數)의 표현'으로 보았다. 이 당시 대표적인 학자로 널리 알려진 보에티우스(Boethius)는 음악교과서인 『음악의 원리(De Institution Musica)』를 통해 음악을 수학의 결과로 보고, 우주 질서와 원리들이 음향에 있음을 나타냈다(홍세원, 2001).

(3) 르네상스시대

14~16세기를 거쳐 이탈리아를 중심으로 유럽에 일어난 문화혁신운동은 인간의 본성과 존엄성을 강조하였으며 이를 신본주의에서 인본주의로 르네상스(renaissance)의 재탄생이라 하였다. 고대 문화의 재발견을 주장한 인문주의자들은 예술보다는 철학이나 문학 분야의 고전에 집중하였다. 중세 교회의 한계를 극복하려 했던 종교개혁자들은 음악의 가치를 인정하였으나 여전히 종교교육의 한 분야로 간주하였다. 또한 고대와 마찬가지로 음악교육을 현세의 인간 중심적 차원으로 보았다. 음악의 소재도 인간의 일상생활적인 내용이 주류를 이루었으며, 직업적인 장인계통의 음악 전문가들이 활동할 수 있는 기반이 형성되었다.

1501년 이탈리아 베니스에서는 악보인쇄가 시작되었고, 인쇄술의 발달로 인해 성가집, 음악교재, 계명창 교재 등이 발간되어 보급되었다(민은기 외, 2013). 특히 1517년 독일에서 마르틴 루터(Martin Luther)의 종교개혁은 중세 이후 전해져 내려오는 종교음악을 버리고 새로운 교회음악을 찾게 하였다. 이는 라틴어 성가를 독일어로 번역하여 누구나 성가를 부를 수 있도록 하는 대중화와 음악교육이 서민에게까지 파급되도록 하는 기여를 가져왔다. 또한 합창학교의 중요성이 강조되면서 라틴어 학교에서는 음악이론과 계명창을 지도하고, 그레고리오 성가를 독일어로 번역한 교재를 사용하였다(조현정, 2003).

(4) 17세기

17세기 유럽에서는 실학주의 교육관으로 질서와 조화를 요구하는 이성적 사고의 강조로 예술보다는 실용적인 학문의 발전을 추구하였다. 인간교육의 기반으로서 음악교육적 목표는 거의 무시되었으며, 음악교육적 의의는 상대적으로 약화되었고, 음악교육의 목적도 실리적인 면만이 부각되었다. 음악교육을 지지하는 코메니우스(John Amos Comenius)는 『대교수론(Great Didactic)』으로 학교교육에서 음악실기와 이론의 병행학습, 계명창법의 필요성을 강조하였다. 그러나 이 또한 외면적인 장식으로서 음악교육의 존재를 인정하였다는 한계점을 지녔다.

이 시기의 미국에서 청교도들은 종교적인 목적이 강조되며 음악은 신을 위한 예배에 사용되어야 한다고 주장하였다. 음악이 교육적 · 윤리적인 면에서 인간에게 도움을 준다고 보고 삶에서도 음악은 중요한 위치를 갖게 되었다(민은기, 2007).

(5) 18세기

18세기는 교육의 세기라 불릴 정도로 심한 퇴조와 현저한 발전을 보였던 시기로 음악교육의 내용 및 방법에 대한 새로운 인식이 싹트게 되었다. 18세기 초반 베이컨(F. Bacon), 로크(J. Locke) 등의 계몽주의자들은 음악, 문학, 회화 등의 예술을 유해하다고 판단하였다. 18세기 후반 루소(J. J. Rousseau)는 강제적 교육을 지양하고 자연적인 교육을 중시하며, 아동들의 자연스러운 발달 과정과 그들의 개성과 창의성을 존중하는 잠재적인 학습 능력을 강조하였다. 그는 훈련 중심의 음악교육에서 아동 중심의 음악교육으로의 전환을 주장하였으며, 숫자 악보를 개량 및 보급시켰고, 책 『에밀(Emile)』에서는 어린이의 음악교육을 위한 새로운 개념을 제시하였다. 바제도(J. Basedow)와 같은 교육자들은 음악의 일반 교육적 가치를 중시하고, 음악을 보편적인 교과로 선정하였다. 페스탈로치(J. Pestalozzi)는 음악이 인간교육을 위한 중요한 요소라고 보고 가창교육을 중시하였다.

이 시기의 미국에서는 음악교육의 첫 이정표가 세워진 시기라 하겠다. 1717년 보스턴에서 처음으로 노래학교(Singing School)가 시작되었고, 1784년 윌리엄 빌링스(William Billings)에 의해 매사추세츠주에 음악학교가 세워졌다. 또한 합창음악이 강조되며 협동정신과 민주 시민정신 육성을 목적으로 한 노래와 책이 발간되며 다양한 음악회가 개최되었다(안미자, 1997).

(6) 19세기

유럽은 시민사회의 형성, 민주주의의 보편화, 산업혁명, 신인문주의 등으로 특징지어지는 근대화, 자유화, 다양화의 시대였다. 19세기 전반에는 주지주의라는 과학교육 사조가 성행하면서 예술이 '생활의 낭비'라는 생각이 전반적이었다. 19세기 후반에 이르러서 페스탈로치의 음악교육 방법이 영향을 미치며, 음악을 비롯한 예술의 필요성을 인식하기 시작하였다. 종교적·정치적 이념의 수단으로 사용된 이전의 음악교육에서 탈피하여 음악 교수법 발전에 관심을 가졌다. 괴테(J. W. von Goethe)는 올바른 음악교육을 위해 정책 개선을 주장하였고, 쉴러(F. Schiller)는 미적교육론을 강조하며, 유럽 음악교육 발전에 공헌하였다. 이처럼 음악교육의 가치성을 부여받으며 학교교육으로서 새로운 시작을 하게 되었다.

이 시기 미국의 음악교육은 '보통학교 운동'으로 공공교육의 토대를 갖게 되었다. 1838년 보스턴 교육위원회가 음악을 교과 과정에 포함하도록 허가하였고, 페스탈로치의 영향을 받은 윌리엄 우드브리지(William Woodbridge), 로웰 메이슨(Lowell Mason) 등은 음악수업이 학교 교육과정에 포함되도록 음악교육에 많은 영향을 끼쳤다. 이러한 음악교육은 학생들의 지적 · 신체적 · 도덕적 유익성을 강조하며 교육적 가치를 중시하였다(민은기 외, 2013).

(7) 20세기

20세기 초 유럽에서는 음악 중심의 예술적 교육으로 순수한 음악교육을 통한 인간 형성을 목적으로 하였다. 또한 예술교육의 중요성이 인식되기 시작하면서 음악은 사회 전반에 걸친 문화적 발달로 인해 다수의 대중을 위한 음악교육이 시작되었다. 이로 인해 음악을 좀 더 효과적으로, 더 쉽게, 더 많은 사람들에게 가르치기 위한 음악교육이 출현하게 되었다. 음악교육은 초기의 가창을 주된 활동으로 하던 교육에서 벗어나 교육과정이 보다 강화되면서 질적 성장을 이루게 된다. 이와 더불어 달크로즈, 오르프, 코다이를 중심으로 음악교육이 진행되었다. 후기 음악교육은 교과 교육학, 학문으로서의 내실화를 다져 나갔다.

이 시기 미국의 음악교육은 1905년까지는 독보 지도를 중시하는 경향에서 차츰 다양화되었다. 듀이(J. Dewey)의 실용주의, 경험주의 교육이론의 영향으로 학생 중심, 경험 중심의 음악지도와 가창 위주의 음악수업은 기악, 창작, 감상 활동 등을 포함하였다. 특히 음악교육에서는 유럽의 달크로즈, 오르프, 코다이 등의 교수법을 도입하였다. 1957년 스푸트니크(Sputnik) 사건으로 학문주의 교육이론을 바탕으로 한 새로운 방향 탐색과 '포괄적인 음악성'이라는 새로운 음악교육 시대가 열렸다. 또한 음악교육의 체계화를 목적으로 부르너(J. Bruner)의 학문 중심 교육과정, 개념적 접근법, 나선형 교육과정 이론이 제시되었다. 하와이 교육과정 프로젝트(1968)는 공립학교 음악교육을 위한 교육 프로그램 구안, 포괄적 음악성, 개념적 접근법을 강조하였다. 1980년대 바우처 시스템(Voucher System), 차터스쿨(Charter School), 마그넷 프로그램(Magnet Program), 아츠 프로펠(Arts Propel) 등이 진행되었다. 이후 테크놀로지(technology)의 발전과 다문화적 음악교육, 가드너(Gardner)의 다중지능이론 등이 다양하게 나타났다. 이러한 20세기 후반의 다문화주의적 논리는 음악교육에서도 구체화되기 시작하였고, 세계화(globalism) 추세에 따라 변화하였다(오희숙, 2004).

(8) 21세기

21세기는 탈산업사회화, 정보화, 세계화, 다원화 등의 사회적 · 문화적 경향으로 모든 교육은 진정한 인간화의 길을 찾는 것과 인간의 본질적 특성을 계발하는 것을 목적으로 하고 있다. 21세기의 지식기반사회 및 지식융합사회에 발맞추어 음악교육에서도 테크놀로지를 활용한 음악교육과 교수법이 강조되며 이러한 교육의 목적을 위해 교육 체제에 있어서도 많은 변화가 요구되었다. 특히 음악적 지능이론의 발달과 교육적 가치에의 적용, 새로운 미디어 시스템인 하이퍼미디어(hypermedia)의 활용 등은 음악교육의 새로운 학습 내용을 전달하는 방법으로 나타났다. 또한 이를 통한 변화와 적용의 다양성은 교육적 효과를 높이고 음악에 대한 감수성, 창의성, 예술성, 관심도와 참여도를 향상시키고 있다(민경훈 외, 2009).

3) 음악교육에서의 철학적 관점

음악교육에 관한 철학은 시대의 필요를 반영하며 인간의 음악적 행동을 이해하는 데 있어서 철학적 기반에 따른 관점의 차이를 인식하게 한다. 이는 교육적 제시의 바탕이 될 뿐만 아니라 음악 및 그 활용의 다양함을 수용하게 하는 실제적인 철학의 새로운 경향을 나타낸다. 이에 서양 교육철학의 주요 연구 영역인 합리주의, 경험주의, 자연주의, 실용주의의 네 가지 주요 흐름을 바탕으로 인간의 음악적 관점을 이해하고자 한다.

(1) 합리주의 관점에서의 음악교육

합리주의의 대표적인 철학자로 소크라테스, 플라톤, 칸트(I. Kant), 헤겔(G. Hegel), 프뢰벨(F. Froebel) 등은 실재와 진리가 인간의 정신에 의해서 인식되고 탐구되어야 한다고 주장하였다. 논리적 생각, 정신적 탐구, 도덕적 관점에서 영구적 가치가 있다고 인정하고, 이상적인 내용을 중시하였다. 이러한 철학을 바탕으로 음악적 능력이나 창의성은 누구에게나 있으며, 음악의 영속적인 아름다움과 조화로운 표현성을 느낄 수 있도록 논리적 사고를 길러야 한다고 보았다. 이러한 기반에서 음악교육에서의 교사는 본보기 역할을 하며, 학습자는 변함없는 진리와 미를 탐구하고, 비판적 · 논리적 사고를 기를 수 있는 다양한 방법을 구사하도록 하였다(김나윤, 2010).

(2) 경험주의 관점에서의 음악교육

경험주의의 대표적인 철학자로 아리스토텔레스, 스피노자, 로크 등은 실재와 진리가 인간이 분명히 볼 수 있는 사물에 있다고 주장하였다. 이러한 철학을 바탕으로 음악의 특질과 구성 체계를 파악하고 습득할 수 있도록 체계적인 계획을 세워서 음악에 관한 전문적인 지식을 갖추도록 하였다. 이러한 기반에서 음악교육에서의 교사는 교육 활동의 중심이며, 학습자는 전문가의 견해를 바탕으로 체계적으로 만들어진 교육과정과 교과 지식을 파악하고 습득해 나가는 것을 우선적으로 하도록 하였다(민경훈 외, 2009).

(3) 자연주의 관점에서의 음악교육

자연주의의 대표적인 철학자로 코메니우스, 루소, 페스탈로치, 스펜서(H. Spencer) 등은 '자연'이 곧 '실체의 본질'이라고 생각하고, '자연' 그 자체에서 인간 존재와 인간성을 포함한 모든 존재를 파악해야 한다고 주장하였다. 이러한 철학을 바탕으로 인간의 본성, 즉 인간의 인지적 발달 단계를 중시하여 이에 상응하는 교육 및 학습을 강조하였다. 이러한 기반에서 음악교육에서의 교사는 보조자 역할을 하며, 학습자의 잠재 능력과 반응, 발달에 따라 동기를 유발하고, 환경을 조성해 주며, 긍정적 강화물을 사용하였다. 학습자는 내재적인 욕구와 관심, 신체의 자연스러운 발달 단계에 따른 실천, 그리고 음악적 잠재 능력과 감각적 반응을 중심으로 한 교육을 하도록 하였다(권덕원 외, 2012).

(4) 실용주의 관점에서의 음악교육

실용주의의 대표적인 철학자로 퍼스(C. S. Peirce), 듀이, 제임스(W. James), 미드(Mead) 등은 모든 것은 시간의 흐름에 따라 변하기 때문에 불변의 실재는 없다고 주장하였다. 이러한 철학을 바탕으로 인간의 경험과 새로운 상황에 대처하는 데 필요한 지식을 습득하는 방법, 하나의 특정한 문화에서 유용하고 가치 있다고 판단되는 악곡들, 사회의 구성원들에게 유용하다고 생각되는 실질적인 음악을 다루는 것 등을 중요하게 여겼다. 이러한 기반에서 음악교육에서의 교사는 안내자 역할을 하고 음악의 원리를 발견하는 과정과 방법을 중요시하였다. 학습자는 자발적 참여와 개별적 특수성을 고려하여 스스로 문제를 해결해 나가도록 하였다(권덕원 외, 2017).

4) 음악의 미학적 관점

음악미학은 음악의 예술적 가치를 철학적 관점에서 보는 학문이며 음악을 설명해 내는 방향의 탐구이다. 음악미학은 예술 관련 학문으로 예술 종류들 가운데 음악의 고유한 면을 대응시키려는 노력에서 나왔다. 이에 관련주의, 형식주의, 표현주의, 절대표현주의의 미학적 관점들을 통해 음악의 존재가치를 살펴보고자 한다.

(1) 관련주의

관련주의(referentialism)에서 음악은 의미전달의 매체로서 음악의 존재 이유를 음악 밖의 세계에 대한 메시지를 전달하는 도구로 보고 수단적 가치를 중시하였다. 사회주의 국가에서 국민들에게 특정의 이념을 심어 주기 위한 체제와 이념의 찬양노래가 이에 해당한다. 음악이 지시하는 바는 가능한 한 명시적이고 구체적이며, 음악교육을 위한 교육과정은 음악 외적인 내용이 명확한 음악, 가사가 분명한 음악, 용도가 분명한 음악을 중심으로 구성되어야 한다고 보았다. 또한 음악이 가진 사회적 이념, 정신 등의 분명한 메시지를 이해할 수 있도록 지도되어야 한다고 강조하였다. 이는 교육적 매체로서의 음악으로 합리주의, 플라톤적 견해, 중세의 음악에 해당한다. 이와 함께 관련주의가 비판받는 점은 나쁜 음악으로 여긴 순수음악이 실제적으로 많은 사람에게는 가치 있고 좋은 음악으로 인정받고 있으며 이러한 이유에 대해서는 객관적으로 설명이 되지 않는다는 것이다. 또한 많은 훌륭한 음악가가 만든 작품들 중에도 전달하고자 하는 메시지가 없는 작품들도 많이 있을 뿐만 아니라 작곡자가 의도하지 않았는데도 청중이 듣고 나서 이름을 붙인 작품들도 있다. 이는 음악의 가치를 수단적 역할에만 두고 음악의 성질 및 추상적 독창성의 가치에 대한 논리가 빈약하다고 볼 수 있다(홍정수, 2004).

(2) 형식주의

형식주의(formalism)에서는 음악의 본질에 대해 음악의 구성요소가 내적 구조에 있으며 음악의 내재적인 가치(artistic quality)를 강조하고, 음악 외적인 내용은 아무런 관련성이 없다고 보았다. 음악의 의미와 가치는 음의 구조에서 나오며 음악의 이해는 고도의 지적 활동이라고 보고, 음악의 요소, 소리의 구조, 형식의 분석 등을 강조하며, 감정적 반응은 배제하였다. 예술적 경험의 독립성을 강조하며 심미적 감정이란 겉으로 드러나지 않는 것으로 그 속에 깊이 내재되어 있다고 여겼다. 이는 절대 음악분석이 가능하며, 음악이 음악작품 그 자체가 지닌 **예술적 질**에 의해 결정된다는 것이다. 이와 함께 형식주의가 비판받는 점은 형식주의 미학이론이 서양의 절대음악을 대상으로 하여 연구된 유럽의 18~19세기 미학에 근거를 두고 있으므로 그 외의 서양음악, 비서구 지역의 다양한 음악은 설명하기 어려운 근거의 한정성과 제한적 관점을 갖는다는 것이다. 또한 소수의 음악적 엘리트에 대한 교육을 강조하기에 일반인들에 대한 음악교육을 경시하게 되어 음악의 일반적 가치로 보기 어렵다. 이는 음악과 관련된 다양한 정서적 측면과 표현성을 간과하여 현대의 다양한 생활에 적용되고 있는 실용적 음악의 가치를 설명하지 못한다고 할 수 있다(김영란, 2005).

(3) 표현주의

표현주의(expressionism)는 예술의 본질이 사실의 묘사가 아닌 **주관적 느낌이나 정서의 표현**에 있다고 보고 음악을 통해 표현하고자 하는 **주관적 정서**를 중시하였다. 이러한 음악예술의 표현성은 주관적이며 표현의 주체로서의 작곡자가 특정 작품에서 표현하려고 한 느낌과 정서를 이해하는 것이 중요하였다. 이러한 표현주의 관점에서는 **주관적 측면**을 강조하여, 학생들이 다양한 음악을 통하여 표현된 '**주관적 세계**'의 의미를 파악하고, 더 나아가 자신들의 주관적 느낌을 음악으로 표현할 수 있도록 도와주는 역할을 한다고 보았다. 이와 함께 표현주의가 비판받는 점은, 음악에서 비교적 객관적이며 공통적으로 인식될 수 있는 측면인 형식이 주는 객관성이 있음에도 표현주의에서는 그에 관심을 기울이지 않았다는 것이다. 또한 음악교육의 과정에서 주관적인 느낌과 정서를 강조하는 것은 일반적 경험 또는 교육적 기준을 제공하지 못하며 현실적으로 어렵다. 이는 주관적 느낌과 정서의 강조는 예술 체험의 바탕이 되는 기본적인 능력과 이해의 중요성을 간과했다고 볼 수 있다(홍정수, 2004).

(4) 절대표현주의

절대표현주의(absolute expressionism)에서는 예술적 가치와 의미가 작품 속에 내재하는 형식적 속성에 있으며 작품의 심미적(審美的) 속성은 인간 경험에 내재하는 질적 속성과 유사 · 동일하다고 하였다. 음악교육의 가장 중요한 목적을 '**심미적 경험의 발달**'로 보고 표현성의 원천인 음악의 구성과 형식의 속성을 많이 경험할수록 음악에 대한 직관과 통찰이 가능하며 이는 교육을 통해서 학습될 수 있다고 보았다. 절대표현주의를 강조한 베넷 리머(Bennett Reimer)는 학교에서 예술작품을 체험하는 것은 표현 형식을 통해서 통찰하는 기회가 되어야 하며, 그 표현 형식을 통하여 직관적으로 지각하도록 이끌어야 한다고 주장하였다. 이와 함께 절대표현주의가 비판받는 점은 '음악'을 단지 '음악작품'의 개념으로 한정한다는 것이다. 또한 절대표현주의는 '연주'를 '심미적 경험의 수단'으로 격하시킬 위험성을 내포하여 형식주의의 한계를 완전히 해결하지 못했다고 볼 수 있다(김지영, 1997).

5) 음악 교수법

음악의 교육적 측면에서 사용되는 **음악 교수법**은 음악이 교육에 미치는 다양한 측면뿐만 아니라 인간의 모든 영역의 발달에 있어 도움을 받을 수 있도록 발달을 촉진하게 한다. 이에 음악의 본질을 경험하는 데 적합한 교수방법인 달크로즈, 오르프, 코다이, 고든, 포괄적 음악성을 중심으로 음악의 교육적 방법을 살펴보고자 한다.

(1) 달크로즈의 교육이론과 교수법

① 교육이론

에밀자크-달크로즈(Emile Jaques-Dalcroze, 1865~1950)는 음악가이자 음악교육자로 20세기로 전환되기 바로 전부터 가르치기 시작했으며 페스탈로치의 교육원리인 '모든 학습은 발견으로부터'를 교육의 바탕으로 하였다. 음악과 신체 움직임을 통해 리듬적으로 자연스럽게 반응하는 것을 배움으로써 인간의 신체적 · 지적 · 도덕적 · 심미적 부분의 조화로운 발달과 균형이 이루어질 수 있다고 보았다. 이를 통해 학생들은 음악을 느끼고 발견하고 연상하고 상호 관련 속에서 기억할 수 있고 독보하고 작곡할 수 있으며, 악곡을 해석하고 연주하는 능력을 개발한다는 것이 달크로즈의 음악에 대한 교육철학이다. 즉, 이러한 교육철학은 음악교육이 인간의 잠재적이고 선천적인 모든 재능을 발견하는 것이 되어야 한다고 보았으며, 신체, 사고, 상상력을 표현하는 능력을 개발해야 한다고 주장하였다(오지향 외, 2018). 달크로즈는 몸의 감각계, 감정의 영향, 마음의 기억과 창의적인 기능을 조화시키는 방법을 찾고자 하였고, 정신적 · 감정적 · 신체적인 세 가지 측면이 인간에게 매우 중요한 작용을 한다고 보았다. 이와 함께 가장 먼저 훈련해야 할 악기는 사람의 몸이며, 신체 동작을 통해서 인간의 내재된 감정을 음악으로 전환할 수 있고, 음악의 이해와 표현을 극대화하기 위해 인간의 몸 전체와 연결하여 통합적으로 훈련해야 한다고 하였다. 이러한 관점에서 음악학습의 접근법을 **유리드믹스**, **솔페즈**(청음훈련 및 시창), **즉흥연주**의 세 가지 부분으로 나누었다(이선미, 2003). 달크로즈는 이론적 화성학 수업에서 즉흥연주를 많이 사용하였고, 청음 능력을 보다 강조하였으며, 특히 그의 유리드믹스를 중요한 지도방법으로 제시하였다(성경희, 1998).

② 교수법

• 유리드믹스

달크로즈 기법의 기초가 되며 초기의 학습에서 거의 대부분 차지하는 것은 음악에 대해 신체적으로 반응을 보이는 것이다. '유리드믹스(eurhythmics)'는 희랍어의 유(eu)+리드미(rhythm)의 합성어로, '훌륭한 리듬 혹은 흐름'이라는 뜻이다. 유리드믹스의 교육목적은 좋은 흐름을 갖게 하는 데 있는데, 이러한 좋은 흐름이 음악뿐만 아니라 모든 예술의 기초이며 원동력이 된다는 것이다. 인간의 삶(심장 박동, 숨결과 같은 흐름)과 음악적 요소(흐름, 가락, 화음, 형식, 셈여림 등)를 지도하기 위하여 우선적으로 신체적인 움직임을 통해 경험한다. 즉, 몸 전체로 음악의 리듬을 느끼게 함으로써 리듬에 대한 민감성을 계발하도록 하는 것으로 신체적 운동을 통하여 강화된다. 음악이 없는 가운데 생각을 몸짓으로 표현해 보고 그런 다음 음악과 동작을 동시에 일치시킨다. 학생들은 신체적 움직임을 통해 개념을 실제로 경험하게 되며 후에 음악적 부호를 소개받는다. 학생들의 귀를 훈련시킨 후에 특별한 체조를 통해 개인적 신체리듬을 일깨우고 그로 하여금 운율적 규칙을 주입함으로써 신체의 자발적 발현으로 유도하는 것이다. 유리드믹스는 음악가를 교육하기 위해 만들었으나 점차 아동을 위한 조기 음악교육과 특수교육의 영역으로 확장되었다(유승지, 2001).

–음악을 따라 템포와 음질을 표현하기

교사가 피아노에서 음악을 즉흥 연주하는 것에 따라 학생들은 원을 그리며 행진하면서 팔로는 지휘자처럼 박자(3/4, 5/8, 12/8 등)를 젓는다. 그리고 발로는 음가를 걸음걸이로써 나타낸다. 4분음표는 평상시 걸음걸이, 8분음표는 달리기, 2분음표는 한 걸음 걸은 후 다리 굽히기, 점8분음표와 점16분음표는 토끼뜀뛰기 등의 여러 가지 방법이 있다. 한편, 교사는 연주의 감정표현을 다양하게 해야 한다. 음 강도의 증가 혹은 감소로 더욱 느리게 혹은 더욱 빠르게 연주한다. 이에 학생들은 들리는 음악의 변화에 따라 동작을 하며 즉흥적으로 연주하는 음형이나 구조대로 똑같이 재생한다.

–음가와 당김음

음가연습에서는 교사가 4분음표를 연주하는 동안 각 비트당 한 걸음을 걷는다. 4분음표는 한 걸음, 8분음표는 각 박마다 두 걸음, 셋잇단음표는 세 걸음 등의 다리 동작을 하는 것으로 표현된다. 당김음에서의 연습은 더 많은 훈련을 필요로 하며 같은 템포로 연주한다. 예를 들어, 4/4박자에서 4분음표의 경우, 학생들은 박의 바로 앞이나 뒤에 스텝을 걸으면서 박을 기다리거나 그것을 늦추면서 지시대로 한 박 이상을 당김음으로 걷는다. 그들의 발이 엇박에서 스텝이 이루어지더라도 팔은 계속해서 정박자에 맞추어야 한다. 이 연습에서는 정신적 · 신체적 조절에서의 집중성을 통해 겹리듬과 당김음의 음악원칙에 대해 배우게 된다.

–독립성 배양

복합리듬은 학생들이 동시에 여러 개의 리듬을 표현하는 데 사용한다. 학생들이 왼팔로는 3/4박을, 오른팔로는 4/4박을, 그리고 동시에 양발로는 12/8박을 두드리며 여러 가지 다양한 변형을 나타낸다. 특히 초보 학생들이 충분히 까다롭다고 느끼는 것은 한 팔로는 2박을 젓고 다른 팔로는 3박을 젓는 것이다. 각 팔이 각 마디의 첫 박에 떨어지는 악센트로 기억하는 것은 쉽지 않다. 이러한 연습은 처음에는 수학적으로 이루어지지만 학생들은 이내 근육과 지적인 의식 속에 이 두 가지 리듬의 맥박을 동시에 기억해야 한다.

－리듬의 현실화

교사는 일련의 마디를 연주하고 학생들은 그것에 귀를 기울인 후 그들이 들은 리듬을 동작으로 현실화한다. 이 연습을 잘하기 위해서는 우선적으로 교사의 연주를 잘 들어야 한다. 자연스럽게 집중력과 청음에 발전을 가져올 수 있고 여러 가지 동작을 사용할 수 있기 때문에 학생 스스로 생각하고 표현할 수 있는 창의력과 표현력 발전에도 좋은 연습이 된다.

－리듬적 대위법

연주가 없는 박자를 이해하고 음가를 정확히 분석하는 것에 대한 연습이다. 연습에서 더욱 복잡한 형태는 주제와 대위선율을 동시에 구현하는 것이다. 학생이 주제의 간단한 가락을 배워서 그것을 노래할 때, 걸음이나 몸짓의 반주로 리듬적 대위를 실행하는 것은 흥미로운 연습이다. 교사가 연주한 음을 듣고 학생이 소리 형태와 리듬 형태에 따라 행동하게 한다.

－악절 만들기

언어와 마찬가지로 음악도 악절(phrase)로 나누어진다. 노래 부르는 사람은 새로운 악절의 시작에서 숨을 새로 쉬기 위하여 약간 멈춘다. 동작에서는 새로운 악절이 몇 가지 방법으로 지시될 수 있다. 전체 그룹일 경우 행진의 방향을 바꾸는 것, 개인일 경우 한쪽 팔에서 다른 쪽 팔로 바꾸는 것 등이 있다. 이것은 청음연습도 되며 집중 및 새로운 악절의 시작을 표현하는 새로운 방법의 창작, 즉 즉흥연주이다.

• 솔페지

솔페지(solfege)는 프랑스 어원으로 '악보를 보고 계이름 부르기'라는 뜻이다. 시창과 청음의 통합적 교육으로, 절대음감과 상대음감을 동시에 계발하는 것이다. 또한 음악 안에서의 각 음의 역할과 음의 관계를 듣고 이해하여 표현력을 높이는 것이 목적이다. 음계와 선법, 음정, 가락, 화음, 대위법, 즉흥노래 표현 등의 이론과 실제를 학습하기 위해 단계적이고 체계적으로 구성되었다. 달크로즈는 솔페지로 노래 부르는 것이 듣는 능력과 음형(tonal pattern)을 기억하는 능력을 발달시켜 준다고 보고, 계이름으로 노래 부르는 **내청**(inner hearing)을 강조하였다(임미경 외, 2010). 또한 절대음감을 강조하면서 C음을 항상 '도'로 부르는 **고정도법**(fixed)을 권장하였으며 악보를 읽을 때는 단계적인 방법을 중시하여 한 줄 악보를 사용한 후 두 줄, 세 줄, 네 줄, 다섯 줄의 악보를 사용하도록 하고 있다. 계이름을 손동작으로 익힌 후 양손으로 2개의 멜로디를 표현할 수 있게 하여 기초부터 단계적으로 학습할 수 있게 한다. 손과 몸을 통한 신체 동작은 악보의 이해, 화성감, 표현 능력 등을 단계적으로 습득하게 한다. 달크로즈 학급의 학생들은 음정을 노래하고 가창은 계명으로 부른다. 노래 도중에 몇 마디는 소리 내어 부르고 몇 마디는 마음속으로 소리 없이 부르게 한다. 악보를 읽고 기보법을 공부하는 것은 솔페지 훈련의 한 부분이나 음악이 만들어진 것을 경험하고 확고한 기초가 있은 이후에 가능한 것으로 보았다(권덕원, 2014).

• 즉흥연주

즉흥연주(improvisation)는 **유리드믹스**와 **솔페지** 활동에 절대 필요한 부분이다. 창의성 계발에 중요한 역할을 하는 즉흥연주는 동작과 관련된 요소인 리듬, 박자, 빠르기, 강약, 길이, 소리와 관련된 요소인 음높이, 음계, 화음 등을 자발적이며 개성 있고 창의적으로 결합하여 음악을 표현하는 능력을 기르는 것을 목적으로 하고 있다. 즉흥연주는 음악적으로 상위단계의 사고를 할 수 있는 기술과 기능을 습득하도록 도와준다(승윤희 외, 2013). 즉흥연주의 학습을 위해 가장 많이 사용되는 악기인 **피아노**는 건반악기뿐만 아니라 타악기의 역할로도 사용된다. 음악이 신체적으로 반응하는 것이 자유로운 것처럼 피아노에서도 같은 자유롭게 주어진 빠르기로 즉시 치는 연습들을 한다. 특히 화성수업에 이 방법을 많이 사용하였고 음정 이해를 위해 가락이나 선율가락을 학생들이 즉흥 연주하게 한다. 이처럼 모든 행위를 자연스럽게 즉흥연주와 연관시킴으로써 음악에서의 즉흥연주에 대한 두려움과 생소함으로부터 벗어나 편안하고 일상적이며 누구나 할 수 있는 것으로 즉흥연주를 보다 더 적극적인 태도로 받아들일 수 있도록 하였다. 즉흥연주를 하는 사람은 음악에 대해서 더 많이 듣고, 전달하고, 연주하고, 이해할 수 있다. 이처럼 즉흥연주 활동을 통해 음악 해결 능력, 테크닉, 청음 능력을 발달시키고자 하였다. 교사는 즉흥연주 활동 안에서 음악적 요소를 복합적으로 사용할 수 있는 제안과 즉흥연주 전개 과정에서 시작-중간-마무리를 유도해 줌으로써 적절한 음악적 표현에 대한 인식을 지니게 한다. 교사는 즉흥연주를 통해서 음악에서의 다양한 변화를 창작하고 발전시킬 수 있도록 훈련되어야 한다. 즉흥연주를 위해 교사는 다음과 같은 훈련이 요구된다(정재은, 2006).

- 즉흥적인 말, 노래, 소리, 타악기, 리코더 등을 통해 동작으로 정확히 표현할 수 있는 능력
- 어떠한 도구와 동작에도 맞출 수 있는 피아노 연주 능력
- 주어진 리듬 동작들의 중요한 박과 박자를 분석하고 연주할 수 있는 능력
- 동작의 흐름에서의 다양한 강약 표현 능력
- 다양한 동작들(레가토, 스타카토, 포르타멘토 등)에서의 아티큘레이션과 프레이징 표현 능력

(2) 오르프의 교육이론과 교수법

① 교육이론

칼 오르프(Carl Orff, 1895~1982)는 20세기의 독일 작곡가이며, 음악교육가였다. 또한 구닐트 케트만(Gunild Keetman, 1904~1990)은 작곡자이며 교육가로 오르프 슐베르크의 공동 창시자이며 실질적인 창안자이다. 음악 지도에 있어서 열정적이고 역동적인 학습 과정을 도입함으로써 음악교육의 새로운 방향을 제시하였다. 오르프는 새로운 지도방법을 창안하면서 음악의 궁극적인 목적을 자신의 표현 능력 배양에 두어야 한다고 주장하였다. 이것은 창작할 수 있는 능력과 즉흥적으로 표현할 수 있는 능력을 기르는 것으로 오르프의 음악에 대한 교육철학관이다. 즉, 오르프의 교육철학은 음악의 기능을 배우기 전에 아이들에게 음악을 만들 수 있는 기회를 주는 방법으로 즉흥성을 중요시한다. 즉흥적인 경험은 아이들이 자연스럽게 스스로를 표현하고자 하는 욕구를 계발시킨다(윤영배, 2005).

오르프 교육방법의 이론적 배경은 다음의 다섯 가지로 나누어 볼 수 있다.

- 아이들의 음악적 능력은 마치 인간이 발달하는 과정처럼 원시적 상태에서 지속적으로 그리고 점진적으로 발전한다. 따라서 원초적 음악 학습은 아주 쉬운 그리고 자연적이고 다양한 활동에서부터 점차 음악적으로 진정된 학습으로 전개되어야 한다.
- 리듬은 인간의 뛰는 심장과 같이 음악에서 가장 중요한 요소로서 음악학습의 기본은 리듬학습에서부터 비롯되어야 한다.
- 자연발생적인 리듬은 언어와 율동과 음악에 모두 존재하는 요소로서 음악학습에서 가장 먼저 다루어야 한다.
- 아이들 각각의 창의성 개발이 음악교육의 주된 목표이어야 한다. 따라

서 다양한 매체를 통한 즉흥연주, 즉흥표현 등의 창의적 활동이 모든 음악 활동에 항상 있어야 한다.

- 아이들의 창의성을 계발하기 위해 많은 음악작품의 주제를 암기하고 알아야 한다.

오르프 교육이론의 기본 방향은 '음악은 누구나 배울 수 있고 즐길 수 있으며 머리뿐만 아니라 몸 동작, 신체리듬, 합주 등을 통해 느낄 수 있다.'는 것이다. 이처럼 즐거움 속에서 연주자의 개성을 존중하고, 창조적인 합주를 함으로써 음악성을 계발하는 데 그 목적이 있다(전명주, 1995). 오르프는 아동은 모두 음악성을 가지고 태어난다고 주장하였다. 이는 음악교육이 재능을 가진 사람들만을 위한 것이 아니라 모든 사람이 참여할 수 있는 폭넓은 것이어야 하며 음악적 능력 수준에 관계없이 기초적인 것이어야 한다고 본 것이다(윤영배, 유준호, 2012). 또한 **아동의 음악성**은 단계적으로 발달하며 그와 마찬가지로 음악교육 역시 인간이 발달하는 것에 따라 단계적으로 이루어져야 한다고 믿었기 때문에 **기초음악**이라는 용어를 사용하였다. **기초음악**(elemental music)은 음악이 홀로 존재하지 않고 동작–춤–언어와 연관되어 있으며 자체가 단순하고 순서적인 구조를 가지고 있고 오스티나토(ostinato)와 론도(rondo)를 포함하고 있다. 그리고 기초음악은 음악의 기초적 요소들을 원시적인 형태로 조직하여 독특한 악곡을 창작하게 하는 바탕이 되었고 학생들이 쉽고 단순한 악기로 수준 높은 음악을 만들도록 새롭고 독특한 지도방법을 창안하게 되었다(박승희, 2003).

오르프의 작품과 '슐베르크'에서 사용하고 또 그것을 위해 창작된 음악은 모두 강한 민족적 성격을 띠고 있다. 대체로 짧고 정력적인 선율의 개념, 많은 오스티나토, 단순화성, 그리고 종종 거의 원시적인 것에 가까운 성격을 띤다.

슐베르크(Schulwerk)란 독일어 schule(school, 학교)와 werk(work, 일하다)의

합성어로 학교에서 일어나는 교육, 즉 활동적이고 창조적인 것을 통한 학교교육을 의미한다. 오르프와 케트만이 고안한 아이들을 위한 음악 교수 · 학습방법과 자료를 총칭하는 것으로 모든 아이를 대상으로 만들어졌고 그것도 모든 아이가 음악적 능력의 많고 적음에 상관없이 모두 참여하고 기여할 수 있는 공간과 역할을 한다.

② 교수법

오르프 접근법의 특징은 탐색과 경험을 강조한다는 것이다. 리듬이 음악, 춤, 언어에 내재하는 기본요소라는 관점을 바탕으로 이들을 통합하여 하나의 언어로 재조직하는 것으로부터 음악교육을 시작한다. 탐색을 통해 음악의 기본적인 요소들을 체험하여 익히고 점차적으로 이러한 경험을 확대하여 복잡하고 어려운 요소들을 접하게 된다(한국 오르프 음악교육 연구소, 2005).

• 말하기와 말 리듬 강조

말의 패턴에서 리듬 활동으로, 리듬 활동에서 노래 부르기로 발전하는 것이 아이들이 자연스럽게 음악을 익히는 과정이다. 말 리듬의 특징은 상당히 어려우면서도 까다로운 리듬을 쉽게 터득할 수 있게 한다는 것이다. 아이들은 말을 사용한 게임을 통해 셈여림, 스타카토, 프레이즈, 박자, 악센트, 레가토 등의 음악적 개념을 익힌다.

• 노래 부르기

말하기와 말 리듬을 익힌 후 노래 부르기 학습으로 바로 연결된다. 짧고 간단한 성가 등을 하며 손뼉치기를 하고 말에서 나오는 자연스러운 음정을 문답식의 대화로 연결할 수 있다. 노래 부르기는 처음에는 솔-미가 온다. 그다음 라, 레, 도가 첨가되어 5음 음계(pentatonicscale)가 완성되고 뒤에 파와 시가 첨가되어 체계적으로 지도된다.

• 율동이나 즉흥동작 강조

율동은 아이들이 음악 혹은 동시나 시를 읽고 느끼는 자연스러운 신체표현을 의미한다. 신체적 움직임의 가치와 목적에 대하여 오르프의 관점은 달크로즈의 관점과 비슷하다. 율동은 아이 자신의 표현 욕구를 실현하는 매우 중요한 수단으로 달리기, 외발뛰기, 양발뛰기 혹은 그 외의 신체적 운동인 손뼉치기, 발 구르기, 무릎치기 등이 있는데 아이들의 놀이로부터 시작하여 점차 발전된다.

• 즉흥연주 및 표현

아이들의 창의성과 창조적 표현 능력 발달은 '슐베르크'의 핵심이 되는 내용으로 동작, 노래 부르기, 악기연주 등에서 찾아볼 수 있고 즉흥연주 및 표현 활동을 통해 효과적으로 개발된다. 처음은 솔과 미만을 가지고 한두 마디 정도 창작하고 경험을 얻어 감에 따라 음을 더 많이 추가한다. 음형도 더욱 길고 복잡한 형태로 창작하게 하여 음악 형식을 이해하는 도구가 되게 한다.

• 악기연주

오르프 악기는 언제 어디서나 사용할 수 있으며, 악기의 활용은 모든 영역에서 이루어지고, 풍부한 음악적 표현과 인상을 구체화하여, 기술적인 연습 행위도 자유롭게 할 수 있다. 아이들의 리듬교육을 위해 몇 개의 특별한 악기를 창안하였다. 특히 멜로디 연주가 가능하고 단순한 나무방망이로 쉽게 연주할 수 있도록 구조된 악기를 사용한다. 이 악기들은 아이들의 연주 기능을 최소화하여 누구나 연주할 수 있다. 특히 음판악기들은 불필요한 음들은 언제든지 제거하여 필요한 음들만을 가지고 아이들이 연주할 수 있는 특징을 가지고 있다. 또한 품질이 좋고 여러 가지 크기로 나올 뿐 아니라 즉흥연주에도 유용하다. 악보를 보며 동시에 악기를 다루는 것이 아이들에게는 부담이 되기 때문에 초기 단계에서는 많은 음악 활동을 모두 외워서 하도록 한다.

오르프 악기는 민속음악가인 작스(C. Sachs)를 통해 쉽게 연주하도록 교육적 활용성을 적용하도록 하였다. 모든 악기를 총칭하며 언제 어디서나 사용할 수 있으며, 풍부한 음악적 표현과 인상을 구체화하고, 기술적인 연습도 자유롭게 할 수 있도록 하는 장점이 있다. 악기의 음악교육적 가치는 연주 활동이 자유롭고 악기의 구입이 쉬우며 모든 연령에 활용이 가능한 악기로 모든 영역에서 이루어진다. 예로, 신체악기는 음악적인 연주 및 반주의 기능에 무게를 두어 악기의 범주에 속하도록 하였다. 음판악기는 실로폰, 메탈로폰, 글로겐슈빌 같은 선율타악기이다. 선율악기는 선율을 연주할 수 있는 악기들로 리코더, 플루트, 바이올린, 첼로, 기타 등이다. 리듬악기는 리듬막대, 마라카스, 카우벨, 윈드차임, 봉고드럼 등이다(김영전, 2008).

(3) 코다이의 교육이론과 교수법

① 교육이론

졸탄 코다이(Zoltan Kodaly, 1882~1967)는 작곡가이자 음악학자이며 교육자이다. 그는 헝가리 민속음악을 음악교육에 적용시켜 민요 연구에 크게 기여함과 동시에 민속음악에 기초한 음악교육 발전에 영향을 주었다. 페스탈로치의 교육원리, 즉 음악은 모든 사람의 인격 형성에 중요하며 모든 어린이는 음악훈련을 받아야 한다는 원리를 기초로 하고 있다. 그의 음악교육 방법은 목표 지향적이며, 유아의 발달단계를 고려한 체계적인 학습원리를 바탕으로 하고 있다. 코다이의 음악에 대한 교육철학관은 민요의 연구와 작곡 그리고 교육 체계를 정비하는 것이다(김영연, 2002). 코다이는 '음악은 모든 사람의 것'이어야 한다고 여기고 모든 사람이 평등하게 보편적으로 즐길 수 있는 음악을 주장하였다. 전인적이고 조화로운 인간을 육성하는 것이 음악교육의 궁극적 목표라 하였다. 특히 코다이는 음악을 조기 교육시킴으로써 감수성이 예민한 3~7세 유아들에게 한 인간이 음악적 교양을 지닌 인격체로 성장할 수 있는 가능성을 부여하고자 했다(조홍기, 2004). 음악교육 내용은 가창이라는 형식을 기본으로 하며 교육에서 인성을 위해 기악이 우선되어야 한다고 믿었다. 이러한 노력의 결과 헝가리 음악교육뿐 아니라 전 세계의 음악교육 발전에 큰 공헌을 하였다. 코다이가 제시한 **여덟 가지 원리**는 다음과 같다(최완병, 조홍기, 1999).

- 음악은 모든 사람의 것이다.
- 모든 사람이 글처럼 음악도 읽고 쓸 수 있어야 한다.
- 음악교육은 조기에 시작되어야 한다.
- 음악교육은 아이의 선천적 악기인 목소리로 시작해야 한다.
- 음악적 모국어인 민요로 음악교육을 시작해야 한다.
- 좋은 음악만을 경험해야 한다.
- 음악은 교육과정의 핵심이어야 하며 교육의 기초가 되어야 한다.
- 음악은 바르게 교육받은 훌륭한 음악교사에 의해 가르쳐져야 한다.

② 교수법

코다이는 아이의 정신적 · 신체적 성장의 과정에 따라 장기적이고 체계적인 학습원리를 바탕으로 한다. 코다이 교수법은 악기보다는 사람들 개개인이 가지고 있는 **목소리**를 주로 활용하는 것을 강조하며 시설이나 환경의 어려움 없이 쉽게 적용할 수 있는 교수법이다(김진영, 2016). **리듬교육**으로 그것의 시작은 4분음표와 8분음표를 각각 타(ta)와 티(ti)로 읽으며 줄만을 이용해 시각적으로 표기하는 줄 기보법을 사용한다. 선율교육에서 오르프의 계명 순서와 비슷하게 솔, 미, 라, 도, 레의 5음 음계를 사용하였는데, 이것은 헝가리 민속음악에 뿌리를 둔 것으로 솔페이지의 고정된 음과는 달리 이동도법의 계명을 사용한다. 또한 시창과 청음 능력을 계발하기 위해 솔, 파 티칭 시스템(teaching system)을 고안하여 실시하였다. 또한 음의 높이를 손기호(hand sign)를 사용하여 표시하며 어린이의 노래에서 발췌한 음형과 동기를 지속적으로 연습시킴으로써 학생들로 하여금 음악적 감각을 깨우치도록 한다. 한편, 악기의 훈련(리코더 연주)은 가창훈련 후 실시되며 특히 가창에서 코다이는 반주 없이 노래하도록 한다. 이는 내청(inner hearing)과 정확한 음높이 감각을 계발시키기 위함이다. 대부분의 음악은 헝가리 민요들에서 발췌하여 사용하였고 프로그램에서는 질적으로 우수한 음악을 강조한다(이일범, 2006).

• 리듬 읽기

에밀 슈베(Emile Joseph Cheve)가 고안한 것을 적용하였다. 음정에도 이름이 있듯이 리듬에도 이름이 붙어 음악을 말하고, 듣고, 이해하는 도구가 된다.

• 손기호

손의 모양, 높이에 따라 음높이를 알 수 있는 방법이다. 특히 음악 초보자들에게 음높이를 가르치는 데 유용하다. 손기호는 영국의 존 커웬(John Spencer Curwen)에 의해 고안되었다. 코다이는 파(Fah)－피(Fe)는 엄지를 각각 아래 또는 위로 가리켜서 표시하고 티(te)－타(Ta)는 검지를 써서 같은 방법으로 표시한다.

• 이동도법

이동도법은 조가 이동할 때마다 으뜸음 '도'의 위치가 바뀌는 것을 말하고 바뀐 위치에서 계이름을 읽는 것을 의미한다. 헝가리에서는 으뜸음 '도'가 C, F, G의 세 가지 위치로만 사용되고 있는데 이 세 가지 으뜸음을 '도'로 시작한 음역이 아이들이 노래하기에 가장 좋기 때문이다.

• 신체기호

헝가리의 유아기 연령에서는 악보 없이 교사의 목소리 혹은 악기 소리만으로 듣기에 의존한다. 노래 부르기 교육은 신체 움직임이나 신체표현을 통해 진행한다. 신체기호를 사용하면 정확한 음정을 익힐 수 있고 음악학습에 흥미를 불러일으킬 수 있는 좋은 방법이다.

• 나는 음표

지시봉 같은 긴 막대기 끝에 음표의 머리를 고정시켜 놓고 5선 위에서 막대기를 움직여 음의 움직임을 나타낸다.

• 손가락 기호

코다이 교수법에서 엄지를 위로 가게 하여 손가락을 벌린 왼손은 5선 악보가 된다. 오른손 검지로 왼손을 가리키면 5선 악보상의 음이 되는 것이다. 이 방법은 고정도법에 의한 정확한 음높이를 소리로 나타나게 가르칠 때 사용한다.

• 음 사다리, 음계 고리, 음 기둥

계이름을 가르치기 위해서, 3연 음계 · 4연 음계 · 5연 음계 · 5음 음계 · 선법 등을 차례대로 가르친다. 이때 음과 음 사이를 나타내기 위해서 간단한 2도 음정은 3 · 4 · 5연 음계로, 보다 긴 2도 음정은 선법으로, 3도 음정은 5음 음계나 화음으로, 7도 음정은 7화음으로 가르친다. 이는 음정의 간격을 소리

내고 이해하는 데 좋은 방법이다. 중요한 것은 계명창법으로 가창을 할 때는 정확하게 바른 음정으로 천천히 분명하게 노래하게 하고, 노래하기 전 첫 음정을 똑바로 잡게 하는 것이다.

(4) 고든의 교육이론과 교수법

① 교육이론

에드윈 고든(Edwin E. Gordon, 1928~)은 미국의 음악교육학자이다. 고든은 자신만의 음악학습이론을 정립하였으며 나이에 따른 여러 가지 음악적성검사를 개발하였다. 고든의 음악학습이론에서는 그 핵심을 오디에이션, 음악적성, 음악학습위계의 세 가지로 보았으며 이에 대한 개념을 강조하였다(현경실, 1994).

• 오디에이션

오디에이션(audiation)이란 실제로 들리지 않는 음악을 마음속으로 듣고 이해하는 능력이다. 음악을 이해한다는 것은 음악을 자유롭게 사용하고 즐기며, 음악으로 생각하고 의사표시를 하는 것이다. 이러한 오디에이션 능력이 크면 클수록 음악을 잘 이해하게 된다. 음악을 이해하고 감상하는 능력을 기르는 것을 음악교육의 기본 목표로 보았다(이홍수, 1992). 다시 말해서, 음악을 마음으로 듣는다는 의미를 지닌 오디에이션은 실제로 소리가 나지 않아도 마음속으로 음악을 듣고 이해하여 음악적으로 생각하는 능력을 말한다.

–오디에이션 위계

오디에이션은 예비 오디에이션과 본 오디에이션으로 나누어지며 오디에이션의 모든 유형은 다시 6단계로 이루어진다.

예비 오디에이션 음악적 옹알이 단계라 할 수 있으며, 음악에 관심을 보이고 직접 음악적인 활동을 한다. 일반적인 음악적인 용어를 사용하지 못하고 자신만의 용어로 음악을 표현한다. 일반적으로 공교육이 시작되는 만 6세가 되면 대부분 옹알이 단계를 벗어나며 개인에 따라 이 과정을 거치는 나이나 기간도 다르다. 어린이가 음악의 기본 박을 분명하게 연주할 수 있게 되면 본 오디에이션으로 올라가게 된다.

〈표 3-1〉 예비 오디에이션의 단계와 특징

단계	유형 및 나이	특징
1단계: 흡수	문화화 (출생~ 만 2-4세)	단순히 음악을 들으며 주위의 음악 소리를 흡수한다.
2단계: 무작위적 반응		들리는 음악과는 별로 상관없이 주위의 음악 소리에 반응하여 움직이거나 옹알이를 한다.
3단계: 의도적 반응		주위의 음악 소리에 대응되는 동작이나 옹알이를 하기 시작한다.
4단계: 자기중심 탈피	모방 (만 2-4세~ 만 3-5세)	자신의 움직임이나 옹알이가 주위의 음악 소리와 다르다는 것을 인식한다.
5단계: 암호해독		주위의 음악 소리, 특히 음이나 리듬패턴을 어느 정도 정확히 모방한다.
6단계: 자기성찰	동화 (만3-4세~ 만4-6세)	노래와 호흡, 찬트와 움직임, 호흡 등이 조화되지 않음을 인식한다.
7단계: 조화		노래와 찬트를 호흡, 움직임과 조화시킨다.

출처: 임미경 외(2010).

오디에이션 이 유형들을 여덟 가지의 유형으로 나누어 분류하였다. 이는 순서대로 지나게 되는 것이 아니며 건너뛰거나 동시에 여러 개의 유형을 거치는 경우도 있다.

〈표 3-2〉 오디에이션 유형과 특징

유형	이름	특징
1유형	음악을 들을 때	이미 아는 음악 새로운 음악
2유형	음악을 읽을 때	이미 아는 음악 새로운 음악
3유형	음악을 들으면서 적을 때	이미 아는 음악 새로운 음악 받아쓰기
4유형	외우는 음악을 기억할 때	외우고 있는 음악
5유형	외워서 음악을 쓸 때	외우고 있는 음악
6유형	음악을 창작할 때와 즉흥 연주할 때	새로운 음악
7유형	악보를 읽으면서 창작이나 즉흥 연주할 때	새로운 음악
8유형	창작이나 즉흥 연주한 음악을 악보로 적을 때	새로운 음악

출처: 이미영(2011).

-오디에이션 6단계

1단계: 방금 전에 들은 음악을 짧은 시간 동안 기억하는 순간 보유단계이다. 음악을 들은 순간 보유하는 현상으로 오디에이션의 준비 과정이다.

2단계: 음패턴, 리듬패턴 모방과 오디에이트, 으뜸음, 기본 박을 알아내는 단계이다. 방금 들은 음악을 계속 기억하며 오디에이션을 통해서 음악을 체계화하고 중요한 음들을 알아낸다. 친근한 음악과 새로운 음악을 구별하고 계속적으로 기본박과 으뜸음을 알아낸다.

3단계: 주관적 또는 객관적으로 조성과 박자를 결정하는 단계이다. 으뜸음과 기본 박을 확인하는 동시에 계속적으로 음악을 분석하면서 조와 박자를 오디에이션한다. 1, 2, 3 단계는 순간적으로 짧은 시간에 동시에 일어나는 듯 여겨진다.

4단계: 이미 체계화된 리듬과 음패턴을 오디에이션하면서 의식적으로 유지하는 단계이다. 조와 박자를 확신하게 될 뿐만 아니라 음악의 요소들인 빠르기, 음색, 박자의 강약, 형식 등을 오디에이트하게 된다. 들은 음악이 돌림노래인 것을 알게 되는 것이 가능해진다.

5단계: 다른 음악에서 이미 체계화되고 오디에이트 된 패턴들을 의식적으로 찾아내는 단계이다. 이미 체계화되고 오디에이트 된 패턴들을 다른 음악에서도 계속적으로 찾아내어 비교 분석하면서 같은 점과 다른 점을 지속적으로 찾아낸다. 1단계에서 5단계까지는 계속 반복된다.

6단계: 계속적인 패턴에 대해 예측하는 단계이다.

1단계에서 5단계까지 오디에이션이 계속되면서 앞으로 나올 패턴에 대해 예측하게 된다. 정확한 예측을 하면 좀 더 음악을 이해하는 것이고, 잘못된 예측이 있다면 반복하여 정확한 예측을 하도록 노력하게 된다. 가장 기본적인 단계들은 공통적으로 일어나지만 학습자의 오디에이트 능력에 따라 더 높은 단계로 갈 수 있거나 그렇지 않을 수도 있다(임미경 외, 2010; 장지원, 2009).

• 음악적성

음악적성이란 음악의 IQ라 할 수 있으며, 음악을 배울 수 있는 잠재력으로, 어떤 사람이 음악을 얼마나 잘 배울 수 있는지를 나타내는 잠재적인 가능성을 말한다. 모든 사람은 정상인이라면 누구나 어느 정도의 음악적성, 음악을 배울 수 있는 능력을 타고난다. 대부분의 사람은 평균 수준의 음악적성을 가지고 있으며 소수의 사람만이 아주 낮거나 아주 높은 음악적성을 가지고 있다. 타고나는 음악적성은 사람마다 다르며, 음악적성에는 타고나는 것 이상으로 환경적인 요소가 큰 영향을 미친다. 음악적성은 9세 무렵까지 형성된다(현경실, 1994).

다시 말하면, 높은 음악적 잠재력을 갖고 태어났어도 적절한 환경적 자극을 받지 못하면 낮은 음악적성에 머무르게 되고, 비록 평범한 혹은 보다 낮은 음악적 잠재력을 갖고 태어났어도 좋은 질의 음악적 자극을 받는다면 상당한 정도의 음악적성을 갖게 된다(조효임 외, 1996).

〈표 3-3〉 고든의 음악적성검사 비교

검사명 및 하위검사	대상	음원	소요시간
음악적성 프로파일(The Musical Aptitude Profile: MAP): 음감, 리듬감, 선호도	초등학교 4학년~ 고등학교 3학년	바이올린 첼로	3시간
초급 오디에이션 능력검사(Primary Measure of Music Audiation: PMMA)와 중급 오디에이션 능력검사(Intermediate Measures of Music Audiation: IMMA): 음감, 리듬감	유치원~ 초등학교 3학년	전자악기	20분
고급 오디에이션 능력검사(Advanced Measures of Music Audiation: AMMA): 음감, 리듬감	음악전공자들	전자악기	20분
오디(Audi): 멜로디, 리듬	3~4세 (부모나 교사 체크)	전자악기 오르간	10분

출처: 임미경 외(2010).

고든이 개발한 음악적성검사에는 음악적성 프로파일, 초급 · 중급 · 고급 오디에이션 능력검사, 오디 등이 있다. 고든은 오디에이션 능력이 음악의 기본이 되는 능력이라 믿었기 때문에 그의 모든 검사에서 오디에이션 능력을 검사하려고 하였다. 이러한 음악적성검사는 학생의 나이와 수준에 맞는 검사를 선택하여 이용하며 음악적성에 기초한 음악수업을 진행한다.

• 음악학습위계

음악학습위계란 음악을 배우는 순서와 내용을 이론으로 체계화한 것으로, 오디에이션 능력을 높이기 위한 것이다. 음악을 언제, 어떻게, 무엇을, 어떤 순서로 배울 수 있는가 하는 과정이 음악학습이론의 주요 관점이다.

음악학습이론으로 누구에게나 일어나는 계속되는 음악학습의 과정으로 음악학습위계는 기술학습의 위계와 음악학습내용 위계의 두 영역으로 되어 있다. 먼저, 기술학습의 위계는 학생이 음악학습을 하는 과정을 순서대로 위계화해

놓은 것이다(박혜영, 1993). 이는 학습의 기초단계이며 추론학습의 준비 과정을 변별학습이라 한다. **변별학습**에는 듣기/부르기, 언어연합, 부분적 통합, 상징적 연합, 전체적 종합의 5단계가 있다. 또한 **추론학습**은 새로운 패턴을 다루는 것으로 일반화, 창작/즉흥연주, 이론적 이해의 세 단계로 나누어진다. 다음으로, **음악학습내용 위계**는 어떤 내용을 어떤 순서로 가르쳐야 하는지를 학습위계에 따라 나타낸 것이다. 학생들이 패턴을 이용해 어떤 순서로 음악을 이해하는지를 설명하며 크게 음 **부분**과 **리듬 부분**으로 나뉜다.

〈표 3-4〉 고든의 기술학습 위계

위계		단계	예시
변별 학습	1	듣기/부르기(자극)	제재곡의 패턴을 부른다.
	2	언어연합(음악적 용어)	계이름이나 리듬 음절로 부른다.
	3	부분적 통합(듣고 이해)	패턴 세트를 연속해서 부르고, 조성이나 박자를 맞춘다.
	4	상징적 연합(악보, 기보), 읽기/쓰기)	악보를 보고 부르거나, 패턴을 듣고 악보에 적는다.
	5	전체적 종합(보고 이해), 읽기/쓰기)	패턴 세트 여러 개로 계이름이나 리듬 음절로 악보를 보고 부르거나, 듣고 악보로 적는다.
추론 학습	1	일반화 (듣기/부르기-언어-악보: 읽기/쓰기)	배우지 않은 패턴을 위의 방법으로 익힌다.
	2	창작/즉흥연주 (듣기/부르기-언어-악보: 읽기/쓰기)	위의 패턴을 활용하여 새로운 악곡을 만들고, 즉흥적으로 연주한다.
	3	이론적 이해 (듣기/부르기-언어-악보: 읽기/쓰기)	음이름, 음표, 화음 등을 이론적으로 학습하고, 오디에이션, 연주, 독보되는 이유를 안다.

출처: 임미경 외(2010).

〈표 3-5〉 음 학습내용의 위계

단계	특징
1. 장조(major)와 화성단음계(harmonicminor)	• 장조(major)와 단조(minor)의 패턴
2. 믹솔리디안(mixolydian)	• 끝나는 음이 G, G부터 G까지 1옥타브의 음역
3. 도리안(dorian)	• 끝나는 음이 D, D부터 D까지 1옥타브의 음역
4. 리디안(lydian)	• 끝나는 음이 F, F부터 F까지 1옥타브의 음역
5. 프리지안(phrygian)	• 끝나는 음이 E, E부터 E까지 1옥타브의 음역
6. 에올리안(aeoloan)	• 끝나는 음이 A, A부터 A까지 1옥타브의 음역
7. 로크리안(locrian)	• 끝나는 음이 B, B부터 B까지 1옥타브의 음역
8. 멀티토널(multitonal)/멀티키얼(multikeyal)	• 멀티(multi): 한 성부에서 여러 가지 조성이나 키(key)를 포함할 때 지칭하는 말 • 멀티토널(keyality): 키는 변하지 않은 상태에서 한 멜로디가 2개 이상의 조성(tonality)을 포함 • 멀티키얼: 조성은 변하지 않은 상태의 한 멜로디가 2개 이상의 키를 포함
9. 폴리토널(polytonal)/폴리키얼(polykeyal)	• 폴리(poly): 성부의 개수에 따라 붙이는 말 • 폴리토널: 두 성부 이상의 멜로디가 키는 같은데 조성이 서로 다른 것 • 폴리키얼: 두 성부 이상의 멜로디가 조성은 같은데 키가 서로 다른 것

출처: 이미영(2011).

첫 단계인 장조를 배운다고 하는 것은 장조의 음악과 패턴을 듣기부터 시작하여 귀로 먼저 장조를 익히고 난 다음 읽기, 쓰기, 창작하기의 등의 순서로 하기 때문에 단시간에 장조를 모두 배우기는 어렵다. 따라서 고든이 제안하는 학습 순서는 어느 정도 한 다음 후속 단계로 넘어가고, 후속 단계로 넘어가서도 전 단계가 완전해질 때까지 계속 학습하도록 되어 있다(현경실, 2010).

〈표3-6〉 리듬 학습내용의 위계

규칙성	형태	특징
규칙 박자 (usual meter)	매크로 비트 (macro beat)	매크로 비트는 2/4박자의 경우 4분음표가 되며, 4/4박자의 경우 4분음표가 기본박이 된다.
	마이크로 비트 (micro beat)	매크로 비트를 2~3개로 균등 분할했을 때 그 작은 단위의 박을 말한다. 같은 길이 2개로 분할되면 2박자계(usual duple), 3개로 분할되면 3박자계(usual triple)가 된다.
불규칙 박자 (unusual meter)	혼합 박자(usual combined meter)	하나의 매크로 비트가 일정하게 나누어지지 않고 둘과 셋으로 번갈아 나누어지는 박자를 말한다.
	특별 박자 (Unusual meter)	마이크로 비트의 길이는 항상 일정하나 매크로 비트의 길이는 일정하지 않은 박자를 말한다. 5/8, 7/8 박자 등이 여기에 속한다.
	멀티메트릭 (multimetric)/ 멀티템포럴/ (multitemporal)	멀티메트릭은 멜로디 안에서 빠르기는 일정한데 박자가 바뀌는 음악을 말하며, 멀티템포럴는 한 멜로디 안에서 박자는 같은데 빠르기가 바뀌는 음악을 말한다.
	폴리메트릭 (poly metric)/ 폴리템포럴/ (poly temporal)	폴리메트릭은 두 성부가 동시에 진행될 때 템포는 일정하나 각 성부의 박자가 서로 다른 것이고, 폴리템포럴은 두 성부 이상의 파트가 동시에 진행될 때 각 성부의 템포가 서로 다른 것을 말한다.

출처: 장주영(2004).

고든은 우리가 음악을 들을 때 신체가 반응하는 형태에 따라 리듬을 분류하였다. 리듬 학습내용 위계도 음 학습내용 위계와 같이 어느 정도 학습이 되면 다음 단계로 넘어가며 다음 단계로 넘어가도 이전 단계의 학습을 병행한다.

고든의 음악학습이론은 **학습순차활동**(Learning Sequence Activities: LSA)과 **일반수업활동**(classroom activities)으로 나뉜다. LSA로는 학생들의 합리적이고 순차적인 학습을 위해 매 수업 처음에 10분 동안 리듬 패턴과 음 패턴 활동을 한다. 일반수업활동으로는 가창, 연주, 감상, 창작, 신체표현 등 보통 음악시간에 하는 수업 활동을 한다. 모든 활동은 음악적으로 생각하는 능력을 키우는 오디에이션에 중점을 둔다. 음악을 배우는 과정은 언어를 배우는 과정과 동일하며 음악을 듣거나 연주하는 것뿐만 아니라 음악을 읽거나 쓰는 것, 그 외의 어떤 음악 활동을 통해서도 오디에이션을 할 수 있는 능력을 기르는 것이다(이태동, 2007).

(5) 포괄적 음악성

① 배경 및 개관

소련의 인공위성 스푸트니크호(Sputnik)가 1957년에 성공적으로 발사되었을 때, 미국의 과학자들과 교육자들은 그것이 소련의 교육이 미국의 교육을 앞서가고 있는 증거라는 반응을 나타냈다. 그 결과, 교육 분야에서 과학 및 그 관련 교과들은 집중적인 지원대상이 되었다. 이에 심미적인 교육을 주장하는 사람들은 음악교육에 있어서 보다 근본적인 접근을 강조하였으며, 종래의 '연주를 위한 연주'보다는 음악의 '예술적 가치'에 더 관심을 가졌다. 이를 계기로 시작된 약 20년 동안에 걸친 연구와 실천을 통해 미국의 음악교육자들은 '음악적으로 계발된 시민의 육성과 위대한 음악문화의 창건'을 성취하고자 노력하였고, 그들이 전개한 광범위한 논의와 실험의 결과는 마침내 '포괄적 음악성(Comprehensive Musicianship: CM)'이라는 총체적인 개념을 낳았다. 여러 연구들 중 대표적으로 배경이 된 연구들로 1959년에 시작된 '젊은 작곡가 프로젝트(Young Composers Project, 1959~1962)' '현대 음악 프로젝트(Contemporary Music Project, 1963~1973)'을 비롯하여 '맨해튼빌 음악교육과정 프로젝트(Manhattanville Music Currculum Project , 1965~1970)' '하와이 음악교육과정 연구(Hawaii Music Curriculum Program, 1968)'를 통해 포괄적 음악성의 개념이 나오게 되었다(양가영, 2018).

젊은 작곡가 프로젝트(Young Composers Project: YCP, 1959~1962)의 목적은 35세 이하의 젊은 작곡가들을 공립학교에 배정하여 상주하는 작곡가로 활동하게 하는 데 있었다. 실제 이 프로젝트는 작곡가들과 학생들의 음악 창조에 대한 열정을 북돋아 주었고, 학생들에게 창작과 연주의 다양하고도 값진 경험을 제공하였다. YCP는 1963년에 이르러 '음악교육에서의 창의성을 위한 **현대 음악 프로젝트**(Contemporary Music Project for Creativity in Music Education: CMP, 1963~1973)'로 명칭도 변경하며 대학 음악교육의 재검토를 포함하는 방식으로 확대되었다. CMP는 1963~1973년까지 수행되었으나 **노스웨스턴 세미나**(Northwestern Seminar, 1965)를 기준으로 하여 그 지향점과 활동에 변화를 가져왔다. **맨해튼빌 음악교육과정 프로젝트**는 학교에서의 예술체험으로 바람직한 음악교육이 이루어지기 위해서는 교육과정과 학습과정이 밀도 있게 조직하는 일이 필요하다는 것을 입증하였다. 이는 포괄적 음악성이 반영된 교육과정의 구성을 통해 실제적인 음악교수과정을 구현해 내기 위한 시도였으며, 이는 음악교과 학습구조에 영향을 미쳤다. **하와이 음악교육과정 연구**는 1960년대 이후 미국에서 추진된 음악교육 및 커리큘럼 개혁을 위한 연구들의 원리들을 효과적으로 받아들였다. 즉, 교육과정을 통해서 학생들이 다양한 역할 체험을 통해 보다 포괄적인 음악적 지식을 얻게 될 수 있다고 강조한 것이다(양나래, 2012).

위와 같은 교육 개혁의 일환과 비슷한 시기에 음악 교과에서 포괄적 음악성에 대한 개념이 생겨났다. 포괄적 음악성은 상호 관련된 여러 연구들을 통해 하나의 총체적인 학문으로 배워지는 음악성을 의미한다. **포괄적 음악성**은 **종합적 음악서**, **포괄적 음악교육**, **통합이론교육** 등 여러 용어가 혼재되어 사용되고 있으며 한 가지 교수법으로 고정되어 있는 것이 아닌 오랜 기간에 걸쳐 점차적으로 만들어진 것으로 음악을 바라보는 태도라 할 수 있다. 또한 단어가 의미하는 그대로 폭넓게 수용하는 종합적인 음악교육으로 창의성과 감수성

발달을 강조하고 이론과 실기가 결합된 개념 중심의 음악수업을 의미한다. 이는 모든 시대와 모든 장소의 음악에 대한 학습을 강조하며, 모든 시대와 문화의 음악을 동등하게 하고 열린 마음을 가질 것을 제안한다.

② 포괄적 음악성의 영향

노스웨스턴 세미나에서 현대음악 프로젝트의 가장 중요한 역할 중 하나는, 음악 교사 교육을 향상시킬 방법을 개발하고 수행하는 데 목적이 있었다. '포괄적 음악성'의 개념이 여기서 본격적으로 제안되었으며, 그 내용은 대학 음악교육의 교육과정, 교수방법, 교수내용들의 개선에 있었다. 점차적으로 이 개념은 하나의 '태도'로서 유치원부터 대학원까지의 폭넓은 음악교과, 일반 음악뿐 아니라 연주, 개인레슨 등 모든 음악교육에 적용되는 개념으로 확대되었다. 이에 해당하는 것이 탱글우드 심포지엄(Tanglewood Symposium), 목적 및 목표 프로젝트(Goals and Objectives Project), 맨해튼빌 음악교육과정 프로젝트(Manhattanville Music Currculum Program), 피아노 교재 및 음악 교과서들로 포괄적 음악성의 영향으로 나타난 결과들이다.

탱글우드 심포지엄은 모든 중학교 학생들에게 음악교과를 필수적으로 이수하게 하고 고등학교 학생들 또한 하나의 예술교과를 이수하게 할 것을 제안하였다. 이 심포지엄은 음악교과의 당위성 및 철학을 의논하는 가운데 포괄적 음악성을 반영하여 효율적인 음악교육의 방안을 제시하려 하였다는 점에서 의의가 있다. **목적 및 목표 프로젝트**는 1970년 음악교육에 있어 미국음악교육협의회(National Association for Music Education)의 목표가 무엇인지 밝히려는 목적에서 시작되었으며 학생들의 심미적 경험과 실천적 변화를 제시하는 것으로서 이후에도 많은 활동과 연구에 영향을 미쳤다. **맨해튼빌 음악교육과정 프로젝트**는 학교에서 예술체험으로서 바람직한 음악교육이 이루어지기 위해서는 교육과정과 학습과정이 밀도 있게 조직하는 일이 필요하다는 것을 입증하였다. 이는 포괄적 음악성이 반영된 교육과정의 구성을 통해 실제적인 음악교수과정을 구현해내기 위한 시도였으며 이는 음악교과 학습구조에 영향을 미쳤다. 1970년대 이후 미국에서 개발된 많은 피아노 교재들에서도 포괄적 음악성의 영향을 보여 준다. 페이스(Pace) 교수법의 경우 실기를 배우면서 동시에 음악개념을 학습하도록 하였고, 연주의 기교, 독보, 청음, 이론, 즉흥연주가 통합적으로 이루어지도록 하였으며, 다양한 장르의 음악을 사용하였다. 현재에도 다양한 음악활동의 상호 연결과 함께 다양한 시대와 문화를 배경으로 하는 제재곡을 사용하고 있다(임미경 외, 2010).

③ 원리와 실제

포괄적 음악성은 끊임없이 변화하는 상황 안에서 풍부한 자원과 혁신 정신을 추구하는 것이다(Willougby, 1970). 구체적인 교수법이 아닌, 시대와 문화, 현장에 따른 다양한 모습과 융통성을 허용한다. 포괄적 음악성의 개발을 위하여 교사는 다양한 관점의 수용 및 도전 정신이 필요하다(김용희, 2008).

• 개념학습

포괄적 음악성은 머셀(J. Mursell)과 브루너(J. Bruner)의 인지학습 이론을 수용한다. 전체적이고 포괄적인 개념의 이해를 강조한다. 수업과 교육과정은 개념을 중심으로 구성되며 개념의 이해는 사고의 범위를 확장하기 위함이다. 개념이란 개개 사실 혹은 사물의 공통적 속성으로서 학생들에게 '사고의 틀'을 형성하여 다양한 정보 안에서도 의미 있는 정보들을 연결시켜 이해가 가능하도록 한다. 수업과 교육과정은 개념을 중심으로 구성되며, 교사는 이론적 설명보다는 질문, 탐구, 경험을 유도하고 자극하여 학생들이 그 의미를 스스로 발견할 수 있도록 도와야 한다. 따라서 개념중심의 이해는 학생들의 사고 범위를 확장하기 위한 필수조건이며 이는 이론으로서만이 아니라 음악적 활동을 통해서 학습되어야 한다.

• 연관학습

음악의 개념과 실기적 기술이 통합적 · 연관적으로 학습될 것을 강조한다. 모든 음악학습에서 습득된 지식을 종합한다는 의미를 갖는다. 이는 실음 중심의 교육을 지향하고 다양한 활동을 통해 개념을 학습할 것을 강조한 것과 동일한 맥락이다. 또한 연주와 음악이론, 연주와 음악사, 연주와 음악 분석, 악곡과 다른 악곡, 음악과 다른 맥락들 사이의 관계 등을 음악적 개념과 함께 학습함으로써 다양한 분야의 음악지식을 종합하여 인지할 수 있도록 해야 한다.

• 악곡범위확장

음악의 범위를 확대하는 것으로, 모든 시대와 장소의 음악을 음악학습에 사용할 것을 강조한다. 고대의 구전 음악부터 현대음악, 예술 및 대중음악, 전 세계의 민속음악까지 모두 포함하는 음악을 학습하는 것이다. 이는 좁은 범위의 음악에서 벗어나 다양한 음악을 교수 · 학습에서 제공해야 함을 강조한다.

• 공통요소접근

모든 시대와 문화의 음악에 공통되는 요소를 찾고 그것에 의해 음악을 학습하자는 것이다. 공통적인 요소인 '소리'의 속성에 근거하여 다양한 양식과 시대의 음악에 접근한다는 의미를 지닌다. 모든 음악이 갖고 있는 기본적 속성인 '소리'의 4가지 특질로 '주파수' '지속기간' '진폭' '파형'이 그에 해당하며 음악적 개념요소 측면에서 각각 '음높이' '리듬' '셈여림' '음색'으로 해석될 수 있다. 이처럼 음악이 갖고 있는 이와 같은 요소들은 다양한 음악에 접근할 수 있는 기본적인 틀을 제공해 준다. 학생들은 음악이 갖고 있는 공통적인 요소들의 탐구 및 비교를 통해 다양한 시대의 음악을 동시에 학습하고 체험할 수 있다.

• 음악가적 기능

이 세상의 다양한 음악 행위들 중 가장 핵심적인 요소로서 분석과 비평을 동반하는 음악 감상, 음악 연주, 음악 창작을 말한다. 음악 감상은 청각적 기능을 활용하는 것으로 음악을 들으며 음악의 구성요소들을 지각하고 설명하는 것이다. 음악 연주는 독보를 포함하여 악보를 보고 악곡을 재창조하는 것이고, 음악 창작은 작곡과 즉흥연주를 말한다. 학생들은 이러한 활동을 통해 궁극적으로 자신이 표현하고자 하는 바를 음악적으로 표현할 수 있는 것을 목표로 한다. 이처럼 음악수업에서 감상과 연주, 창작의 요소가 모두 포함 되어야 하며 이는 다양한 역할체험을 통해 가능하다.

• 창의성

학생들의 창작 활동은 과정을 중시하고 소재에 구애받지 않으며 자유로운 사고와 표현을 중시한다. 창의성이란 주로 학생들의 창작 활동과 연관되어 강조되고, 창작은 작곡 전공학생들만 하는 활동이 아니며 음악가적 활동 중 하나로 모든 학생들이 경험해야 하는 활동이다. 이러한 수업의 기본 전제는 학생 스스로 자신의 수업을 즐거워할 때, 학생이 스스로 발견할 때, 학습한 내용을 실제로 응용할 수 있을 때, 가장 많이 배울 수 있다는 것이다.

• 교육적 전략

주입식 교육에서 벗어나 보다 창의적이고 학생 중심적인 교육환경을 창조하기를 주장하였다. 학생 중심의 교육으로서 학생들의 참여와 책임감 인지,

독자적 판단과 자신의 가치를 표현하도록 하였다. 이는 음악적 개념을 다양한 활동을 통해 학생 중심으로 수업을 이끌어 가기 때문에 많은 시간과 노력이 요구된다. 이에 교사는 음악적 메시지를 이해할 수 있고, 학생들이 실음을 중심으로 한 다양한 경험을 통해 메시지를 이해하고 창출할 수 있도록 안내자 역할을 한다.

2. 치료적 활용

음악치료(music therapy)는 **음악**(music)과 **치료**(therapy)의 두 영역의 혼합된 교류물이기 때문에 예술이며 동시에 과학이고 교류적인 과정이다. 음악치료는 음악이 인간에게 미치는 영향을 전제로 하고 있으며 치료적 매개체로서의 음악을 통하여 변화에 대한 치료적 의미를 갖는다. 이에 음악치료의 이해를 돕기 위해 음악치료를 통한 역사와 치료 모델, 접근법을 활용한 음악치료 기법을 중심으로 살펴보고자 한다.

1) 개념 및 정의

음악치료는 학문화되는 과정 속에서 다양하게 정의되어 왔다. 부르샤(Bruscia, 1998)는 음악치료를 "클라이언트의 건강을 회복시키기 위해 음악적 경험과 관계들을 통해 역동적인 변화를 이끌어 내는 체계적인 치료 과정"이라고 정의하였다. **미국음악치료협회**(American Music Therapy Association: AMTA)는 음악치료를 "인증된 음악치료 프로그램을 이수한 전문치료사가 임상 상황에서 개별화된 치료목표에 도달하기 위해 근거를 기반으로 하여 임상적 음악중재 방법을 활용하는 것"이라고 정의하였다. **한국음악치료학회**

(Korean Music Therapy Association)는 음악치료를 "음악 활동을 체계적으로 사용하여 사람의 신체와 정신 기능을 향상시켜 개인의 삶의 질을 추구하고 보다 나은 행동의 변화를 가져오게 하는 음악의 전문 분야이다."라고 정의하고 있다. 최병철(1999)은 "음악치료는 환자가 가진 불안정한 상태, 바람직하지 못한 행동, 원하지 않는 것들이 안정되고 바람직하고 갈망하는 상태에 도달할 수 있도록 음악을 사용하여 인간행동을 바꾸어 주는 것이다."라고 하였다. 이와 같은 여러 정의 중에서 공통적인 부분은 음악치료가 음악적 경험 내에서 일어나고, 체계적인 과정을 가지며, 치료적 접근은 중재(intervention)와 변화(change)를 목적으로 한다는 것이다. 다시 말해, 음악치료는 음악을 클라이언트의 역동적인 변화를 유도함으로써 목표된 신체적 · 정신적 건강을 성취할 수 있도록 도와주는 중재의 체계적인 과정인 것이다. 이러한 음악치료는 비음악적 행동을 변화시키기 위해 음악을 체계적으로 사용하며 개개인의 성취를 돕고 기능적으로 최대 수준의 건강을 유지하기 위한 치료적 목적을 가지고 있기 때문에 신체적 · 정신적 · 심리적 · 사회적 건강을 회복 유지 및 증진시키는 것을 의미한다.

2) 역사와 발전단계

음악이 과학적인 접근 방식에 의한 치료적 위치로 자리 잡게 된 것은 20세기에 이루어진 일이지만 음악이 치료의 도구로 사용된 역사는 원시시대에서 그 기원을 찾아볼 수 있다. 인류 역사에 있어서 이러한 음악을 이용한 질병의 치료가 고대로부터 어떻게 이루어져 왔는지를 시대별로 살펴보고, 음악에 대한 인간의 반응 형태나 원인을 이해하는 것은 음악치료 과정에서 중요한 의미를 갖는다.

(1) 문명 이전의 사회

문명 이전 원시사회에서의 사람들은 소규모 집단을 이루며 다른 집단과 구별되는 자신들만의 의식을 가지고 살았다. 그들에게 있어 질병은 마술적인 힘의 영향과 금기의 일탈로부터 시작된다고 믿었다. 질병이 발생했을 때 춤과 주술 그리고 음악이 결합된 형태가 사용되었고, 드럼이나 플룻과 같은 반주를 곁들이는 노래들이 질병을 몰아내고 상처를 치료하는 데 효과적이라 여겼다. 문명 이전 사회에서 음악은 정신적 · 육체적 건강에 영향을 주는 강력한 기제로서 초자연적인 힘과 결합된 것으로 여겨졌다. 여기서 음악가와 치료사는 늘 함께 활동하며 치료적 집회는 병자의 빠른 회복을 위한 영적이고 정서적인 지원을 한다고 믿었다. 이렇게 원시사회에서 음악은 질병치료의 중요한 역할을 담당했는데 이 역할은 대개 각 종족마다 갖고 있는 질병에 대한 신비적이며 종교적인 철학과 밀접하게 관련이 있었다(최병철, 1999).

(2) 고대 그리스 · 로마 시대

바벨론과 이집트 문명이 발달하면서 질병치료는 마법적인 것에서 종교적인 것으로 형식이 바뀌게 되었다. 구약성경에서 보면 하프 연주자였던 다윗이 사울왕의 우울증을 치료했다는 이야기는 음악이 신경증적인 우울 상태를 완화하기 위해 사용된 역사적 증거라 하겠다. 또한 이집트의 종교적 치료사(priest-physician)들은 음악을 영혼 치유의학으로 여겼다. 이처럼 고대 그리스에서 음악은 사고, 감정, 신체적 건강에 영향력을 행사하는 강력한 힘을 가진 것으로 대두되었고, 감정적으로 혼란을 일으키는 개개인에게 처방제로도 주어졌다. 피타고라스는 건강이 마음과 육체의 질서 있는 조화에 달려 있다고 믿었으며 이러한 상태를 위해 음악이 카타르시스를 가져다준다고 여겼다. 또한 플라톤, 아리스토텔레스, 플루타르코스 역시 마음과 육체의 건강한 상호작용을 통한 지적 · 도덕적 선이 음악을 통해 이루어짐을 강조하였다. 이렇듯 그리스 철학자들은 질병을 질서의 상실에서 기인된 것으로 보았고 음악의 사용을 통해 육체와 마음 사이의 질서를 복원해야 한다고 강조하였다(최병철 외, 2015). 기원전 6세기에 접어들며 이성적 의학(rational medicine)이 마술적이고 종교적인 의식을 대신하게 되었고 실험적 증거를 바탕으로 하여 건강과 질병에 대한 연구가 이루어졌다. 이러한 건강과 질병에 대한 중심이 되는 이론이 4체액이론(four cardinal humors)이다. 그것은 인간의 건강이 네 가지 체액인 혈액(blood), 점액(phlegm, pituita), 황담액(yellow bile, chole), 흑담액(black bile, melancholia)의 균형에 의해 좌우된다는 이론이었다. 또한 카시오도루스(Flavius Magnus Aurelius Casiodorus)는 각 선법(mode)이 가지는 효과에 대해 분석하였는데, 예를 들어 도리아 선법은 중용과 순결에 관계되며, 프리지안 선법은 격렬한 싸움을 자극하고, 에올리안 선법은 마음의 흩어짐을 진정시키며, 이오니안 선법은 우둔한 지능을 예민하게 하고, 리디안 선법은 과도한 심리적 스트레스로 지친 영혼을 위로한다고 보았다.

이처럼 고대 그리스 · 로마 시대에는 음악이 치료의 수단으로 직접 사용되었으며 학자들에 의해 활발한 연구와 활동이 진행되었다.

(3) 중세 시대

중세 시대에는 기독교가 서구문명사회를 지배하면서 모든 의학과 예술이 기독교 신앙의 영향권 하에 예속되게 되었다. 기독교 신앙으로 인해 질병의 원인을 죄에 대한 신의 처벌로 인식하고, 특히 정신질환의 경우 마귀와 관련된 질병으로 간주하여 치료를 위해 잔인한 방법이 자행되곤 했다. 이 시대에는 고대 시대처럼 질병 치료를 위한 음악의 구체적 사례는 보이지 않지만 질병을 고치는 능력을 가진 성직자가 성전에서 치료적 행위를 행하였고, 그 성직자들을 찬양하는 음악이 주교들에 의해 자주 만들어졌다. 이처럼 중세의 의학은 교회의 영향권 안으로 예속되는데 이와 함께 음악도 신앙 속으로 이동하게 된다(무리이 야스지외, 1990). 아우구스티누스 "음악이란 올바르게 음을 움직이는 학문이다."라고 하였으며, 토마스 아퀴나스는 "음악은 결코 신을 떠나서는 성립될 수 없다."고 하였다. 또한 그 시대의 다른 학자들도 음악이 사람에게 여러 가지 긍정적·부정적 영향을 줄 수 있다고 하여 음악과 인간성과의 밀접한 관계를 설명하였다. 또한 이 시기의 의학적인 이론은 여전히 인간의 건강이 네 가지 체액의 균형에 따라 결정된다는 4체액이론을 근간으로 하고 있었다. 또한 음악이 치유적인 힘을 갖고 있으며 도덕성을 회복시키는 것으로 믿고 사용되었다(고유경, 2003).

(4) 르네상스 시대

르네상스 시대로 접어들면서 근대 의학의 발전으로 인간중심 사상 및 여러 규범의 부활운동에 힘입어 의학과 음악에 변화가 일어났다. 해부학, 생리학 등 의학에 대한 과학적인 접근이 이루어지지만 질병에 대한 치료는 여전히 4체액설에 바탕을 두고 있었다. 음악은 의사들에 의해 정신병과 우울증 치료의 차원뿐 아니라 예방의학 차원으로도 처방되었다. 엠페도클레스(Empedocles)는 이 세상에 존재하는 모든 물질이 불, 공기, 물, 땅이라는 네 가지의 기본요소의 혼합이며 이러한 네 가지 요소는 의학이론의 네 가지 체액과 대응하며 음악적 요소에 있어서 4성부와 대응한다고 설명하였다(Kingsley,

〈표 3-7〉 르네상스 시대의 자연적·신체적·음악적 요소의 관계

자연		신체		음악	
요소	체액	기관	기질	요소	선법
불	황담즙	간	화 잘 내는	소프라노	프리지안
공기	혈액(다혈)	심장	쾌활한	알토	리디안
물	점액	뇌	냉담한	테너	도리안
땅	흑담즙(우울)	비장	우울한	베이스	믹소리디안

1997).

또한 15세기 유럽에서 갑자기 발생하였던 무도병(Tarantism)은 원인을 알 수 없었던 질환으로 음악과 춤에 의해서만 치유될 수 있었다. 이는 춤과 노래에 대한 인간의 억눌린 정서를 해소하고 싶은 강한 욕망을 반영한 것으로 이를 계기로 음악치료에 대한 보다 깊은 관심을 갖게 되었다.

(5) 바로크 시대

바로크 시대에도 음악은 그 당시의 의학적 실제인 4체액이론과 연결되어 있었다. 기질과 정서에 관한 학설을 세운 아타나시우스 키르허(Athanasius Kircher)는 우울한 사람들은 근엄하고 딱딱하며 화성적으로 슬픈 감정을 주는 음악을 좋아하고, 다혈질의 사람들은 피를 동요시키는 무도음악을, 담즙질의 사람들은 격정적인 화성을, 점액질은 여성의 음성을 좋아한다는 기질과 정감이론으로 질병치료에서의 음악 사용에 새로운 관점을 제시하였다(최병철, 1999). 1533년 아그리파가 우주의 4원소를 음악의 프리지안 모드, 리디안 모드, 도리안 모드, 믹소리디안 모드로 연결시켜 생각하였고 인간의 성격과 인체의 기관도 이에 비유하였다(김군자, 1998). 또한 파리넬리(Farinelli)가 이 시기에 성악으로 당시 스페인의 왕이던 필립 5세의 심한 우울증을 치료한 기록이 남아 있다(Davis & Gfeller etc, 1999). 17세기 이후로는 의사들이 음악치료의 가치를 생리학적 · 심리학적 문제로 다룸으로써 이러한 측면에서의 음악 효과에 대한 연구가 시작되었다.

(6) 18, 19세기

18세기로 접어들면서 질병의 진단과 치료에 약물과 수술을 사용하는 과학적 방법이 중요한 역할을 차지하게 되었다. 음악은 여전히 유럽의 의사에게는 질병치료의 도구로 사용되었고 점차 인간에게 미치는 음악의 효과를 연구하기 시작하였다. 음악적 리듬이 신체 리듬과 맥박, 호흡, 혈압 등에 어떤 영향을 미치는지에 주목함으로써 음악의 생리적 효과에 대한 연구가 진행되었다. 그 결과, 신체 리듬과 음악 리듬의 관련성과 음악이 호흡과 소화에 미치는 효과 등을 과학적으로 규명하기 시작하였다.

1875년 의사인 헥터 쇼메(Hector Chomet)는 「건강과 삶에 미치는 음악의 영향(The Influence of Music on Health and Life)」이라는 논문을 발표하여 음악치료의 효과를 입증하였다. 19세기 들어와서는 해부학, 외과, 세균학, 생화학, 신경학, 신경정신과 등의 임상 연구가 진행되며 병을 예방하고 치료하는 데 과학적인 방법들이 사용되었다. 19세기 초 필리프 피넬(Phillippe Pinel)을 비롯한 프랑스 의사들은 히스테리(hysteria)와 같은 종류의 신경성 질병과 정신치료에 음악을 사용하였다. 19세기 중엽부터 현대 신경학이 발달하면서 학자들은 인지 과정과 뇌 기능의 연관성을 보게 되었다. 우리가 음악을 수용하는 데 있어서 뇌의 우반구와 좌반구의 기능의 조화가 중요한데, 인간의 언어 기능과 행동에 영향을 주는 우반구는 음악의 인지와 음악의 행동에 관계하여 음의 높이를 감지하고 선율, 리듬, 음악적 스타일 등의 구체화되지 않은 형태 감각을 기억한다는 것이다. 그리고 좌반구는 본질적으로 논리적인 사고를 하며 구체화된 언어와 수학적 기능을 담당하여 악보를 읽고 분석한다는 것이다. 따라서 신경학적 장애가 있는 경우 음악적 활동에 어려움을 겪게 된다고 보았다. 음악적으로 경험하는 심리 반응은 청중과 연주자의 능력에 따르지만 음악 속에서 발견되는 자기표현 또는 잠재의식의 표출은 전적으로 개인의 경험에서 나오게 되므로 각기 다른 경험에 의한 음악적 심리 반응을 치료에 적용할 수 있었다. 19세기 후반에는 보호시설과 사설 치료기관에서 집단 음악치료가 사용된 것을 포함하여 음악치료의 시작에 대한 더 많은 기록이 나타나기 시작하였다. 이처럼 근대 시대의 음악적 활동은 중세의 영향을 완전히 벗어나지는 못했지만 의학의 발달과 생리적·해부학적 접근으로 그 치료과정을 점차 확대시켰다.

(7) 20세기

20세기는 현대 음악치료 발전의 출발점이다. 20세기 초 미국에서는 많은 의사가 음악을 치료적으로 사용했으며, 1915년 의학 저널에 수술 환자들의 이완을 목적으로 축음기의 사용을 장려했다는 기록이 있다. 이후 1918년 컬럼비아 대학교에 음악요법 과정이 개설되고, 1929년 듀크 대학교에서는 수술과 회복 관련 영역뿐 아니라 아동과 성인 병동에서의 음악의 효과에 대해 보고하였다(Wheeler, 1981). 제2차 세계대전 이후 재향군인병원을 중심으로 부상병 위문을 통한 음악 활동이 치료에 향상을 가져온 것과 병원 내에서의 음악치료에 대한 보고들이 주목받으면서 음악치료는 치료의 전문 분야로 자리 잡게 되었다.

또한 음악치료는 미국에서 전문적인 대학교육을 시작한 것을 기점으로 본격적으로 발달하였으며 다양한 이론과 접근방법을 발전시켰다. 특히 이론과 접근방법들은 정신의학, 심리학, 교육학 이론들에 그 철학적 기초를 두고 이들 분야의 움직임과 병행하였다. 1946년 미국의 켄자스 대학교에서 처음으로 학위교육과정이 채택되어 시행됨으로써 학문적 틀을 갖추기 시작하며 현대정신의학의 성장과 무의식에 대한 인식과 탐구에 깊은 관련을 가지게 되었다(Tayor, 1981). 또한 1950년 미국전국음악치료협회(National Association Music Therapy: NAMT)가 창립되면서 교육기관, 병원, 정신보건시설, 사회기관 등에서의 음악치료 활동과 학문적 · 임상적 연구를 지지하는 전문적인 모임이 시작되었다. 1950년대 이후 음악치료는 하나의 학문 분야로서 계속해서 전 세계로 확장해 가며 50개국 이상에서 실행되었다. 현재 음악치료는 대학의 교육적 · 임상적 훈련 프로그램의 기준을 개발하고 교육과 임상이 병행되며 성장을 나타내고 있다. 또한 매스미디어의 발달로 음악치료사들은 서로 세계 곳곳의 경험을 공유하며 방대한 양의 국제적인 음악치료 관련 정보를 소통하고 그 영역을 확대 및 지원해 나가고 있다(전국음악치료사협회, 2016).

3) 음악치료 접근철학

음악치료 철학은 과학의 발달과 인간의 행동을 설명하는 이론과 개념이다. 문제를 보는 시각과 이에 대한 음악의 치료적 활용, 치료사의 가치관 등이 음악치료 철학에서 중요한 역할을 한다. 이러한 치료철학이 음악치료 실제에 적용되면서 기본적 개념과 다양한 접근을 가져왔다. 또한 치료사의 철학은 교육적 배경과 판단에 따라 결정되며, 실제 접근에 있어서 음악의 활용도나 수준에 따라 달라질 수 있다. 치료사들은 이론을 토대로 임상을 구성하고 클라이언트에게 적합한 음악을 적용한다. 이처럼 다양한 철학적 근거를 기반으로 음악치료의 적용 및 치료사의 역할을 통해 클라이언트에게 미치는 영향 및 기대는 중요한 의미를 갖는다.

치료 모델은 치료적인 방법에 대한 과학적인 이해와 지침을 제공하는데 치료에서 다루어지는 문제는 한 가지 모델로만 해결할 수 없다. 어떠한 모델이든 문제에 대한 원인을 제공하며, 치료사는 어떻게 치료할지에 대한 가능한 모든 접근을 탐색해야 한다. 이 과정에 따라 결정이 이루어지면 치료사는 자신이 선택한 치료 모델을 중심으로 가장 적합한 접근을 설명한다(정현주, 2005).

치료사는 세션에서 클라이언트에게 매우 다양한 종류와 수준의 음악 경험을 제공할 수 있다. 다른 치료 분야도 마찬가지이겠지만 이러한 음악의 영향이 임상에서 치료적 효과를 줄 수 있으려면 대상 클라이언트에게 적합한 치료 중재가 제공되어야 한다. 음악을 치료의 도구로 사용하는 음악치료에서 '클라이언트에게 적합한 음악적 중재'는 음악치료 임상의 핵심요소이다. 다양한 경우에서 대상 클라이언트에 따라 각기 다른 음악적 중재가 제공되어야 하는 것이다. 이러한 음악적 중재를 통해 생리적 · 인지적 · 정서적 · 사회적 기능이 강화되는 전제하에 이러한 기능의 변화들이 개인의 삶의 질을 개선하는

데 기여하는 중요한 요인이 된다.

(1) 생의학 기반을 둔 음악치료

생의학은 의학 연구에서 생물학, 생물물리학 등의 자연과학을 응용하는 학문이다. 이러한 의학적 연구는 음악의 임상적 적용에 대한 연구와 함께 음악치료의 전문성을 높이며 의학과 깊은 관계를 맺게 하였다. 생의학적 접근에서는 면역성 강화와 통증 감소를 포함한 대체 의학의 매개체로도 사용되었으며 이에 대한 과학적인 임상 연구도 지속적으로 수행되었다(Thaut, 1988). 이러한 철학을 근거로 한 음악치료 적용은 음악이 인간 뇌 기능에 영향을 미치는 것으로, 음악의 효과는 치료적으로 사용되는 데 바탕을 두고 있다. 통증과 음악이 뇌로 전달되는 과정, 감정을 일으키는 뇌 부분에서의 음악적 자극의 신경전달 과정, 대화와 움직임에 연관된 음악에 대한 생리적 반응, 불안과 스트레스 생리학에 대한 음악의 효과가 연구되고 있다(김영신, 2006). 치료사의 역할은 클라이언트의 정신적 안정을 조절하고 심리적 이완 및 긍정적인 반응을 높이며 기능적 능력을 회복 및 활성화하기 위해 음악치료의 임상적 효과성을 높이는 것이다.

(2) 행동주의 음악치료

행동치료는 1950년대 말 심리적 장애의 평가와 치료에 대한 체계적 접근으로 대두되었다. 행동치료는 클라이언트가 가진 증상을 잘못된 학습에 의해 형성된 부적응 행동으로 보고 현재의 증상을 학습이론에 기초하여 치료하는 것이다. 따라서 바람직한 행동이 일어나면 강화하고, 바람직하지 못한 행동이 일어나면 벌을 준다는 것이 행동치료의 원리이다. 이러한 철학을 근거로 한 음악치료 적용은 행동과학으로 음악치료 영역을 정의하고 이에 입각한 음악치료의 개입을 구상하는 경우 음악과 목표 행동이 각각의 변인으로 다루어진다(천성문 외, 2013).

행동주의 음악치료는 환경 안에서 클라이언트의 행동을 바람직한 방향으로 변화시키기 위한 목적으로 행동수정에 초점을 두고 정확한 자료와 분석 관찰로써 치료하는 방법이다. 행동수정 원리에 따라 목표행동에 대한 개입이 이루어지는 경우, 음악은 독립변인으로, 행동은 종속변인으로 규명한 후 치료적 개입을 설정한다. 음악치료의 궁극적인 목표가 음악 경험을 이용하여 음악 외적 기술이나 학습을 촉진하는 것인 만큼 음악 경험 내에서 어떠한 문제행동이 다루어지는가는 중요하다. 행동주의 음악치료의 장점은 음악적 보상에 대한 효과에 대해 명확한 자료를 수집할 수 있다는 것이며 행동 자체에 치료의 초점을 맞춤으로써 측정 가능한 외부적 요소를 다루며 객관적인 자료를 활용한다는 것이다. 그러나 음악치료 내에서 무의식 과정의 역할과 원인을 간과하고 문제의 본질적인 부분을 외면한다는 비판도 있다(김영신, 2006).

치료사의 역할은 음악치료 활동을 통해 나타나는 클라이언트의 음악 외적 행동들을 치료 목적으로 두며 이러한 문제되는 행동들을 음악을 이용해 단계적으로 사용하며 수정 · 보완한다. 그리고 행동평가를 바탕으로 변화시키고자 하는 목표에 대한 구체적인 계획에 따라 그에 적절한 치료 기법을 찾아 적용하는 것이 치료사의 주요한 역할이다. 치료사는 클라이언트가 치료의 동기를 유지할 수 있도록 클라이언트와의 긍정적 관계 안에서 클라이언트를 격려하고 치료의 효과를 조정하고 평가한다. 치료사는 클라이언트가 자신의 행동관리 프로그램을 분석하고 계획하고 평가하도록 조력하는 역할을 수행한다(Kanfer & Schefft, 1988).

(3) 인본주의 음악치료

인본주의는 인간의 존엄성과 가치를 존중하고 각 개인마다 독특한 잠재력이 있으며 모든 인간은 이러한 잠재력을 펼칠 수 있는 자아실현의 경향성을 가지고 있다는 믿음에서 출발한다. 자아실현에 대한 인간의 끊임없는 추구 혹은 인간 잠재성의 최대발현을 주요 치료목표로 한다. 인본주의 철학의 대표적인 학자인 매슬로(A. Maslow)와 로저스(C. Rogers)는 '자아실현'을 강조하였다(천성문 외, 2013). 로저스는 충분히 기능하는 인간은 자아실현을 꾀한다고 주장하였고, 매슬로는 인간의 창조성을 통해 자아실현을 추구할 수 있다고 하였으며, 이러한 창조적 작업을 통해 인간의 잠재력과 능력이 탐색되고 표현될 수 있다고 보았다.

음악은 예술적 매개체로서 창의성을 기본으로 하는 활동이다. 음악을 만드는 작업은 인간의 창의성을 촉진하고 실현하는 경험이며, 즉흥 연주된 음악이나 작곡된 독창적인 음악은 판단되거나 평가되지 않는 클라이언트 고유의 창작물인 것이다(Rosenhan & Seligman, 1984). 이러한 철학을 근거로 한 음악치료에서는 악기나 음성, 신체 부분을 사용한 즉흥음악이 비지시적 클라이언트 중심 음악치료의 형태로 사용되는데, 이 또한 인간중심 치료의 원리와 동일하다고 할 수 있다. 자아실현과 관련된 목표를 지향하면서 자신의 잠재력을 펼치며 타인과의 관계를 발전시켜 나갈 기회를 만들어 주는 것이다(정현주, 2005).

치료사의 역할은 계속적인 보호, 존중, 수용, 이해를 제공해 주며 클라이언트를 지지해 주고 반영해 주는 것이다. 치료사는 클라이언트가 제시하는 문제의 해결에 책임이 있다거나, 이것이 치료에서 초점을 두어야 하는 문제인지 아닌지를 결정하거나, 혹은 클라이언트의 태도를 변화시키려 하지 않는다. 치료사는 클라이언트가 이러한 책임과 능력을 가진 존재라고 보며 이것을 행하는 유기체의 능력을 존중한다. 치료사는 클라이언트가 긍정적이며 부정적인 다양한 감정을 경험하고 표현할 때 클라이언트와 함께 머무르고, 또한 그것을 초월하는 힘을 발견할 때 함께하는 동반자로서의 역할을 수행한다. 이러한 치료사의 지지와 음악적 표현을 통해 클라이언트는 사고와 감정에 대한 양면적인 성향을 성찰하게 된다. 치료적 변화는 클라이언트가 자신의 행동에 대한 책임감을 갖게 되고 자신의 표현을 방해하는 요인들로부터 자유로워질 때 이루어진다.

(4) 정신역동적 음악치료

정신치료에 대해 울베르그(R. Wolberg, 1954)는 훈련된 치료사가 환자의 왜곡된 행동이나 사고의 패턴을 재조정해 주고 문제 해결을 위해 긍정적인 내면의 성장과 발전을 가져다 주는 것이라 정의하였다.

프로이트(S. Frued)의 정신분석이론에서는 과거의 경험이 현재에 영향을 미치고, 무의식적 행동 · 사고 · 감정을 지배한다고 보았다. 치료의 주요 목표는 내면의 문제를 외현화하여 어떤 형태이건 장애물을 극복하며 현재의 기능을 최대화하는 것이다. 클라이언트는 자신의 가능성을 자각하지 못하게 하고 개인적 목표를 달성하지 못하게 막는 이러한 장애물을 제거하기 위해 무의식 세계를 탐색하며 이로 인한 성장을 도모한다(천성문 외, 2017). 정신분석적 이론에 기원을 두고 있는 정신역동적 음악치료는 음악적 그리고 언어적 심리치료 기술 모두를 다루며 고급훈련을 통해 습득한 높은 수준의 기술을 요하는 복잡성을 지닌 **심층치료**이다. 클라이언트의 내면적인 갈등이나 대인관계에서 오는 감정적인 부분의 문제를 해결하기 위해 **비언어적 표현**을 촉진하고 자아정체성의 확립을 위한 자기인식과 내면의 통찰력 증진을 가져오는 음악의 치료적 효과에 그 근거를 두고 있다(Gorman, 1996).

정신역동적 음악치료에서는 클라이언트와 치료사, 클라이언트와 음악, 클라이언트와 또 다른 클라이언트 사이에서 일어나는 **상호 역동성**이 중요하다. 즉, 치료 과정에서 클라이언트는 치료사의 역할을 이해하고 수용해야 하며 치료사의 지시에 반응할 수 있어야 한다. **치료사**는 클라이언트의 내적 자아가 표현하고자 하는 것을 표현할 수 있는 **통로**를 제공해야 한다. 또한 클라이언트의 정서적인 성장과 성숙을 유도하기 위해 문제 해결을 위한 **분석가**에서 지지자로 변화한다(정현주, 2006).

(5) 분석적 음악치료

정신분석이론과 음악치료가 융합된 학문으로서 프로이트, 클라인(M. Klein), 융(C. Jung)과 정신분석적 신체심리치료사 알렉산더 로웬(Alexander Lowen)의 이론을 바탕으로 하고 있다. 1970년대 초 영국의 메리 프리스틀리(Mary Priestley)는 정신역동적 음악치료의 초기 지지자로 음악치료 모델인 분석적 음악치료(Analytical Music Therapy: AMT)를 창시하였다. AMT는 정신역동적 음악치료의 한 형태로 주된 변화의 매체는 즉흥연주이며 언어적 과정도 함께 사용된다. 프리스틀리는 클라이언트가 언어로 표현할 수 없는 감정이나 심상, 생각 또는 신체적 지각 등을 어떻게 의식적으로 또는 무의식적으로 음악과 연결하고 상징화시키는지를 설명했다. 이러한 철학을 근거로 한 음악치료 적용은 클라이언트의 성장을 저해하는 요소를 제거하려는 목적으로 사용되며 이 과정에서 클라이언트는 최적의 경험을 할 수 있다. 음악은 음악 외적인 것을 상징하거나 표현할 수 있으며, 이 같은 상징은 클라이언트의 내면과 외부 현실세계를 잇는 교량 역할을 한다(이정실, 2006). 음악은 개인의 성찰을 촉진시키고 관계를 확립하며 세션의 흐름을 유지하고 정신적인 변화를 촉진하는 수단이 될 수 있다. AMT는 클라이언트의 무의식의 생각과 감정을 상징적으로 표현하게 하는 즉흥연주를 사용하는 것으로 즉흥연주에서 나타나는 전이와 역전이를 중요하게 여긴다. 즉흥연주에서 상징적 표현의 사용은 매우 효과적이며, 상징은 클라이언트의 내면세계와 현실세계의 매개체가 된다.

치료사의 역할은 숙련된 경청자로서 클라이언트가 말하고 노래하고 연주하는 것 이상의 것을 들을 수 있어야 한다. 클라이언트가 내면 상태에 대한 심상을 이야기할 때, 치료사는 자신의 마음에서 그 심상을 형상화하고 그것을 기반으로 사용할 기법을 선택한다. 치료사는 안아 주기 또는 담아 주기 기법을 통해 음악적 지지를 한다. 이러한 기법은 클라이언트의 감정표현을 촉진하는 동시에 상징적이며 안정적인 틀을 제공한다.

(6) 전체적 모델 음악치료

전체적 모델(holistic model)에서 holistic은 그리스어 'holos'에서 유래된 것으로 '전체'를 의미한다. 이 모델은 병을 치료하기보다는 인간을 치료하는 데 초점을 두고 있다(Matton, 1982). 인간은 몸, 마음, 정신의 세 가지를 가지고 있고 이들은 상호작용하므로 이 중 하나의 변화는 곧 다른 부분에 변화를 가져온다고 보았다. 즉, 이 세 가지의 균형이 깨질 때 질병이 발생한다고 보며, 삶과 건강을 복원하고 유지하는 차원에서 건강을 중심으로 한 생활 패턴을 강조한다(Unkefer, 1990). 이러한 철학을 근거로 한 음악치료 적용은 음악치료의 전체적인 접근에서는 음악의 이완, 음악과 심상, GIM을 통해 클라이언트로 하여금 자기인식과 성찰을 얻도록 하는 데 치료목표를 둔다. 치료사의 역할은 클라이언트가 스트레스 감소와 통증 감소, 기능적 문제의 완화를 경험하고 생활의 균형과 인내심, 책임감, 정서의 완화를 통한 변화를 갖도록 돕는 것이다(정현주, 2005).

(7) 커뮤니티 음악치료

커뮤니티 음악치료(Community Music Therapy: CoMT)는 2000년대 이후 등장한 철학으로, 다양한 뿌리와 역사를 가지고 있다. 부르샤(Bruscia, 1998)는 커뮤니티 음악치료에 대해 그룹 혹은 개인과 함께 음악치료 세팅에서 사회적 목적을 가지고 치료가 수행되기도 하지만, 클라이언트가 지역사회와 함께 일하며 지역사회에서 기능적인 역할을 하는 가치 있는 그룹원으로서 준비시키는 과정이 포함되어야 한다고 하였다. 스티에그와 아론(Stieg & Aarø, 2012)은 커뮤니티 음악치료에 대해 "사람들의 음악적 활동 참여와 사회통합을 도우며 사회적 자원에 공평하게 접근하는 것과 현대사회에서의 건강과 안녕을 위한 협력을 독려하는 것"이라 정의하였다.

커뮤니티 음악치료에 대해 기존 음악치료의 전문 임상 분야로서 비임상적이고 포괄적 환경인 지역사회에서 수행되는 여러 관계를 기반으로 수행된다고 주장하며 음악에 참여하는 가치를 강조하였다. 중심 원리는 지역적 맥락 안에서 실행되어야 하며 지역적이라는 것은 단 하나의 측면이 아니라 역사와 관련된 다양한 측면에서 생각해야 함을 의미한다. 이러한 철학을 근거로 한 커뮤니티 음악치료는 인권 기반과 문화 중심 원리, 생태학적 관점에서 발달이론과 관련된 치료철학을 반영한다. 또한 사회공동의 가능성과 사회적 책임에 중점을 두었고 치료의 대상자를 지역사회로 확장하였다. 다양한 문헌과 사례보고, 연구논문 등을 통해 관심이 늘어나고 있으며 사회의 변화와 함께 지역사회 전체를 대상으로 하고 있다.

커뮤니티 음악치료는 공동체로서의 음악치료 또는 공동체를 위한 음악치료로 설명될 수 있다. 이와 같이 커뮤니티 음악치료의 이론적 배경 및 실행과정은 기존 음악치료의 하위 영역이라고 할 수 있으며, 참여자의 건강, 질병 및 관계의 문제를 위해 음악을 치료적 도구로 사용한다는 점은 기존 음악치료와 같은 맥락이라고 하겠다. 뿐만 아니라 커뮤니티 음악치료는 다양한 개념적 차원에서 참여적 · 자원 지향적 · 생태학적 · 수행적 · 활동적 · 반영적 · 윤리적 실행 기반에 대해 설명하며, 현재 음악치료의 임상 영역을 확장하고 뒷받침할 수 있는 실행 기반을 제공한다고 하였다(Stuart, 2015). 이처럼 다양한 음악 접근은 인간에게 미치는 음악의 자극과 반응에 대한 다양한 접근을 이해할 수 있는 기회를 제공한다. 치료사는 음악치료 과정에서 관계를 성장시키고 관계에 대해 심사숙고할 수 있는 이론적 이해를 갖춰야 한다. 이를 통해 치료사는 클라이언트로 하여금 본인을 받아들이고 진실에 도전하도록 하며 클라이언트의 자기 피해적 사고로부터 벗어나 갈등을 해결하도록 돕는 역할을 한다.

4) 음악치료 기법

음악치료의 주요 기법은 클라이언트의 음악 경험에 초점을 두고 활용된다. 치료사가 클라이언트의 필요를 채우는 데 가장 적합한 음악 경험을 제공하기 위한 많은 다양한 방법을 치료 기법이라 한다. 음악치료에는 네 가지 주요 기법이 있는데, 클라이언트가 치료 목적을 위해서 참여하는 특정한 음악 경험의 종류로 이 기법들은 모델에 따라 다양한 절차와 테크닉을 갖는다.

부르샤(Bruscia, 2014)는 음악치료에서 음악을 사용하는 기법을 네 가지로 분류했는데, 이는 **재창조기법(연주기법)**, **즉흥기법**, **작곡기법**, **감상기법(수용적 기법)**이다. 이 기법들은 클라이언트가 무엇을 하는지를 기준으로 분류한 것이다. 이러한 네 가지 **치료 기법**은 치료사의 이론적·철학적 관점, 치료사의 경험의 정도나 훈련 여부와 상관없으며, 치료의 차원(지지적, 재교육적, 재구성적)과도 상관없이 모든 유형의 클라이언트에게 적용할 수 있다. 예를 들어, **즉흥연주**는 클라이언트가 어떤 매체를 사용하는가에 상관없이 음악을 만들어 내는 것에 중점을 두고, **연주** 및 **재창조**는 이미 만들어져 있는 음악을 배우거나 연주하는 것에, **작곡**은 클라이언트가 노래, 가사, 기악곡을 만들어 내는 것에, **감상**은 클라이언트가 음악을 듣고 반응하는 것에 중점을 둔다. 이 네 가지 **치료 기법**에 대해 자세히 살펴보고자 한다.

(1) 재창조기법

클라이언트는 노래, 연주, 음악게임에 참여하거나 음악작품을 기획·제작하거나 음악자료를 사용하여 지휘하기도 하며, 이를 통해 자존감 및 성취감을 경험한다. **재창조 음악치료**는 임상적 목표를 중심으로 이루어지며, 감각운동 기술의 향상, 집중력, 현실인식 강화, 기억력 증진, 상호교류, 집단참여 기술의 향상을 경험한다. 임상적 상황에 따라 클라이언트들은 서로 지휘를 하거나 일반 악보 혹은 그들에게 맞게 수정된 악보들을 사용하여 그룹연주를 한다. 악기를 배우고 가르치는 활동과 핸드벨이나 그 외 그룹악기 연주 활동, 성악 활동도 포함된다. 음악을 **재창조**하는 **과정 자체**가 클라이언트에게 도전과 성장의 기회가 되기도 하고, **재창조**를 통해 얻은 **음악적 결과물**의 **완성**이 치료적 과제의 핵심이 되기도 한다(최병철 외, 2015). 두 가지 모두 **치료적 가치**가 있는 것으로, 치료사는 한 가지를 선택하여 초점을 맞추거나, 세션 중에 과정 중심에서 결과물 중심으로 전환할 수 있다. 재창조 음악치료에서 음악치료사가 악기를 가르치거나 합주 그룹을 인도하지만, 일반 음악 활동과 다른 점은 음악 활동이라는 도구를 통해 치료사가 목표로 하는 것이 음악 외적인 행동의 변화라는 점이다. 음악적 자료를 선택하고 구성하는 데 있어 음악치료사는 음악적 요소와 구조, 가사의 내용, 음악적 정서 등 다양한 면을 고려한다(전국음악치료사협회, 2016).

- **보컬 재창조**는 목소리를 이용해 작곡된 노래를 하는 것이다. 지정한 방식으로 발성 연습, 시창, 합창, 멜로디 발성 모방 또는 학습, 녹음 립싱크 등을 하는 것이다. 이는 구조 음악적 소재나 미리 작곡된 노래를 목소리로 재현하는 것이다.
- **악기 재창조**는 지정된 방식으로 악기를 사용, 악보를 보면서 연주, 미리 작곡된 악곡을 연주, 기악 앙상블, 모방하여 악기를 연주, 연주를 녹음하는 것이다. 이는 조직적으로 또는 미리 작곡된 음악의 내용을 재현하는 것이다.
- **음악적 연출**은 뮤지컬, 연극, 드라마, 리사이틀 또는 기타 청중이 있는 음악 연주에 참여하여 계획하고 연주하는 일련의 과정을 말한다.
- **지휘**는 악보나 기타 기본법이 지시하는 바와 같이 연주자에게 몸동작을 사용한 큐를 제시함으로써 공연을 지휘하는 것이다.

(2) 즉흥기법

즉흥연주는 클라이언트가 치료사나 다른 그룹 구성원과 함께 적극적이고 즉흥적으로 음악을 만들며 악기 연주, 노래 또는 몸 동작, 다양한 물건으로 소리내기를 하는 과정을 말한다. 임상적 목표를 달성하기 위해 시행되는 즉흥연주는 보편적으로 임상 즉흥연주(clinical improvisation)라 한다. 즉흥연주의 특징은 다양한 정서 및 신체적 필요를 즉각적으로 다루는 것이다. 개별 세션의 경우 클라이언트 혼자 혹은 치료사와 함께 연주할 수 있고, 그룹 세션에서는 클라이언트 혼자나 치료사와 함께 혹은 다른 클라이언트들과 연주하기도 한다. 즉흥연주는 클라이언트의 현 감정과 신체 상태 및 잠재목표 영역의 방향을 내포한다.

즉흥연주의 효과는 클라이언트 개개인의 감정적 경험을 즉각적으로 표현하도록 도우는 것인데, 이러한 감정표현 과정을 통해 클라이언트는 감각의 세련화, 현실에의 적응, 창조력, 질서와 협동심 등을 받아들이게 된다. 또한 자기표현을 통해 자신과 환경에 대한 평가를 하며 비언어적 교류를 통해 타인과 커뮤니케이션을 하게 된다. 이러한 음악행위에 수반된 책임과 질서의 요청은 상호교류나 대인관계를 원활하게 해 주고 사회복귀를 위한 유용한 행동학습으로 이어지게 된다(최병철, 2015). 특히 줄리엣 에이빈(Juliette Avin)에 의해 발달한 자유로운 즉흥 음악치료(free improvisation music therapy) 치료사가 클라이언트에게 규칙, 체계, 주제 없이 자신이 원하는 대로 즉흥연주하도록 하면서 클라이언트에게 절대적인 자유를 준다. 음악치료 과정이 지적, 신체적, 사회 · 감정적 성장의 연속단계에서 계획되고 충족되어야 하는 발달 과정에서는 클라이언트가 자기, 타인, 사물과 관계를 맺을 수 있게 도와주는 것을 가장 중시한다. 이러한 즉흥연주는 치료에 대한 포괄적 음악적 접근의 한 부분으로 사용되는데 감상, 연주, 움직임, 기록이 포함된다. 악기는 치료의 통합적인 부분으로 사용되고, 치료사와 클라이언트 관계에 중요한 역동적 기능을 제공한다.

노도프-로빈스 음악치료(Nordoff & Robbins Music Therapy: NRMT)는 **창조적 음악치료**(Creative Music Therapy)라고 불린다. 노도프-로빈스 음악치료센터(Nor-doff-Robbins Music Therapy Center)의 창시자인 미국의 피아니스트겸 작곡가, 노도프(P. Nordoff)와 영국의 특수교사 로빈스(C. Robbins)가 발전시킨 음악치료 방법으로 세계적으로 널리 사용되고 있다. 클라이언트의 반응을 이끌어 내고 관계를 형성하며 정서적 · 인지적 · 사회적 및 음악적 목표를 달성하기 위해 **즉흥음악**을 사용한다. NRMT는 **주 치료사**가 클라이언트의 즉각적인 필요와 치료 목표를 고려한 음악을 **즉흥적**으로 연주하며, **협력 치료사**는 노래, 신체 및 음성적 신호와 동작 경험을 이용해 클라이언트가 음악과의 관계를 형성하고 발전시켜 나가도록 돕는다. **치료사**는 음악을 만드는 과정에서 임상적 방향과 직감의 기반을 가지고 **적극적인 음악 만들기**에 **관여**하며 구체적으로 이끌 수 있어야 한다. 음악은 치료적 성장을 위한 **자극**과 **반응**으로 사용되고, 언어적 상호작용은 **최소한**으로 하며, 치료 안에서의 음악이 아닌 **치료 도구로서 음악**을 사용한다(김영신, 2006).

- **비관련적 즉흥연주**는 소리나 음악 이외에는 어떠한 관련도 짓지 않으면서 악기를 사용해 즉흥적으로 창작해 간다. 또한 성악적 즉흥 종류로는 솔로, 듀엣, 그룹성악 즉흥이 있으며 말이나 이미지를 가지지 않고 소리만으로 음악을 만들어 간다.
- **관련적 즉흥연주**는 음악 외적인 것을 소리로 구상화하기 위해 악기를 사용하여 즉흥연주한다. 제목, 이야기, 아이디어, 이미지, 사람, 사건, 느낌, 경험 등을 참조하여 음악을 만들어 간다. 종류로는 솔로, 이중주, 합주가 해당되고 각각은 관련적인 아이디어들이 어떻게 지각되고 음악적으로 투영되는지를 암시한다.

- **신체 즉흥**은 몸을 치면서 각종 신체음(손뼉치기, 손가락 스냅, 두드리기)을 내는 것으로 즉흥연주한다.
- **복합 매체 즉흥**은 목소리, 신체음, 악기 및 또는 합성음을 이용하여 즉홍연주한다.

(3) 작곡기법

클라이언트가 작곡기법의 과정과 작품을 만드는 경험은 클라이언트의 구조화 능력, 문제 해결력, 책임감, 의사소통 기술들을 촉진할 수 있다. 기악곡 작곡이나 음악자서전, 특히 노래 만들기는 가장 널리 사용하는 기법 중 하나이다. 노래가사를 통해 치료적 주제를 탐구하고 부분을 전체로 연합시키고 통합하는 능력을 발달시키도록 한다. 노래를 따라 부르고 가사에 대해 이야기하는 것은 언어로 대화하는 것보다 가사라는 매개체를 통해 더욱 안전하게 자신의 생각을 표현할 수 있고 효율적으로 환자와 유대관계를 형성하면서 즐거움도 공유할 수 있다. 그룹 활동을 통해 느낀 감정과 새로운 마음의 상태를 노래 가사로 적은 후 음악치료사가 곡을 함께 노래하면서 자신이 만든 글을 다시 음미하게 하기도 하는데 이 경우 대개 음악치료를 통해 나타난 긍정적인 상태들이 노래로 불려지게 된다. 이렇듯 개별 세션이나 그룹 세션에 참여하는 클라이언트는 개인적인 상상 속 아이디어나 생각, 선택 등을 통해 음악 또는 가사의 구조를 만들어 간다. 치료사는 클라이언트의 음악적 참여 정도를 파악하여 노래, 가사나 악곡 창작 등의 음악적 생산물을 만드는 데 필요한 기술적인 부분도 돕는다.

- **노래 만들기**는 치료적 목적을 위해 치료사와 함께 노래를 만들어 가는 일련의 과정을 의미한다.
- **노래변형**은 기존에 있는 노래구조에 노랫말을 새로 쓰거나 음악적 요소

들을 바꿔 자신만의 노래로 만드는 것이다.

- **성악 · 기악곡 작곡**은 치료사의 기술적인 지원을 받아 독창적인 노래나 기악곡을 전체 또는 일부를 작곡한다.
- **기보 활동**은 악보법을 만들고 그것을 이용하여 곡을 작곡하거나 이미 작곡된 곡의 악보를 적는다.
- **음악자서전**은 음악 노래구조에 자신의 생애와 관련된 내용을 가사로 만드는 것이다.

(4) 감상기법

음악을 **감상**하는 것은 음악이 주는 느낌을 통해 클라이언트로 하여금 기분전환과 긴장이완, 많은 **이미지**들을 떠올릴 수 있도록 한다. 음악은 사고와 감정을 불러일으키는 **감정적 언어**이기 때문에 클라이언트의 감정표현과 자아인식 증진을 돕고, 음악을 통해 음과 강약을 구별하여 들음으로써 **수용력**을 향상시킨다. 이와 함께 우리가 가진 생체리듬이 외부에 들리는 음에 의해 반응함으로써 특정한 몸의 반응을 유발하게 한다. 이렇듯 클라이언트는 **감상자**로서 음악을 감상하며 이를 통해 기억, 연상, 회상들과 신체적 이완이나 관찰이 어려운 내적 반응인 **내현적 반응**을 일으킨다. 또한 소리에 박자를 맞추는 동작과 같은 **외현적 반응**을 나타낸다. 이와 같이 **감상기법**은 음악의 신체적, 감정적, 지적, 미학적 또는 영적 측면을 강조하며 클라이언트는 음악에 대한 반응을 통해 치료적 도움을 받게 된다. 특히 **유도된 심상과 음악**(Guide Imagery and Music; 이하 GIM)은 헬렌 보니(Helen Bonny)가 주창한 것으로 자기탐구, 심리치료, 영적 성장에 관한 접근법이다. GIM은 엄선된 고전음악의 힘과 인간의 상상력을 결합한 것이다. 훈련된 GIM 치료사는 음악을 사용해 클라이언트가 **전환된 의식 상태**(altered state of consciousness: ASC)에 도달하고 유지하도록 도와준다. GIM 세션 중에 떠오르는 **심상**을 통해 인간적인 경험과 초월적인 경험을 하게 된다. 모든 사람은 각자 온전하고 지혜롭고 건강한 부분이 있다는 믿음이 GIM 치료의 핵심이다. 심상은 주로 미해결된, 무의식적이며 심리적인 이슈들을 나타낸다. 음악의 연상작용을 통해 치료사가 클라이언트의 상태 결핍 등을 대화로 이끌어 내는 치료방법이다(문소영, 이윤진, 2011). 음악을 사용하여 무의식을 탐구해 나가는 GIM 과정은 클라이언트가 눕거나 편안한 상태의 자세를 취하고 치료사는 짧은 인덕션(induction)을 제공하여 전환된 의식 상태를 이끈다. 클라이언트는 고전음악의 감상을 통해 심상을 경험하고 그 내용을 치료사에게 전한다. 음악이 끝나면서 일반적인 의식 상태로 돌아와 심상의 의미에 대해 나눈다. 클라이언트는 치료사의 안내하에 자신의 심상을 해석한다.

- 노래토의는 클라이언트와 치료사가 노래를 함께 감상하고 해당 노래가 클라이언트의 삶과 어떠한 관련이나 의미가 있는지 탐구하는 것이다. 클라이언트에게 선택된 노래가 불러일으킨 생각과 감정을 인지, 탐색 및 소통할 기회를 통해 자기 자신에 대한 통찰력을 갖도록 돕는다.
- 노래/음악대화/노래나눔은 클라이언트 혹은 치료사가 다른 사람에게 자신을 표현하거나, 치료적 관계나 과정에서 속마음을 털어놓는 방법의 일환이다. 클라이언트와의 초기 정보수집이나 라포 형성에 효과적이며 치료사가 클라이언트의 음악에 대한 관심이 있음을 인식하도록 돕는다.
- 심상을 위한 감상은 클라이언트나 집단의 심상을 유도하기 위해 음악을 사용하는 것이다. 음악감상과 심상은 자기인식의 확장을 통한 신체적 · 심리적 이완과 웰빙의 도모, 의식의 확장, 창의력 증진 및 다양한 내적 측면들의 통합, 영적 혹은 종교적 깨달음의 도모, 통증이나 메스꺼움의 완화, 수행불안의 완화 등 다양한 목적으로 사용되고 있다.
- 음악과 심상은 치료사가 주의를 기울여 선곡한 음악의 지지와 치료사의

언어적 안내를 통해 유도하는 심상이다. 클라이언트는 의자에 앉거나 최대한 편안한 자세를 취하고 이완된 상태에서 음악을 감상하며 심상 경험을 하는데 주로 기악곡으로 이루어진 음원을 사용한다.

- **유리드믹스 감상**은 음악감상을 통해 클라이언트의 성공적인 동작 활동을 보조하기 위함이다. 다양한 유형의 음악을 사용하며 상황에 따라서는 라이브 음악이나 음원을 사용한다.
- **명상적 감상**은 녹음된 음악이나 치료사나 클라이언트가 연주하는 음악을 사용하여 명상을 지원하거나 특정한 아이디어에 주목하도록 한다.
- **자극적 감상**은 감각을 자극하여 주목하게 만들고 현실감각이나 환경을 일깨우고, 에너지의 정도를 증가시키고, 감각운동 활동을 증대시킨다.
- **지각적 감상**은 청각적 주의력, 지각, 구별, 보존 그리고 청각과 다른 감각 방식 간의 관련성을 향상시키기 위한 훈련으로 사용한다.

4장

음악과 인간발달

음악은 인간의 성장과 발달 그리고 건강에 많은 영향을 줄 수 있다. 그 범위는 인간의 발달주기에 따라 교육적인 영향뿐 아니라 치료적인 영향까지 포괄적이다. 크로스(Cross, 2008)는 음악을 공유하거나 그에 적극적으로 참여하는 능력이 건강한 사회에 중요한 메커니즘이 된다고 한다. 음악이 사회적·문화적 장벽을 극복할 수 있는 독특한 능력을 가지고 있기 때문에 유대감을 향상시킬 수 있는 방법임을 강조하고 있다. 이는 음악 그 자체가 세계 공통어이기 때문이 아니라 음악적 공유는 특정한 의도가 없어도 소통할 수 있는 기회를 만들어 주기 때문이다. 노래하거나 함께 리듬을 타며 움직이는 데에는 단지 음악적 요소 이외에 어떤 것도 필요하지 않다. 이러한 방식으로 음악은 사회 정의에 필수적인 사회 수용에 대한 인간의 능력을 보강한다(Cross, 2006). 그러므로 음악은 모든 단계에서 유대감을 증진시킬 수 있고, 지금 진행되고 있는 인류의 진화를 확신하는 데 꼭 필요하다.

이 장에서는 인간의 발달을 생애주기별로 태아 및 신생아기, 영유아기, 아동기, 청소년기, 성인기 그리고 노년기로 나누어 음악이 생애주기별로 어떠한 영향을 미치고 있는지 많은 연구를 토대로 하여 살펴보고자 한다.

1. 태아 및 신생아기

1) 태아기

음악의 힘을 느끼게 하는 곳은 바로 인간이 가지고 있는 뇌 척수의 중추신경계와 자율신경계이다. 중추신경계는 주로 머리나 등 한 곳에 밀집되어 있으나 자율신경계는 머리끝부터 발끝까지 모든 곳에 널리 퍼져 있다. 임부와 태아는 탯줄에 의해 감정을 서로 느끼고, 태반 내에서 울리는 진동, 소리 등 바깥이나 임부의 몸 안에서 일어나는 모든 느낌을 교감한다. 그렇기에 임부와 태아의 정신과 육체는 밀접한 관계를 가지고 있다. 태아는 엄마의 뱃속에서 사람 몸의 구조를 갖추어 가면서 뇌 신경계와 자율신경계의 발달을 위해 노력한다. 이때 신경계의 원활한 활동을 위해서 적절한 자극이 필요하며, 엄마와 태아가 서로 깊은 교감을 가지고 의사소통을 함으로써 태아는 엄마의 말과 감정을 느끼게 된다. 따라서 태아를 위한 의미 있는 태교는 임부의 편안한 마음가짐으로부터 시작된다고 할 수 있다.

태아는 대체로 약 1~3개월 사이에 진동을 느끼며 소리를 의식하기 시작하는데, 이때부터 태아는 엄마의 목소리, 음악소리, 소란 등 온갖 소리를 듣게 된다(신매희, 2002). 3개월째부터 청각의 기능이 확실해지고 음악의 한 요소인 생체리듬에 대한 감각도 발달한다. 태아가 양수 속에서 둥둥 떠다니며 헤엄을 치는 것이 그 예라 할 수 있다. 이 시기의 태아는 엄마의 움직임이 부드럽다든지 빠르다든지 하는 느낌을 자각하기 시작하며, 양수 속에서 소리와 리듬에 대한 감각을 발달시키는 단계에 이른다. 5개월째가 되면 태아는 소리와 함께 멜로디에도 반응하게 되는데 안정된 음색이 태아를 안심시키는 반면, 불규칙한 소리는 불안을 불러오고 태아의 머릿속에 기억된 불쾌감이 노이로제 증상을 유발할 수도 있음이 밝혀졌다(주정일, 1993). 태내 환경이 좋지 않은 상태에서 출산한 아기들에게는 신경과민 증상이 많은데, 임부의 정서적 혼란은 태아에게 심리적인 이상 상태를 유발시킬 뿐만 아니라 신체적 장애까지 일으킬 수도 있다.

태내의 아기에게 음악을 들려주면 청각을 자극하고, 태어나서 음악에 긍정적인 반응을 한다는 사실이 과학자들에 의해 밝혀졌다. 태아의 뇌파를 조사한 결과 평온하고 기분 좋은 소리가 들리면 몸에 좋은 알파(α)파가 나오고, 귀에 거슬리는 소리가 들리면 몸에 해로운 베타(β)파가 나온다는 사실이 입증되었다. 알파(α)파란 사람이 편안한 마음으로 휴식을 취할 때 또는 최면 상태에서나 명상 중에 나타나는 일종의 뇌파로, 주로 8~13Hz 범주의 파동 형태를 취하는 파를 말한다. 알파(α)파는 갖가지 호르몬 분비를 촉진시켜서 뇌 발육을 돕는 환경으로 바뀌고, 음악을 들으면 뇌는 이러한 알파(α)파가 주도하는 환경으로 바뀐다. 특히 클래식 명곡들을 들을 때 이러한 효과가 더욱 나타나는데, 이는 명곡들이 자연의 소리에 가깝기 때문이다. 또한 한 연구에서는 알파(α)파가 뇌 안의 천연적으로 분비되는 엔도르핀 분비를 촉진시키며, 그 효과로 행복감이 생기고 불안한 심정이 없어진다고 한다. 알파(α)파가 많이 나타날수록 학습 능력, 잠재 능력, 창조력이 증진된다는 연구보고도 있다(박문일, 2000).

음악은 소리의 아름다운 진동으로 배 속의 태아에게 전달되어 태아의 선천적 지능 계발과 성격 형성에 영향을 미친다. 음악을 듣고 자란 태아는 정서적으로 안정된 상태를 유지하며 뇌 기능이 발달해 집중력이 강한 아이로 태어난다(김보민, 2010).

음악은 감각의 언어이며 인간 상호 간에 인격과 이상의 교류를 돕고 임부와 태아 사이에서 교감신경으로 작용하여 성격 형성에 중요한 영향을 끼치게 된다. 태아 때 좋은 음악을 많이 접했던 아기는 음악을 통해 뇌의 활성 호르몬 분비를 촉진시켜 몸의 긴장을 풀고 심리적 안정감을 갖기 때문에 작은 일에 스트레스를 느끼지 않으며 밝고 긍정적인 성격을 가진 아이로 자라게 된다. 또한 음악이 뇌세포에 자극을 주어 우뇌가 발달하여 지능발달이 빠르고 감수성이 풍부하며 창의력이 발달하고 말을 배우는 시기도 앞당길 수 있다.

임부의 자궁은 태아가 생명을 얻어서 처음으로 언어를 배우는 공간이기 때문에 태아에게 자장가를 들려주는 것은 매우 중요하다. 잉태한 지 3개월이 지나면 태아의 청각기관이 발달되어 엄마의 피부를 통해 외부의 소리를 들을 수 있게 된다. 따라서 엄마의 감정, 생각, 언어는 태아에게 충분히 전달될 수 있다(김현진, 2018).

태교음악은 임신 중에 지속적으로 들어야 하는 음악으로 태아의 다양한 경험을 위해 여러 장르의 음악을 한꺼번에 들려주는 것보다는 임부가 좋아하는 음악을 반복해서 들려주는 것이 더욱 효과적이다. 태교음악으로는 선율이나 리듬이 부드럽고 조용한 것이 좋으며, 임부의 심박동 소리와 근사한 빠르기인 1분에 60~70박 정도의 빠르기 음악을 선택하여 임부와 태아의 심신에 안정감을 주도록 하는 것이 좋다. 엄마의 심장 박동 소리와 유사한 박자의 서양 클래식 음악이 많이 권장되고 있으며, 전통음악(국악)이나 자연의 소리, 동요 등도 좋은 태교음악이 될 수 있다. 무엇보다 임부가 음악을 접함에 있어서 거부감이 들지 않고 편안함과 즐거운 느낌을 받는 것이 중요하다.

2) 신생아기

신생아는 독립적으로 생존이 가능한 생후 한 달까지의 영아를 의미한다(최정수, 배종우, 장윤실, 이난희, 홍원란, 2012). 출생 시 신생아의 청력은 충분히 발달되어 있지 않을지라도, 신생아는 어떤 소리를 다른 소리와 구별할 수 있으며 소리의 근원을 찾을 수도 있다(Leventhal & Lipsitt, 1964; Standley & Madsen, 1990). 신생아는 출생 시에도 소리 세기의 차이를 구별할 수 있으며, 주파수의 넓이에도 민감하다. 저주파수의 자극을 고주파수의 자극보다 더 빨리 감지한다. 주파수 범위가 넓게 퍼져 있는 음악과 증폭된 낮은 음이나, 높은 음에서 낮은 음으로 내려가는 소리는 미숙아들에게 음악적인 자극의 효과를 더욱 증가시킨다(Lorch, Lorch, Diefendorf, & Earl, 1994). 150Hz 음색은 500Hz 음색보다 아기를 달래 주는 데 더 효과적인데 저주파 소리들은 아기의 고통을 막아 주는 데 더 효과적이고 고주파(400Hz) 소리들은 고통을 야기하는 경향이 있다. 신생아는 자궁 내 환경에서 듣던 강도 때문에 저주파수를 좋아한다(Watterson & Riccillo, 1985). 신생아는 정상적인 대화에서 소리의 세기에 특히 민감한데, 62dB 정도일 때 호흡 수에 변화가 오는 것으로 보아 이것이 신생아에게 가장 알맞은 목소리 강도라고 밝히고 있다(Suzuki, Kamijo, & Kiuch, 1964).

신생아는 산모의 심장 박동 소리를 태내에서부터 들어와서 규칙적인 리듬에 익숙해져 있다. 또한 고유한 멜로디와 리듬은 신생아를 돌보는 중요한 역할을 한다. 구체적으로 규칙적인 리듬과 느린 템포, 반복적이고 레가토적인 멜로디로 이루어진 진정시키는 음악은 부교감신경에 영향을 주어 신생아를 보다 편안하고 안정된 상태로 유도할 수 있다(최병철 외, 2015).

리드미컬한 말과 노래는 아기들의 움직임을 구조화시켜 주고, 언어발달과 신경학적 발달을 촉진시킨다. 또 신생아는 어머니의 목소리 자극을 더 선호하기 때문에 빠는 행동도 다르고, 청각 자극이 제공될 때 울지 않고 조용한 상태가 더 연장된다고 한다(DeCasper & Fifer, 1980).

폴베리니-레이(Polverini-Rey, 1992)의 연구에서는 출생 후 최초 9주 동안 자장가를 매일 들려준 결과 생후 4주부터 신생아의 울음이 현저하게 감소되었다고 한다. 이는 체계적인 학습 활동의 시작이 기대했던 것보다 훨씬 빨리 시작됨을 보여 준다. 서로 다른 음악에 대한 반응으로 어떤 특별한 곡이나 작곡가들의 곡을 더 선호하고 있음이 태아에게서도 관찰된 적이 있다(Olds, 1986).

진정시키는 음악, 자극시키는 음악, 간헐적인 전자음악에 대한 아기들의 시각고정 시간을 측정한 연구에서, 진정시키는 음악은 시각고정 시간을 연장시켜 주고 자극적인 음악은 이와 같은 습관을 갖는 데 훨씬 많은 시도가 필요하였다. 생후 8주 된 36명의 영아들은 진정시키는 음악이 들릴 때 더 오랫동안 시각을 고정하였으며 음악을 들을 때 오랫동안 움직임 없이 누워 있는 것이 관찰되었다(Tims, 1978). 생후 2~3개월 된 아기에게 2개의 서로 다른 음색으로 이루어진 음들에 대한 반응으로 조건 반사된 눈 깜박임을 관찰한 결과, 영아가 서로 다른 음색을 구별할 수 있다는 것과 2개월 된 영아는 음악을 들을 때 주의 깊게 듣기 위해 눈을 고정한 채로 누워 있다는 것을 보여 주었다(Michel, 1973).

케인(Caine, 1991)은 중환아실의 미숙아(재태기간 37주 미만의 신생아)와 저체중아(출생체중이 1,500g~2,500g 미만의 신생아) 52명을 실험집단(남아 11명, 여아 15명)과 통제집단(남아 11명, 여아 15명)으로 나누고 두 집단을 성별, 체중별, 진단별로 동일하게 배치하여 실험집단에는 성악으로 연주되는 음악 자극인 자장가, 어린이 음악과 일상적인 청각 자극을, 통제집단에는 일상적인 청각 자극만을 제공하였다. 대상자의 스트레스 행동, 몸무게, 칼로리와 분유 섭취, 입원기간의 변화를 측정한 결과, 음악 자극이 평균 몸무게를 증가시키고 칼로리 섭취를 증가시켜 입원기간이 단축됨을 보고하고 있다. 또한 중환아실 입원기간이 유의미하게 감소되었으며 스트레스 행동에 대한 집단의 평균값이 유의미하게 감소되었다.

노래로 불리는 자장가도 신생아를 평온하고, 편안하게 하고, 달래 주는 것으로 알려지고 있다. 34주 이전에 출생한 16명의 고위험 신생아에게 자장가를 들려주며 그것이 빠는 횟수에 영향을 미치는지 관찰한 결과, 자장가가 빠는 행동의 강화제 역할을 하여 빨기 횟수가 증가하였다(Standley, 2003). 국내 연구로는 산모의 자장가 노래를 고위험군 신생아에게 들려준 연구에서 가사를 들려준 고위험군 신생아(재태기간이 37주 미만이고, 출생체중이 2,500g 미만인 경우의 신생아)의 심장 박동수는 증가한 반면 노래를 들려준 경우는 심장 박동수가 감소되었다고 보고한다(주지은, 2017). 이와 같이 여러 연구가 평온의 효과를 실증해 주고 있으며, 신생아뿐 아니라 출산 전 모든 발달단계의 태아들에게서도 청각 자극에 대한 감수성이 있음을 밝히고 있다(Polverini-Rey, 1992). 정규적인 리듬(자장가들, 메트로놈 소리, 심장 박동 소리)과 같은 계속된 청각 자극도 모두 같은 정도로 아기들을 잘 달래 주는 것으로 보인다.

생후 2개월 된 아기의 옹알이는 빨기, 내뱉기, 삼키기, 깨물기, 씹기, 숨쉬기 반사의 과정으로 이루어진다. 행복한 독백성 옹알이는 부드러운 성대 발성에서 나오는데 이것은 불편함으로 인한 분노성 울음인 딱딱한 성대 발성과 구별된다. 이 옹알이 단계에서의 독특한 진동이 '노래 부르기'의 첫 시작인 셈이다. 3~6개월 된 아기들이 노래의 음정에 맞춰 음성표현(vocalization)을 할 수 있음을 보여 주고 있다(Wendrich, 1981).

2. 영 · 유아기

음악적 능력은 태어나면서부터 잠재되어 있으므로 적절한 시기에 풍부한 음악적 환경을 만들어 주면 음악적으로 크게 성장될 수 있다.

유아는 본능적으로 자기만의 억양과 단어로 흥얼거리고 소리 만들기를 즐거워하며 몸으로 표현하기를 즐거워한다. 다른 사람의 동작을 보는 것을 좋아하고 그것을 모방하는 것 또한 흥미로워한다. 이러한 영·유아기의 풍부한 모방성, 왕성한 활동력, 섬세한 리듬감을 반영한 음악적 활동은 이 시기에 필요한 감각적 자극을 주고 신체 움직임을 유발할 수 있다. 나아가 다양한 정서적 경험을 제공하고 예술적 체험을 통한 심미감 발달에도 긍정적인 영향을 줄 수 있다.

1) 음악과 인지 및 언어 영역

(1) 인지 발달

그린버그(Greenberg, 1979)는 음악 경험이 유아의 사고력, 문제 해결력, 소리에 대한 이해력 발달을 자극하고, 자신이 지각한 바를 관계, 비교, 개념의 체계로 조직하도록 자극하기 때문에 지적 성장을 촉진할 수 있다고 한다. 즉, 음악 활동은 유아의 음에 대한 변별력과 정확하게 음을 찾아내는 인식력, 특성에 따라서 음을 범주화할 수 있는 분류 능력, 음을 차례로 나열할 수 있는 서열 능력, 음을 기억하고 재생할 수 있는 기억과 재생 능력 등을 통해서 직관적 사고의 발달을 향상시켜 준다고 밝히고 있다.

또한 다양한 악기를 이용한 음악 활동들은 색깔과 모양 알기(사물 구분), 사물을 크기, 숫자, 특징 등으로 구분하기(연속 배열), 위/아래 그리고 안/밖에 대해 인식하기(공간 관계), 첫째, 둘째, 마지막 사이의 다른 점 구별하기(시간 관계)와 같은 학습적인 개념들을 가르치는 데 사용된다(Gfeller, 1990).

유아가 특정한 학습 개념을 습득하기 위한 음악 활동을 다음과 같이 제시하고 있다(Davis, Gfeller, & Thaut, 1999/2002). 간단하거나 복잡한 단계의 지시에 따라서 악기를 가리키거나 연주하기, 다른 소리가 나는 악기들로 구분하기, 다른 모양의 악기들로 구분하기, 악기 이름을 구분하기 등의 활동을 할 수 있으며, 숫자 개념의 형성을 위해서 악기를 제시된 숫자대로 연주하기, 수가 많은 악기를 가리키기 등의 활동을 할 수 있다. 또한 유아는 다른 색으로 구별된 악기들이나 다른 색이 칠해진 낱건반 혹은 색깔 있는 그림 음악기호들을 이용한 활동을 통해서 색깔 개념을 형성하고 구별력을 키울 수 있다.

이와 같이 유아는 음악 활동을 통해서 다양한 개념을 인식하고, 분류 및 서열에 대해 이해할 뿐 아니라, 유아가 활동할 때 집중할 수 있는 환경을 음악으로부터 제공받는다. 대로(Darrow, 1976)는 악기를 개념에 따라 분류하면서 소리를 감상해 보고 연주하는 활동을 통해 비음악적 정보를 배우게 되는데, 이때 음악 활동에 참여하는 즐거움이 유아를 집중시키고 과제 수행을 강화한다고 하였다. 음악은 언어만으로 충분하지 못할 때 주의력과 집중력에 도움을 줄 수 있으며, 아이들에게 듣고자 하는 의지를 증가시키고, 지루함을 감소시키기 때문에 주어진 과제에 집중하도록 도울 수 있다(Alvin, 1978; Boxill, 1985/1994; Nordoff & Robbins, 1971).

이와 같이 음악은 유아가 인지 영역의 발달을 위해 학습을 하고 개념을 습득하는 데 효율적으로 사용될 뿐 아니라, 유아의 행동과 학습을 위한 보상과 강화제로도 사용할 수 있다. 대로(Darrow, 1976), 매드슨과 울프(Madsen & Wolfe, 1979)에 의하면, 음악은 인간이 가치 있게 여기는 즐거운 자극물이며 여러 사람에게 사회적인 행사이고, 그렇기 때문에 음악을 듣거나 음악 활동에 참여할 수 있는 기회는 행동수정 프로그램에서 강화제, 즉 보상으로써 사용될 수 있다. 또한 음악은 적합한 행동을 강화하는 효과적인 보상이 될 수 있을 뿐 아니라 교육과정에 다양함과 즐거움을 주고 반복과 훈련의 지루함을 감소시켜 줌으로써 유아 학습의 질을 향상시키는 데 효과적일 수 있다. 음악의 사용은 유아에게 긴장을 완화시켜 주고, 편안한 분위기를 만들어 학습을 촉진시키는 데 유용하다는 것이다.

음악은 기억을 향상시키며 주의 산만을 감소시키고, 음악감상 활동은 듣는 이로 하여금 주의를 집중하고 자신이 들은 것을 순서적으로 기억하게 함으로써 과제에 집중하고 조직화하는 능력을 발달시키는 데 도움을 준다(최병철, 2006). 또한 음악 활동은 기억 전략의 발달과 관련하여 유아들에게 노래로써 지시를 하여 유아가 복합적인 지시를 기억하고 따르는 훈련을 제공하기도 한다. 그리고 유아가 한 손으로 악기를 집어서 들고 일어나서 그림 악보를 보며 다른 한 손으로 두드리기를 하는 것과 같이 음악 활동의 단계적인 과정들이 서로 연결되어 있는 지시에 따르도록 하는 것은 학교생활에 적응할 수 있는 바탕이 될 수 있다(임현정, 2002). 이러한 지시를 기억하고 따르면서 훈련을 완성시키는 경험은 학령 전 유아가 앞으로 시작될 초등학교의 정규 학습을 할 수 있는 기초를 마련할 수 있기 때문이다. 이와 같이 음악은 유아에게 다양한 정보를 기억할 수 있는 기술을 익히고, 기억된 정보를 효율적으로 활용하는 데 효과적으로 사용될 수 있다.

음악과 상징적 사고의 발달과 관련된 연구에 따르면, 유아는 각종 소리를 녹음하여 듣는 활동을 통해서 소리를 추리하고 예견해 봄으로써 상상력과 주의력을 증가시킬 수 있으며, 음악적 게임이나 악기 만들기 등을 통해서 사고와 상상력, 문제 해결의 기회를 얻을 수 있다. 유아는 음악을 듣고 느낌을 말이나 동작으로 표현하기, 음악 만들기 등의 다양한 음악 활동을 통해 자신의 생각과 느낌을 탐색하고, 그것을 자유롭게 독창적으로 표현해 봄으로써 창의적 상상력과 표현력이 발달하고, 창조적 희열 또한 느낄 수 있다(김혜경, 2001).

이러한 점에서 음악극은 유아들의 사회극놀이 경험에 효과적으로 활용될 수 있다. 음악극 안에서 노래하는 것을 통해 이야기의 줄거리를 전달하고 동작을 통한 신체표현과 통합적으로 연결되며, 가상 인물의 역할을 할 수 있는 기회를 가질 수 있기 때문이다(Ames, 1993; Leland & Horste, 1994). 유아의 표상 형태인 가상놀이를 발달시킬 수 있는 음악극은 이야기에 대한 느낌과 생각을 창의적으로 표현함으로써 정서적인 경험과 상상력을 기르고 통합적인 삶에 다가가도록 돕는다(Miller, 1984).

(2) 비언어 및 언어 발달

유아가 정상적인 언어발달을 하기 위해서는 언어 이전 단계에 주의를 집중할 수 있는 능력이 필요하다. 데이비스 등(Davis et al., 1999/2002)은 유아가 다양한 모양과 소리의 리듬악기를 연주하는 활동을 함으로써 **주의집중력**이 향상된다고 하였다. 이러한 활동은 유아로 하여금 어떤 행위(악기를 치는 것)와 그 행위에 따른 소리의 인과관계를 알 수 있게 해 주며, 리듬악기 연주는 유아가 능동적으로 소리를 만들고 만들어진 소리에 귀를 기울이게 함으로써 긍정적이면서도 동기를 유발시키는 경험을 제공한다. 동기유발 수준이 높아지면 주의집중 시간이 짧은 어린 유아들이 활동에 계속 집중하고 참여하는 데 도움이 된다는 것이다. 예를 들어, 유아는 간단한 리듬 패턴을 듣고 모방하여 치도록 하는 음악 활동에서 주의 집중하여 리듬을 듣고, 정확하게 모방한 리듬 패턴이 외부의 음악과 어우러지면서 화음이 만들어질 때 청각적으로 긍정적인 피드백을 조성하게 되고, 이는 유아의 악기연주에 대한 흥미를 지속시킨다. 따라서 유아는 청각 자극에 집중하게 되고, 점점 길이가 확장된 리듬 패턴을 들을 수 있게 되어, 점차적으로 집중력이 향상될 수 있게 된다.

언어 이전 단계의 훈련 중 하나인 유아의 **감각 지각**의 발달을 위해서 다양한 악기를 사용한 접근을 할 수 있다. 북, 피아노, 실로폰처럼 쉽게 만져 볼 수 있고 악기의 표면이 진동하는 특정 악기의 소리들을 통해서 청각적 느낌뿐 아니라 촉각적 느낌을 경험할 수 있다. 이와 같은 촉각적 느낌, 즉 박자를 들으면서 북을 만져 보는 것은 소리의 청각 자극과 함께 촉각 자극을 강화해 줄 수 있다(Fisher & Parker, 1994). 또한 깜빡이는 불빛, 악보 혹은 지시를 보며 주어진 박자를 연주하는 활동은 유아에게 시각적 자극을 주며 이를 통해서 시각과 운동감각의 협응 능력을 향상시킬 수 있다(Davis et al., 1999/2002).

유아의 언어 습득을 위해 필요한 훈련은 다른 이들의 말소리를 모방하는 것이다. 유아는 다른 사람의 말소리를 모방하거나 자기 자신의 말을 듣고 필요한 적응을 해 나가면서 말하는 법을 배우게 되는데, 음악 활동을 통해 언어 이전 단계에서 필요한 상대방의 말소리를 모방하는 훈련을 할 수 있다. 유아가 음악의 리듬과 음의 고저, 박자에 맞춰서 상대방의 소리를 듣고 모방함으로써 타인의 말을 알아들을 때 영향을 주는 말소리의 리듬, 음정, 억양을 자연스럽게 생성할 수 있다(Darrow & Cohen, 1991).

유아는 간단한 리듬과 멜로디 패턴으로 구조화된 노래에 단순한 발성을 넣어서 치료사를 따라 노래하는 등의 활동을 함으로써 자유 발성과 음성 모방 능력의 발달을 촉진시킬 수 있다(Davis et al., 1999/2002).

또한 목관악기의 연주가 조음기관의 운동을 하도록 하며 모방연습이 입술, 혀, 턱 그리고 치아를 자각하고 기능적으로 사용하도록 도움을 줄 수 있다. 리코더나 피리와 같은 관악기의 사용은 유아의 혀, 턱, 치아 그리고 입술의 기능적인 사용과 자각 증진에 도움이 될 수 있으며, 정확한 발음을 낼 수 있는 입 모양의 모방훈련에 도움을 줄 수 있다(임은희, 1999).

음악은 유아의 언어발달을 위해 유용하게 사용될 수 있다. 노래 부르기, 찬트, 악기 연주하기, 음악적 동작하기를 독립적으로 또는 조합적으로 사용할 때 언어 능력을 높일 수 있다(Boxill, 1985/1994). 하딩과 발라드(Harding & Ballard, 1982), 세이볼드(Seybold, 1971)도 노래 부르기는 유아의 자발적인 언어 생성을 자극, 조장, 강화시키는 등 유아의 언어발달에 도움을 준다고 보고하였다. 또한 그랜트(Grant, 1989)는 음악이 의사소통 기술을 가르칠 수 있는 이상적인 도구로 멜로디, 리듬, 템포, 음정, 음의 세기, 그리고 가사 등을 이용하여 유아의 표현 언어(신호를 언어 혹은 비언어적으로 보내는 능력), 수용 언어(신호를 이해하는 능력), 그리고 지시에 따르는 능력을 발달시키며 음악 활동을 통해 소리의 영역을 확장하고 음높이를 구분하며 정확성과 소리의 질을 향상시킬 수 있다고 하였다. 전통적인 언어치료보다 노래를 통한 언어치료 프로그램에 참여한 유아들의 자발적인 언어 사용이 향상되었다(Seybold, 1971). 하딩(Harding, 1989)과 호스킨스(Hoskins, 1988)의 연구에서는 노래 부르기를 활용한 활동이 유아의 표현 언어 향상과 언어의 명료성 증가를 나타냄으로써 언어발달을 향상시킬 수 있는 효과적인 프로그램임을 보여 주고 있다.

노래 부르기와 관련하여 멜로디뿐 아니라 음악의 리듬을 사용하여 가사를 따라서 부르는 유의미한 경험은 유아가 음운을 습득하는 데 효과적인 방법이 될 수 있다. 리듬을 이용한 테크닉은 유아가 말을 리드미컬하게 하거나 아주 강한 멜로디를 따라 하게 함으로써 정확한 발음으로 음운을 습득하도록 하며 정상적인 음높이, 크기, 속도로 발음할 수 있도록 한다(Cohen, 1994). 유아가 신체를 타악기처럼 사용하여 리듬치기, 소리내기 등의 통합된 찬트나 노래를 하는 테크닉을 통해서도 발화를 격려하고 음운의 발달을 가져올 수 있다(Davis et al., 1999/2002).

유아는 가사와 음악을 만들어 가는 과정을 통해서 자신의 생각을 이야기하고, 주제와 관련된 언어 교류를 경험함으로써 적절한 어용론의 발달을 가져올 수 있다(Davis et al., 1999/2002). 유아는 음악적 교류를 통하여 의사소통하는 방식을 터득함으로써 점차 사회적으로 통용되는 의사소통을 익힐 수 있으며, 유아가 즐기는 노래 부르기를 통해 사고와 느낌을 표현할 수 있다(Cohen, 1994). 유아는 타인과 악기로 음악적으로 교류하기, 동료와 함께 구조화된 노래에 맞춰서 율동하고 신체적 교류하기, 제시된 리듬이나 멜로디 패턴을 동료와 번갈아 가면서 연주하기, 동료와 정해진 부분을 노래하면서 음악을 완성하기와 같은 음악적 교류를 통해 어용론의 발달에 필요한 규칙들을 습득할 수 있다.

2) 음악과 정서 및 사회 영역

(1) 정서 발달

유아기에는 우뇌발달이 우세하므로 정서적인 지원이 필요하다. 음악은 뛰어난 정서적인 예술이기에, 유아기의 음악적 경험은 다른 어떤 분야의 형태보다 더 효과적일 수 있다. 음악은 감정표현과 오랫동안 연결되어 왔으며, '감정의 언어'라고도 불려 왔다(Winner, 1982). 음악은 사람에게 정서적인 안정감과 풍요로움을 줌으로써 무의식 속에서 진실함과 아름다움을 접할 수 있는 기회를 제공하며, 음악을 통해서 삶을 감성적으로 향유할 수 있는 정서적 능력과 태도를 기르게 된다(안재신, 1996).

유아는 자신이 경험한 정서를 음악적으로 표현하면서 정서 발달이 더욱 촉진될 수 있다. 음악은 평범한 대화를 통해서는 쉽게 표현할 수 없는 감정이나 생각을 표현하는 매체이기 때문에 감정의 전달자로서 사회 안에서 중요한 역할을 하며(Radocy & Boyle, 1997), 음악으로 자신을 표현하고자 하는 감정적 욕구는 유아의 정서적 성숙에 도움을 주고 정서적 만족을 경험하도록 돕는다(임현정, 2002). 뿐만 아니라 음악은 유아가 다양한 정서를 이해하고, 타인의 정서를 이해하는 능력의 발달을 촉진하는 데 도움을 줄 수 있다. 유아는 음악적 경험을 통해서 감정의 경험을 촉발시키고, 자신의 내면세계를 깊이 경험하며 더 나아가 타인의 느낌과 감정을 수용하는 단계에 이를 수 있게 된다. 예를 들어, 유아는 다양한 음색, 화성, 멜로디, 조성으로 구성된 여러 장르의 음악을 들을 때 자신의 내부에서 일어나는 감정을 인식하게 된다. 이때 유아는 악기를 사용하여 자신의 정서를 음악적으로 표현하는 과정을 통해서 자신의 정서를 적절히 조절하게 되고, 타인의 감정을 이해하며, 적절한 반응을 보일 수 있는 능력을 향상할 수 있게 된다.

유아의 정서 조절 능력과 관련된 연구를 살펴보면, 음악은 유아 자신의 감정을 자연스럽게 표현하게 할 뿐만 아니라 타인의 감정을 민감하게 의식하게 함으로써 보다 성숙한 감정의 표현 및 통제를 발달시키도록 돕는다. 유아의 정서 조절 능력은 유아가 음악과 신체를 연결하여 표현하기, 감정 상태를 언어화하기, 감정의 상태가 표현된 시각적 그림과 음악을 연결하기 등의 학습 과정을 통해 이루어진다(Davis et al., 1999/2002).

더 나아가 유아는 가사 분석, 노래 만들기, 음악 감상과 같은 활동들을 통해 자극을 받은 정서들이 적절한 방식으로 표출될 수 있도록 하며 정서를 이용하여 문제 해결의 기회를 제공받을 수 있다. 음악의 미적 경험은 유아가 긴장을 해소시키고 파괴적 충동을 완화하며 자아 내부의 여러 가지 갈등을 정화시켜서 통일과 조화의 상태를 유지하게 할 수 있다(최병철, 2006). 또한 음악적 활동은 스스로를 타인의 입장에 서게 하는 능력을 갖게 하여 긍정적인 대인관계를 형성하도록 돕는 등 인간의 정서적 반응을 이끌어 내고 조절시키는 데에 큰 도움이 된다. 음악은 마음의 움직임을 질서 있게 배열하는 것으로 음악 활동에 참여하는 유아로 하여금 자신의 정서와 접촉하고 통합하며 타인과 적절한 관계를 통해서 조절하는 것을 도와준다(임은희, 1999).

이와 같이 유아는 음악을 통해서 다양한 정서와 감정을 학습하고 경험하며 그것을 음악적으로 자유롭게 표현함으로써 조절 능력이 발달한다. 또한 유아는 타인에 의해 표현된 음악을 듣고 정서를 유추하여 적절한 반응을 함으로써 감정적 공감 및 사회적 교류 능력이 발달하게 된다.

(2) 사회성 발달

음악 활동은 유아들이 적절한 사회생활을 하기 위해 필요한 자긍심과 자아개념을 향상시키는 데 긍정적인 역할을 한다. 유아는 음악 활동에 참여하면서 다양한 악기를 사용하게 되는데 이때의 악기들은 특별한 기술 없이 즉흥적으로 성공적인 연주를 가능하게 한다. 이러한 경험은 유아의 만족감을 증진시키고 긍정적인 자아개념을 향상시키도록 도와준다. 또한 가사 만들기 활동은 유아가 환경과 내면의 상태를 표면화시켜 객관적인 시각으로 재구성할 수 있도록 돕고, 사고와 느낌의 표현을 위한 융통적이면서도 구조화된 음악적 환경의 틀을 제공하게 된다. 특히 유아들은 과제 자체의 완성을 통해 자아존중감을 증가시킬 수 있다(Boxill, 1985/1994). 유아들이 익숙한 노래에 자신과 관련된 내용이나 생각을 가사에 넣어서 부르는 가사 만들기 활동을 함으로써 내면의 사고와 느낌을 표현하게 되고, 가사를 만드는 음악적 행동이 하나의 노래로 완성됨을 경험하여 성취감을 느끼게 되는 것이다.

유아는 그룹 안에서 자신이 좋아하는 음악을 악기로 연주하는 활동에 적극적으로 참여하고 음악을 완성함으로써 긍정적인 자아개념과 자긍심이 증진되며, 즉흥연주 활동을 시행하여 자신만의 음악을 만드는 경험을 통해서 자아개념을 향상시킬 수 있다(김계영, 2000).

유아가 또래와 관계를 형성하는 데 있어서도 음악은 효과적으로 사용될 수 있다. 음악은 유아가 또래와 함께 협동적인 그룹의 과제를 수행하도록 하며, 구성이 잘된 음악 활동은 유아에게 차례를 지키거나 다른 이들에게 집중하기, 지시 따르기, 서로 나누기, 그룹의 목표를 위해 협동하기, 적절하게 감정을 표출하기와 같이 또래와 관계를 유지하면서 하나의 음악 작업을 완성하는 기회를 제공해 준다(Darrow & Gfeller, 1991). 따라서 이런 경험을 통해 유아는 또래 집단에 참여하기 위한 기술과 사회적 적응을 하기 위한 기술을 습득하게 된다.

유아는 음악 합주 활동을 통하여 하나의 음악을 완성해 나가는 과정을 경험하면서 자신의 내적 욕구를 통제하는 능력을 발달시키고 타인과 상호작용하는 기술을 익히게 된다. 이를 통해 타인을 이해하고 존중하는 자세를 갖게 될 수 있다. 즉, 음악 합주 활동은 유아가 타인과 함께 조화를 이루는 협동심, 책임감, 단결심 등을 길러 주고, 인내심, 절제심, 융화 능력, 도덕성 훈련,

집단생활을 하기 위한 올바른 태도를 형성시켜 주며, 규칙적인 생활 습관, 자기 욕구를 조절하는 능력, 소유물을 구분하는 능력 등을 키워 준다(김정화, 1995). 이러한 능력들이 점차적으로 발전하여 타인에 대한 이해를 넓히게 되고, 더 나아가 가족, 사회, 국가 등에 의한 공동체 의식을 돈독히 할 수 있게 되는 것이다.

유아가 사회성 발달을 위해 음악 활동에 참여할 때, 음악 자극은 그룹 안에서 유아 스스로를 적극적으로 참여하도록 유도한다. 대부분의 유아가 음악 집단에 참여하고 싶어 하고, 집단에 남아 있기 위하여 부적절한 행동을 수정할 뿐만 아니라 음악을 만드는 것을 즐기기 때문에 대부분의 음악 활동에 참여하는 동안 유아들은 기다리고 협력하는 것과 같은 긍정적인 행동을 유지할 수 있다(Radocy, 1998). 또한 음악 활동에서 유아는 집단 구성원으로서 사회에서 인정받는 방법으로 행동을 연습해 볼 수 있는 기회를 갖게 되며 서로의 행동을 모방하게 되고, 반복되는 활동에 참여하면서 그 속에서 규칙을 익히고 따르게 되며 집단의 결정을 따를 수 있게 된다.

3) 음악과 신체 및 운동 영역

(1) 대근육 발달

유아는 움직임을 통해서 자신과 외부세계를 지각하며 신체와 공간에 대한 기본 이미지를 발달시키고, 반복적인 움직임 속에서 자신의 신체를 조정하는 능력과 다양하게 움직이는 방법들을 발견하고 새로운 운동 기능을 습득하게 된다(황순각, 2003).

음악은 시간 순차적이며 하나의 주제를 완성하기 위해서 어떠한 방해 없이 계속 이어지므로, 반복적인 신체 움직임을 돕는 데 효과적인 자극제의 역할을 한다(Thaut, 1988). 또한 정기적으로 발생하는 음악의 리듬은 유아가 특정한 때에 움직일 수 있도록 신호를 주는데, 이때 정기적인 리듬의 신호는 신체적 움직임을 조절하는 신경계 시스템에 유아가 움직이는 시간을 제시하며 용이한 움직임을 유도하게 하는 등 유아의 운동발달에 긍정적인 영향을 미친다(Davis et al., 1999/2002). 그리고 음악은 운동신경의 용이함과 더불어 피로와 같은 운동 수행 능력에 영향을 미치는 심리 · 생리학적 요인들에 영향을 미쳐서 유아가 쉽게 피로를 느끼지 않고 운동을 수행할 수 있도록 돕는다. 이와 같이 음악의 청각적 자극은 움직임을 위한 활성제로 사용되며, 유아가 움직이는 신호를 제공하여 음악에 맞춰서 걷기, 뛰기(jumping), 달리기 등을 배우는 데 구조와 동기를 준다. 이러한 기능들은 신체 이미지, 균형, 이동, 민첩성, 유연성, 힘, 측면이동, 방향성 개념의 인지와도 관련이 있다.

유아의 대근육 운동발달에 있어서 중요한 측면 중 하나는 적절한 때에 맞춰서 조화가 잘된 동작을 수행하는 것이다. 즉, 동작을 하기 위해서 필요한 여러 근육이 정확한 때에 움직여져야 한다는 것이다(Davis et al., 1999/2002). 유아가 대근육 발달을 위해 음악에 맞춘 움직임을 할 때, 음악은 박자를 맞추고, 속도를 맞추며, 근력에 활력 있는 신호를 제공하기 위한 움직임의 반주로써 사용된다(Thaut, 1988). 또한 음악은 유아가 움직이기 위한 적절한 시간을 제시하여 움직임을 예견할 수 있도록 하고, 공간적으로 조화롭고 구조화된 움직임을 할 수 있도록 속도조절자(pacemaker) 혹은 속도유지자(timekeeper)로서 매우 효율적으로 사용될 수 있다. 그리고 리듬감이 있는 음악은 근육 자체의 움직임에 영향을 주게 되고, 움직임이 리듬과 동시에 진행될 때 근육은 점점 활성화되고 효율적으로 활동할 수 있으므로 유아의 보행발달을 촉진할 때 매우 효과적으로 사용된다.

음악에 맞춰서 움직이는 활동을 함으로써 유아는 근육의 발달뿐만 아니라 감각 운동신경의 통합까지도 발달이 가능하다. 유아는 음악에 맞춰 움직이면서 움직임과 청각적 신호를 통합하는 법을 배울 수 있다(Thaut, 1988). 예를 들어, 음악이 연주되면 움직이고 음악이 멈추면 움직임도 멈추도록 하거나 트릴(trills)을 할 때는 돌고 멜로디가 전개되면 달리며 음의 간격이 다른 멜로디 패턴이 교차되면 점프하거나 코드를 펼쳐서 연주되면 팔이나 다리를 뻗어 움직이는 것이다.

이와 같이 음악은 근육을 활성화시키고 움직임의 신호로 사용될 수 있다. 안정적인 음악의 템포와 일정한 리듬, 멜로디 패턴 등의 음악요소를 활용한 신체활동은 유아를 즐겁게 움직임에 참여하도록 유도하여 균형 있고 안정된 대근육 발달을 도울 수 있다.

(2) 소근육 발달

유아는 간단한 리듬악기를 경험함으로써 제한된 소근육의 발달을 촉진할 수 있다. 유아는 소리를 내는 모든 물체에 매우 흥미있어 하며, 기회가 되면 자발적으로 소리와 리듬, 음색을 탐색하며 즐기므로 활동에 대한 내재적 동기를 유발하는 환경에서 악기연주를 통한 소근육 발달을 향상시킬 수 있다. 스타움(Staum, 2000)의 연구에서는 악기연주가 유아에게 반복된 훈련을 재미있게 해 주고, 청각적 피드백을 제공하여 강화제의 역할을 하며, 경우에 따라서 신체적 특성에 맞게 변형된 악기를 효율적으로 사용할 수 있고, 균형과 자세를 증진하는 데도 도움을 줄 수 있음을 밝히고 있다. 또한 악기연주 활동은 움직임의 범위를 넓히고, 근육을 강화하며 사지의 조화와 기민한 손의 움직임을 연습하는 데 도움을 주어서 유아의 미세한 소근육 운동 능력의 향상을 가져올 수 있음을 보고한다.

플러드마크(Flodmark, 1986), 탤봇과 준칼라(Talbot & Junkala, 1981)는 유아가 악기를 연주하는 동안 만들어진 음악적 패턴은 외부에서 제공되는 음악소리나 박자 혹은 적절한 전체 소리의 패턴을 연주하게 하여 아름다운 소리를 내게 하므로 즉각적으로 청각적인 피드백을 주게 되며, 이 피드백은 연주하는 유아에게 노력에 대한 결과로 즉각적인 보상을 제공함으로써 목표 지향적인 움직임의 수행을 강화할 수 있다고 하였다. 유아의 소근육 발달에 도움이 되는 블록 쌓기 놀이를 하거나 손과 손가락을 사용하여 물건을 자유롭게 집는 연습을 할 때에 음악은 효과적으로 사용될 수 있는데, 음악의 멜로디와 리듬 패턴은 특정 유형의 기억을 할 수 있도록 신경계에 영향을 주어서 유아가 기억한 운동 또는 움직임에 따라서 손가락과 손이 움직이도록 돕는다(Thaut, 1988). 따라서 음악은 유아가 손가락 근육의 움직임들을 합치거나 손과 팔을 협응하여 사용하는 것과 같은 길고 어려운 움직임의 순서를 효율적으로 기억하도록 도울 수 있다. 예를 들어, 유아가 물건을 잡고, 옮기고, 놓는 움직임의 패턴을 음악의 멜로디, 리듬 패턴, 템포 등 음악의 요소와 맞물려서 활동하도록 하여 움직임의 범위, 내구력, 힘, 기능적인 손의 움직임과 능숙한 손가락의 움직임 및 사지의 협응 등을 강조함으로써 의미 있는 방식으로 움직임을 훈련할 수 있는 것이다(Clark & Chadwick, 1980; Elliot, 1982). 이러한 훈련은 반복을 통해서 유아가 음악 외적인 환경에서도 움직임의 순서를 기억하여 자연스럽게 움직이는 데 큰 도움을 줄 수 있다.

유아가 그림을 그리거나 쓰는 활동을 할 때에도 그림을 그리는 순서나 글자의 획수에 멜로디와 리듬 패턴을 맞추게 하여 음악에 따라서 정확한 순서로 그림을 그리거나 글자를 쓰도록 할 수 있다. 애덤스, 마샬과 고츠(Adams, Marshall & Goetz, 1972), 매드슨과 울프(Madson & Wolfe, 1979)는 음악이 쓰기 활동을 위한 움직임을 배울 때에 함께 사용되어 학습을 돕고 있다고 하였다. 팔을 뻗고 쥐는 연습을 할 때와 같이 팔과 손 훈련의 구조와 속도를 조절하는 활동에서도 악기를 이용하는 음악이나 노래를 사용할 수 있다(Thaut, 1988). 예를 들어, 유아는 악기를 잡고 연주하기 위해서 팔과 손 근육의 힘을 기르게 되고, 악기의 크기나 세기 등을 달리하여 연주함으로써 그리기와 쓰기에 필요한 근육의 힘과 강도를 조절하는 능력이 향상된다. 또한 눈과 손의 협응 능력뿐 아니라 손가락을 사용하여 누르고 잡는 힘이 향상될 수 있다.

3. 아동기

아동기에는 어느 정도 여러 가지를 스스로 할 수 있는 능력을 갖추게 되며, 관점을 다양하게 넓히면서 주변 사물들 간의 관계성을 고려할 수 있게 된다. 인지적인 면도 발달하여 자신의 주변을 둘러싼 세계에 대한 생각과 이해가 성장한다. 또한 대인관계가 친구나 교사에게로 확장되어 배려 정신이 점점 향상되고, 또래 친구들과 어울리는 과정에서 다양한 측면으로 자신의 감정을 조절하거나 문제를 해결하는 능력을 배우게 된다. 교사의 칭찬을 받기 위해 관심을 끌고자 하며 교사의 칭찬과 관심을 통해 자아존중감과 자신감, 근면성 등의 태도가 형성된다. 아동은 학습과 운동 등 다면적인 활동에서 자신에게 주어진 역할을 수행하고 자신감을 키우게 된다. 또래와의 협력은 정서적으로 안정감을 주게 되고, 감정을 다스릴 수 있게 한다. 나아가 타인의 감정을 헤아릴 수 있게 되고, 분노감을 언어로 표현할 수 있게 된다. 아동기에는 자아개념을 기초로 타인을 인식하게 되며, 아동기의 사회성 발달에 가족과의 관계 및 가족의 역할 그리고 생활환경은 매우 중요한 영향을 미친다.

1) 음악과 인지 및 언어 영역

학령기의 시작인 아동기에는 학습 기술의 발달을 위해서 행동 조절이 반드시 뒷받침되어야 하기 때문에 바람직한 행동 조절을 유도하기 위해 음악 활동을 사용할 수 있다. 음악을 듣는 활동이 주의를 집중하고 자신이 들은 것을 순서대로 기억하고 빠르기, 음색 그리고 음정의 식별에 이르는 활동을 포함한다면 청각적 인지 능력과 식별 능력을 발달시키는 데 도움이 된다. 크라이프(Cripe, 1986)는 주의력 결핍 아동의 산만성을 감소시키고 집중력을 향상시키기 위해 록음악 감상을 사용하여 일탈행동이 감소하는 효과를 보여 주고 있다. 또한 음악 활동은 집중력을 비롯한 ADHD 아동의 인지를 향상시킨다. 매드슨(Madsen, 1981)은 주의집중 행동과 음악 활동을 연관시켜 학습 능력의 향상에 효과적으로 사용할 수 있다는 것을 강조하였다. 즉, 음악은 아동에게 흥미를 유발시키고 지속시킬 수 있으며 다양한 변화를 통하여 그들을 자극할 수 있기 때문에 음악을 사용하는 것이 아동에게 효과적인 강화제가 될 수 있다.

언어 능력의 발달은 두 가지 측면, 즉 음성이나 문자를 통한 의사소통의 전반적 발달과 한 개인의 성장 과정에서 언어가 습득되는 과정을 말한다(이수정, 2016). 아동은 노래 부르기를 통해 가사로 제시되는 언어적 지시와 음악 안에서 제시되는 비언어적 지시를 수행함으로써 지시 따르기 능력이 향상된다(송옥경, 2003). 노래는 반복적이고 규칙적인 특징을 가지고 있어 아동이 패턴을 예측하여 안정감 있는 발화를 가능하게 한다(강선미, 2004). 아동은 노래를 부르며 올바른 호흡을 익히고 정확하게 단어와 문장을 발음함으로써 효과적인 언어를 생성하는 것이 가능하다(Kultti, 2013).

묻고 답하는 형태의 노래 부르기는 청각적 인식, 소리 흉내내기, 어휘 등을 개발시키는 데 도움이 된다. 즉, 반복되는 가사, 후렴이 들어 있는 노래는 청각적 인식, 기억, 회상, 의사소통 능력을 개발시키는 데 도움을 주며 함께 노래를 부를 때는 상호작용 능력을 향상시킨다(Hoshizaki, 1983). 멜로디와 억양을 사용한 노래 부르기는 아동의 학습을 위한 주의집중을 촉진시켜 언어를 향상시키는 데 효과적이며, 노래 부르기와 말하기의 유사점들을 통해서 언어장애를 가진 아동의 의사소통 기술을 증진시키는 데 치료적인 적용이 가능하다(Cohen, 1994). 자연스러운 구어의 억양을 담고 있는 노래를 반복해서 부르면서 언어발달에 필요한 적절한 리듬구조를 익힐 수 있다. 언어표현을 리듬

구조 안에서 정리하고 말의 속도 변화를 경험하게 되면서 말을 산출할 시 발생하는 문제들을 줄일 수 있다.

인간의 목소리는 자연적인 음악 도구이며, 아동에게 있어 음악과 노래 부르기는 숨쉬기처럼 자연스러운 것이다. 결국 의사소통 훈련의 장면에서 노래를 가르치려고 하는 의도는 노래를 어떻게 부르는지를 가르치는 것이 아니라 의사소통 능력을 높이기 위한 수단으로 노래를 이용하는 것에 그 의의가 있다(Zoller, 1991).

나아가 기존에 있는 곡을 부르는 것뿐 아니라 가사를 바꾸고 노래를 만드는 송라이팅(songwriting) 활동은 아동에게 자신의 생각을 적절한 언어 형태로 표현하여 확장적 사고를 갖도록 하며, 그 과정에서 다양한 어휘를 사용하고 문장구조를 익히는 좋은 기회를 갖게 한다(이수연, 2004).

2) 음악과 정서 및 사회 영역

아동이 성장하면서 어떤 정서적 경험을 하느냐는 그 아동의 성격발달에 큰 영향을 주게 된다. 아동기에는 기쁨에서부터 절망까지 일련의 감정을 경험한다. 아동은 사랑, 수용, 좌절, 자긍심, 분노, 적대감, 질투, 부끄러움, 당황, 죄책감, 불안, 공포, 스트레스, 우울, 자긍심, 유머, 동경 및 기타 감정들을 경험하고 그것을 표현한다(이수정, 2016). 이 시기는 매우 변화가 잦은 것이 특징으로, 아동의 정서적 분출은 거의 일시적인 것이기에 특정한 정서 상태의 지속시간이 짧다. 그래서 아동은 조그만 일에도 기뻐하지만 금방 울기도 하며, 눈물을 흘리다가도 곧 좋은 선물을 받으면 소리 내어 웃기도 한다. 점차 성장해 갈수록 감정을 기억하는 시간도 길어지고 자제력이 생기게 된다. 아동은 정서적으로 안정감을 원하는데, 자신이 사랑받고 있음을 깨닫고 주위에서 필요로 하는 사람이라는 것을 알면서 안정감을 가지게 된다.

음악 활동을 통한 감정의 배출은 정서적인 안정을 주며 음악적 적성, 능력과는 상관없이 아동의 기능적 · 시각적 · 정서적 자극을 돕는 작용을 한다. 예를 들어, 합창 활동을 통해 일종의 '사회적인 책임'을 경험하게 되는 동시에 정해진 역할을 해내면 성공적인 결과에 대한 만족감을 얻게 된다(지은미, 2002).

아동기 우울은 그 표현 양상이 성인과 대체로 유사하나 성인의 대표적인 우울 양상인 우울한 기분 대신 짜증, 신체 증상, 무단결석, 등교거부, 학습 부진, 과잉활동, 공격적 행동 등의 '가려진 증상(Masking symptoms)'으로 나타난다(Glaser, 1967; Malmquist, 1977; Toolan, 1962). 학령기 아동의 경우 우울 집단과 비우울 집단이 '흥미 상실'에 의해 가장 높은 판별력을 보인 반면, 성인 우울 집단에서 가장 중요한 '우울 정서'는 오히려 판별력이 낮게 나타났다. 이는 아동의 발달적 특징이 우울의 표현 양상에 영향을 미치고 있음을 시사한다.

아동은 음악을 하는 동안 집단에 참여하게 됨으로써 즐거움과 사회적 경험을 하게 된다. 또 아동은 다른 사람과 협동해야 하며 집단에서의 소속감과 동질감을 느끼게 되어, 자기와 타인의 유사점과 차이점을 있는 그대로 수용하게 됨으로써 대인관계 문제가 해소되며 자기성장의 기회를 가지게 된다. 초등학교 5학년 아동을 대상으로 음악 활동을 실시한 결과, 음악 활동이 아동에게 즐거움을 제공하여 우울 정서가 감소된 결과를 보여 주고 있다(진소영, 2001).

음악은 뇌 혈류에 영향을 주어 조용한 음악은 뇌 혈류를 느리게 하고 혈량을 감소시키며, 행동적인 음악은 뇌의 순환을 증가시켜 감정을 자극한다(Buckwalter, Kathleen, Hartsock, & Gaffney, 1985). 음악은 우울증 환자가 흔히 겪는 수면장애를 해소하는 데 기여할 수 있다. 이는 음악적 구성요소 중 리듬과 템포가 가장 많은 영향을 미치기 때문이다(Hanser, 1990). 협화음의 진정성 음악은 멜로디의 상승하강 기복이 적고 근육의 이완을 유발하여 명상적 · 진정적 효과를 가져오며(고명한, 2002), 엔도르핀의 생성과 정서적 · 인지적 행동 영역에 영향을 미치는 음악요소로써 심리적 · 생리적 반응을 유발시킨다(Thaut & Smeltekop, 1990). 결손가정 아동을 대상으로 집단 음악치료를 실행한 결과, 음악이 우울의 구성요소인 신체적 증상을 개선시켜 우울을 감소시키는 결과를 보여 주고 있다(박진숙, 2008).

분노는 인간 에너지의 하나로 그 자체가 부정적인 것이 아니며 일상의 불가피한 사건에 대한 자연스러운 반응이다. 그러나 분노를 조절하지 못하고 충동적으로 표출하거나 억압할 때에 여러 가지 문제가 발생하게 된다. 따라서 무조건적으로 분노를 부정적 감정으로 생각하기보다는 적절한 방식으로 표현하는 것이 매우 중요하므로 학습과 모방이 이루어지는 아동기에 알맞은 분노표현 방식을 습득하는 것이 필요하다. 그렇지 못한 아동들은 자신이 환경에 비효율적으로 대처한다고 지각하고, 그들에게 있어서 분노는 좌절, 우울, 의존성과 특히 강한 연관성을 가져서 결국 사회적으로 바람직하지 않은 방식으로 표출하기 쉽다(Freeberg, 1982). 아동들이 분노를 처리하는 방법은 분노를 공격적으로 표현하거나 혹은 억제하는 방법으로 양분화되어 나타나, 아동들에게 분노를 표현하는 적절한 방법이 부재함을 시사한다(박향숙, 박성희, 2008). 아동은 자신의 감정을 다루는 것이 서툴 뿐만 아니라 정서적 격렬함이나 충동적인 면으로 인하여 분노가 공격으로 이어질 가능성이 높으며, 억제되거나 다른 형태로 나타날 수도 있다(배순애, 2009).

오늘날에는 한부모가정이나 재혼가정이 증가함에 따른 심리적 상실감, 가중된 학업의 부담, 지나친 성취 압박과 불안한 진로 및 다양한 교우 관계의 문제 등 외부적 환경에서 비롯된 정서적 스트레스와 욕구 불만으로 인해 아동들이 스스로 감당하기 어려운 분노를 경험하게 되지만, 축적된 분노를 해소할 기회는 부족한 실정이므로 아동들이 분노에 대한 적절한 표현방법을 배울 수 있도록 하는 데 많은 노력이 필요하다(김광수, 2003; 김정은, 김유미, 2013; 손민정, 김광웅, 2005).

음악은 평소에 표현하기 힘든 생각이나 감정을 전달하는 도구가 되며 슬픔, 기쁨, 놀람 등의 모든 감정을 표현하는 데 사용된다. 음악은 인간의 의사소통 능력을 뒷받침해 주어 분노를 억압하거나 내면화하여 방어하기보다는 적절한 방법으로 표현할 수 있게 한다(Bonny, 1994; Bruscia, 1987/1998). 이수진(2002)은 아동의 분노와 공격성을 감소시키기 위한 음악 활동으로 노래 부르기, 북 연주하기를 구성하여 초등학생의 공격성을 감소시키는 연구 결과를 보여 주었다. 타악기 위주의 연주 활동을 통해 공격성을 감소시키는 등 분노 조절 프로그램을 통한 많은 연구 또한 긍정적인 결과를 보여 주고 있다(이주영, 2008; 이지영, 2005; 임을라, 2015; 한지현, 2005).

언어적인 접근보다 아동에게 친근하게 느껴지는 방법을 통해 안전하고 비위협적인 환경을 제공하는 것이 더욱 효과적이다. 이러한 점에서 음악은 아동에게 적합한 치료적 중재로 사용될 수 있다. 음악은 인간의 본능적인 에너지를 포함하고 있기 때문에 음악을 통해 인간은 자신의 감정을 표현할 수 있으며 이로 인해 감정의 정화를 경험하게 된다. 또한 음악은 클라이언트의 저항을 감소시켜 음악적 환경으로 유도하고 다양한 생각을 표현할 수 있도록 해주는 언어로서의 역할을 한다. 악기연주와 노래 부르기와 같이 아동이 흥미 있어 하는 음악 활동은 아동에게 치료에 참여하고자 하는 동기를 제공한다.

사회성 측면에서 보면 아동기는 집단의 소속에 대한 관심이 높아지며 음악적으로는 화음 감지력이 크게 향상되는 시기이므로, 합창 및 합주 등의 활동을 통하여 아동은 심리적 · 음악적 충족감을 경험할 수 있다. 즉, 음악 활동 혹은 음악적 경험이 아동기의 사회성 측면에 긍정적인 영향을 미칠 수 있는데, 이는 음악 자체가 사회적 행동이며(Gaston, 1968) 대인관계의 과정이기 때문이다(Bruscia, 1998/2003). 합창이나 악기합주와 같이 단합과 협동심이 필요한 음악 활동은 구성원 개개인의 독특하고 특색 있는 목소리를 융화하고 조화시키며 자신의 악기 소리와 타인의 악기 소리를 사용해 함께 음악을 완성해 나가는 과정을 통해 대인관계와 사교성, 배려감과 협동성 등을 증진시켜 사회성 향상에 도움을 줄 수 있다.

강현숙(2012)의 연구 결과에 따르면, 아동의 지도성, 근면성, 사교성, 준법성과 같은 사회성과 음악선호도 간에는 상관관계가 있다. 그룹에서 악기연주와 노래 부르기 그리고 합주의 음악 활동을 적용한 결과, 긍정적인 언어반응, 음악적 상호작용, 대인관계와 상호작용이 향상되었으며(김미성, 2001), 시설 아동을 대상으로 심상 유도음악 프로그램을 적용한 결과 우울과 공격성이 감소되었다(송인령, 2007). 또한 음악치료 프로그램을 사용하여 학교생활 부적응 학생의 사회성을 향상시켰으며(김성희, 2002; 최방희, 2002; 홍화진, 2000), 자폐 및 다양한 장애를 가진 아동을 대상으로 한 연구에서도 음악을 통해 사회성이 향상되는 결과를 보고하고 있다(Jellison, Brooks, & Huck, 1984; Kern & David, 2006; Mike, 2002).

3) 음악과 신체 및 운동 영역

아동기의 신체발달은 영유아기에 비해 완만한 경향을 나타내지만 전 생애에 걸쳐서 보면 여전히 빠른 속도로 진행되고 있다(성영혜, 김연진, 이경화, 윤혜경, 1999). 어느 정도 예측 가능한 속도로 발달해 가지만 아동마다 개인차가 있어서 발육의 정도가 조금씩 다르다. 아동기의 대부분은 영유아기의 통통한 모습이 사라지면서 점점 날씬해지고 신체 비율이 상부에서 하부로 발달해 가는 발달원리에 맞게 계속적으로 신체 부분들이 성장한다.

아동의 성장은 영양과 유전요인 모두의 영향을 받는다. 아동은 또래 친구와 비교할 시 자신의 신체적 특징으로 신체상(body image)을 형성하며, 스스로의 운동 기술을 다른 아동과 비교하는데, 이는 자존심 형성 및 자아개념에 영향을 미친다(이수정, 2016). 결손가정 아동을 대상으로 집단 음악치료를 적용한 국내 연구에서도 신체, 우울의 생리적인 요인 역시 유의미한 감소를 보이는 결과를 얻었다(박진숙, 2008).

리듬과 음악의 진행 순서는 공간 개념에 대한 지각발달을 도울 수 있다. 노래를 통해 아동은 자신의 몸을 서로 접촉함으로써 자신의 몸에 대한 이미지를 강화시킬 수 있으며, 간단한 몸 동작이나 지시하는 내용이 담긴 노래 또는 악기를 이용한 활동을 통해 전후좌우로 몸을 움직이며 운동 능력을 향상시키고 몸의 근육을 상호 조화 있게 움직이는 데 도움을 받을 수 있다(임명희, 2004).

4. 청소년기

청소년기는 아동기에서 성인기에 이르는 과도기이며, 신체적으로뿐만 아니라 생리적 · 인지적 · 정서적 · 사회적인 측면에서 급격한 변화와 성장이 양적 · 질적으로 다양하게 나타나는 시기이다. 또한 자기 정체성에 대하여 혼란을 느끼는 경우가 많고 정신적으로 불안정하기 쉬운 시기이다(박성희, 1999). 자신에 대한 주관을 가지고 자기중심성이 강한 행동을 하는 것이 특징이며 다른 사람의 시선보다는 스스로의 욕구가 넘치고 강하기 때문에 일반적 행동 및 정신적 활동이 자기 위주로 이루어진다. 자기의 생각, 감정을 이해하고 판단하려는 사고 형태를 유지하여 자신을 어떤 무대의 주인공으로 상상하고 다른 사람들은 관중의 입장으로 생각하는 경향이 있다(정옥분, 2010). 또한 가족이나 그 어떤 관심에서도 벗어나고 싶어 하는 독립성이 청소년기의 특징 중 하나이다.

최근에 음악은 청소년들의 정서발달과 자아를 알아 가는 데 도움을 줄 수 있는 교육적 도구로써 활용되고 있다. 이때 음악의 사용은 청소년들의 심리 · 정서 · 사회적 발달 특성과 음악적 취향을 고려하여 음악게임, 라이브 노래, 즉흥연주, 기존 녹음된 음악의 형태 등으로 청소년의 상황과 접근 방향에 따라 달라져야 한다.

1) 음악과 인지 및 언어 영역

청소년기는 지식, 경험, 지혜를 얻으면서 지적인 능력을 향상시키는 시기이다. 인지적 기능은 아동기에도 발달하지만 청소년기에 와서 양적인 발달과 함께 질적인 변화를 보이면서 한층 더 현저하게 발달한다. 이 시기에는 새로운 지식을 습득할 뿐만 아니라 지식을 이해하고 이용하는 방법이 다양해진다. 또한 추상적 · 논리적 · 합리적인 사고 능력이 상당한 수준에 이르며, 아동기 때보다 더 넓고 풍부하며 고차원적인 사고를 할 수 있게 된다. 이러한 인지발달적 변화를 통하여 독특한 사고와 행동 특성을 보이게 된다. 이 시기의 사고와 행동은 매우 창의적이고 적극적이기는 하나 지식이나 경험을 바탕으로 한 구체적인 것보다는 추상적이고 관념적인 것이 대부분이다. 특히 현실 비판적인 성향이 강해지면서 전통적 권위에 반항하기도 하고 현실이 자신의 이상과 일치하지 않을 때에는 좌절과 분노를 느끼기도 하는 반항, 저항, 나아가 일탈행위가 나타나게 되는 시기이다(박선미, 2003).

음악은 신경발달을 촉진하는 역할을 하여(Trainor, Shahin, & Roberts, 2009), 음악가와 비음악가를 비교한 연구에 따르면 시공간, 언어, 수리적 수행 능력에서 차이를 보임을 알 수 있다(Schlaug, Norton, Overy, & Winner, 2005). 음악적 작업은 복합과제(multi-task)라 할 수 있는데, 이는 노래를 부르면서 악기를 연주할 때 시각적으로는 악보를 인지하여야 하고 동시에 정확한 음정을 산출하거나 악기를 연주하는 등 다양한 과제를 동시에 협응하여 수행하여야 하기 때문이다. 이러한 특징으로 인해 음악과제는 대상자에 따라 난이도를 조절하여 인지 기술을 강화하는 전략으로 사용될 수 있다(정현주, 2015). 또한 음악은 구조적이고 시간적인 특성을 지니기 때문에 음악을 활용한 활동은 주의집중력과 그 지속력을 향상시킬 수 있으며, 리듬이 가지고 있는 고유한 특징을 활용하여 수학적 개념을 습득하고 기억하도록 도울 수 있다.

개스턴(Gaston, 1968)은 음악이 자기표현과 의사소통 증진에 직접적인 효과가 있으며, 그것이 결국 자아존중감을 향상시킨다고 하였다. 부적응 청소년들을 대상으로 음악 활동을 실시하여 자아존중감이 향상되었다는 연구가 이를 뒷받침하고 있으며(Henderson, 1983), 음악 감상에 의한 선율 청각의 발달도 읽기의 지각력을 향상시키며, 음악기호와 언어기호의 형식적 공통점 때문에 악보 보는 훈련이 책을 읽는 데 도움이 된다고 밝히고 있다(Douglas & Willats, 1994; Kelly, 1981).

또한 집중력이 약한 학생들은 음악의 선율을 지속적으로 감상함으로써 청취력을 길러 집중력을 향상시킬 수 있고, 운동을 통해 건강한 육체로 만들어서 외부로부터 오는 자극에 대처할 수 있게 되어 학습효율을 높일 수 있다(황녹연, 2009).

2) 음악과 정서 및 사회 영역

청소년 시기를 질풍노도의 시기라고 기술할 정도로 청소년들은 불안, 갈등, 고민 등으로 가득 찬 격동의 시기를 경험하게 된다. 청소년기는 다른 어느 발달단계보다도 가장 변화가 많을 뿐만 아니라, 성취해야 할 발달과제가 많아 여러 가지 적응상의 어려움에 직면하게 된다. 신체, 인지, 정서, 사회 등 급격히 일어나는 변화와 발달에 대처할 수 있는 충분한 지식이나 기술을 아직 갖추고 있지 못하기 때문에 불안과 긴장의 갈등 속에 번민하게 된다. 또한 감수성이 예민하여 쉽게 흥분하고 동요되어 일시적인 기분에 의해 행동하기 쉽다. 특히 자기 자신의 정신적 자주성을 강하게 주장하면서 다른 사람의 비판이나 훈계, 간섭 등에는 지나치게 민감하여 부정하고 반항하는 시기이다. 대부분의 청소년은 다양한 변화에 잘 적응해 가지만 적지 않은 청소년들은 잘 적응하지 못하고 비행이나 우울증과 같은 부적응 상태를 보이고 스스로 열등감, 무력감, 자기회의, 자신감 상실, 허탈감 등에 휩싸인다.

청소년기에는 자아의식이 높아짐에 따라 부모나 다른 성인으로부터 정서적으로 독립하려는 심리적 이유가 일어난다. 유아기나 아동기에는 모든 것을 주로 부모에게 의존하여 맹목적으로 순응하면서 자라 왔으나, 청소년기에는 부모의 통제와 지시에서 벗어나서 자기 일을 스스로 판단하여 결정하고 자기 자신의 책임하에 자율적으로 행하고 싶어 한다. 부모에 대한 종속적이고 의존적인 관계에서 벗어나 자율적인 사고와 행동을 할 수 있는 독립적인 자아로 발달하게 된다.

음악은 감정반응을 일으킨다. 즉, 음악이 가진 화성, 멜로디, 리듬, 템포는 조직화된 음악의 형태로 전달되면서 감정을 불러일으킨다. 두뇌의 연구에서 밝혀진 바와 같이 음악은 변연계에 대한 자극을 통해 해마와 같은 기억 부분, 편도체와 같은 감정과 안정감의 영역에 영향을 준다(최병철 외, 2015). 따라서 음악 속에서 확인되고 경험되는 감정은 청소년들의 행동에 긍정적인 동기를 유발시키고 정서적 변화를 가져온다. 이러한 음악적 과정과 경험은 청소년들의 불안한 정서적 상태를 확인할 수 있도록 돕는다. 수동적 형태인 음악 감상을 통해서는 음악 속에서 내면의 상태를 탐색할 수 있고, 적극적 형태인 노래와 연주 활동을 통해서는 감정을 표현하고 조절하는 능력을 키울 수 있다. 실제로 청소년들이 자신들의 감정이나 생각을 탐색하고 지각한 이후에는 생활에 대한 계획, 감정에 대한 조절이 필요하다는 것을 수용하는 경우가 많다.

청소년의 정서행동 문제의 유형에 따라 음악은 각기 다른 목표를 가지고 중재도구로 사용될 수 있다. 내재화 문제 개입을 위한 음악치료에서는 주로 자존감 향상, 자기효능감 향상, 긍정적 자기인식 강화, 자기표현 능력 향상, 스트레스, 불안 혹은 우울감 감소 등이 목표로 이루어지며, 외현화 문제 개입을 위한 음악치료에서는 충동성 감소, 공격성 감소 등이 주된 목표로 이루어진다(조현경, 2009). 특히 외현화 문제를 지닌 청소년의 경우 자신의 내재된 에너지를 적절히 통제하지 못함으로 인해 문제행동이 표출되는 경우가 많기 때문에 충동 조절에 대한 개입이 중점적으로 필요하다(정현주, 2015).

내재화 문제 개입에 있어서 음악치료는 자기효능감 향상(구새롬, 2007; 김선미, 2005), 자아존중감 향상(임현정, 2009), 정서적 지지 및 안정감 제공(하현덕, 2012), 자기표현력, 대처 능력 향상(Robb, 1996) 등에 효과적임을 보고하고 있다. 내재화 문제 개입을 위해 실시되는 음악치료에서는 주로 노래 심리치료, 음악 감상, 개사 및 노래 만들기 등의 활동이 이루어지고 있다. 특히 음악 감상은 비자발적이고 내향적인 청소년의 중재를 위한 도입 활동으로서 효과적이며, 노래를 활용한 음악 활동은 음악적 요소와 언어적 요소가 결합되어 감상자에게 보다 강한 정서적 반응과 자기인식 및 통찰을 이끌어 낼 수 있다.

우울한 상황이 담긴 사례를 노래가사로 옮겨 부를 때 가사와 선율이 조화를 이루면서 미해결된 감정이 분출될 수 있다. 우울 성향이 있는 청소년은 낮은 자존감과 지속되는 슬픔 등으로 인하여 언어표현과 자신의 내적 감정 분출이 어려울 때가 많다. 이때 스스로 가사를 만들어 우울한 자신의 감정을 분출 · 표현하게 하고, 진정성의 선율과 함께 조화로운 노래 부르기를 경험하게 함으로써 청소년이 직면하고 있는 우울의 느낌을 해소하도록 도울 수 있다.

또한 즉흥연주 활동은 강렬한 감정이 배출되지 않으면 우울증으로 표출될 수 있는 청소년들의 분노와 적대적인 감정들의 배출구를 제공할 수 있는 중요한 도구가 될 수 있다(Liederman, 1967).

외현화 문제 개입에 있어서 음악치료는 공격적인 행동 감소(Rickson & Watkins, 2003), 공격성 및 분노 감소와 학교 적응(권선애, 2012), 충동성과 불안 감소(이영미, 2005), 자기통제력 향상(조현진, 2009) 등에 효과적이다. 외현화 문제 개입을 위한 음악치료는 주로 악기연주, 즉흥연주, 음악 만들기 등의 활동이 이루어지고 있다. 이 중 타악기 연주는 에너지를 조절하는 데 특히 효과적이며(정현주, 2015), 음악 만들기 활동은 안전한 구조 안에서 청소년이 가진 불편한 감정과 공격성을 다루고 해소할 수 있게 함으로써 청소년의 자기 정체성, 자아존중감, 감정 조절 등에 긍정적인 영향을 미치는 것으로 보고된다(Daykin, de Viggani, Pilkington, & Moriarty, 2012).

대중문화에 대한 청소년들의 민감성을 고려하여 랩 음악을 사용한 결과 행동 문제를 감소시켰다는 연구가 있다(Ragland & Apprey, 1974; Took & Weiss, 1994). 몬텔로와 쿤스(Montello & Coons, 1998)는 분노 문제를 가지고 있는 정서장애 아동과 청소년을 대상으로 수동적인 음악 활동과 적극적인 음악 활동의 효과성을 비교 연구한 결과, 두 접근 모두 긍정적인 변화를 보였으며 변화된 행동 중에서도 분노 문제가 가장 유의미하게 감소하였다. 이 결과는 집단 음악치료에서 음악은 내재된 분노, 좌절 그리고 과격한 정서들을 표출시킬 수 있는 돌파구로서 기능할 수 있다는 것과 대상의 성향과 기질에 따라 수동적 활동, 적극적 활동 모두가 효과적일 수 있다는 것을 암시한다.

시험불안은 전 세계적으로 학령기 아동 또는 청소년이 공통적으로 경험하는 불안이라고 할 수 있다. 시험불안은 걱정과 같은 인지적 요인과 정서반응과 같은 감정적 요인으로 구성된다. 걱정은 시험에 실패하였을 때의 결과에 관한 것으로, 자신과 다른 사람이 내리는 부정적인 평가에 대해 염려하는 것이다. 정서반응이란 시험불안이 있는 사람들이 시험 상황에서 흔히 경험하는 주관적인 느낌으로, 긴장감, 신경과민, 지나친 땀 흘림, 소화장애 등의 불안과 관련된 신체적인 증상들을 의미한다.

시험불안을 구성하는 이러한 두 가지 요인은 언어라는 인지적 요소와 음악이라는 정서적 요소가 결합되어 있는 노래를 통해 다루어질 수 있다. 시험불안을 가진 청소년은 노래 가사를 통해 자신의 심리적 문제를 외부로 보다 안전하게 표출할 수 있으며, 자신이 가진 문제 상황과 유사한 주제나 내용이 담긴 노래를 통해 자기와 같은 문제로 고민하는 사람이 있다는 것을 깨닫게 되면서 위로를 받고 용기를 얻을 수 있게 된다(박수정, 2002). 임지혜(2009)의 연구에서는 노래심리치료 프로그램을 적용하기 전과 후의 시험불안 척도검사를 실시한 결과 시험불안이 감소한 것으로 나타났으며, 이에 관한 많은 국내 연구에서 음악의 효과를 밝히고 있다(김주경, 2007; 노지혜, 2012; 박나현, 2016; 정호숙, 2007).

청소년기에는 또래 관계를 통해 안정감, 신뢰감의 획득이 일어나는 시기이기 때문에 또래 관계를 긍정적으로 유지하는 것이 매우 중요하다. 음악에서의 교류는 다양한 성격을 가진 청소년 각자의 정체성을 안전하게 드러내고 상호작용할 수 있도록 한다. 또한 음악에서 느끼는 만족감은 서로를 평가하거나 경쟁하는 구도 속에서가 아니라 함께하는 것에서 만들어진 성취감에서 비롯되는 것이므로 음악적 환경에서 서로를 수용해 주는 경험을 제공할 수 있다(황은영 외, 2017). 따라서 음악적 환경 안에서 만들어 가는 음악적 성취는 또래 관계를 돈독하게 해 주고 서로에 대한 신뢰를 갖도록 해 줄 뿐만 아니라 또래 문제를 가진 교우들과 함께 서로 다른 부분을 수용하고 공감대를 형성하며 음악 안에서 행복한 경험을 하도록 해 준다.

청소년기 음악이 갖는 중요한 심리적 기능 중 하나는 대인관계라 할 수 있다(Laiho, 2004). 청소년들은 그들이 선호하는 음악과 또래 친구들이 선호하는 음악 사이에 밀접한 연관이 있다고 믿으며(Tarrant, North, & Hargreaves, 1999; Van Wei, Linssen, & Abma, 2004), 자신의 음악적 기호가 다른 사람의 평가에 긍정적 혹은 부정적 영향을 미칠 수 있다는 점을 인식하고 있다(North & Hargreaves, 1999). 청소년은 자신이 선호하지 않던 음악이라도 또래 친구가 좋아할 경우 음악에 대한 선호도가 증가하며, 친구의 권유로 음악의 선호가 바뀌는 경험을 하기도 한다(박지은, 2005). 집단 정체성은 음악 장르에 대한 애착으로 표현될 수 있으며, 청소년들이 자아를 나타내는 상징처럼 음악을 사용하기도 한다(Frith, 1981).

밴드는 소그룹으로 이루어진 공동체로서 연주 경험에 대한 소감 및 피드백을 서로 공유함으로써 자기발전 내용을 확인하게 하며, 그룹 안에서 상호 간 발전 내용을 나눔으로써 구성원 간 지지 및 강화를 경험하게 한다. 밴드악기 합주를 통해 그룹원과 자발적으로 소통하고 협동함으로써 사회 기술 및 또래 관계가 향상되고(김은영, 2014), 밴드악기 연주 시 타브(TAB)악보를 사용한 음악활동은 지역아동센터 청소년의 자기효능감과 사회성이 향상된 결과를 보여 주고 있다(조상현, 2015). 이와 같이 밴드와 같은 그룹 연주 활동은 그 과정에서 그룹원과 동질감을 느끼고 서로 지지함으로써 더 만족스러운 음악적 보상을 위하여 적극적으로 해결하려는 긍정적인 행동을 이끌어 낼 수 있다는 특성을 지닌다.

3) 음악과 신체 및 운동 발달

청소년기에 가장 현저한 변화는 '성장급등' 또는 '성장폭발(growth spurt)'이라고 표현할 만큼 성장 속도가 빠른 신체적인 성장이다. 영양 상태가 좋아지고 성장급등 현상이 일어나는 내분비선의 활발로 성적 발육이 시작된다. 성적 성숙을 동반하는 급격한 신체적 발달 시기이므로 청소년은 적지 않은 심리적 · 정신적 변화를 겪게 된다. 또한 자신의 신체에 대해서도 다른 사람과 비교하고 평가함에 따라 자기 신체에 대한 관심과 자아의식을 형성하게 된다(박선미, 2003).

사춘기의 청소년에게 일어나는 신체적 · 성적 성숙은 청소년이 성인으로 가기 위한 시기에 매우 중요한 변화이다 이러한 신체 변화와 호르몬의 자극은 부모와의 대립, 자기감(sense of self)을 획득하려는 성적 행위의 몰입, 비슷한 친구 집단의 형성을 촉진한다. 또한 이러한 행동의 변화는 청소년으로 하여금 부모에게 반항적인 마음과 태도를 갖게 하고 자신이 속한 사회와 집단에 부응하려는 태도를 보이게 할 뿐만 아니라 분노, 우울, 짜증과 같은 부정적인 정서를 나타내면서 합리적인 사고와 자율적인 자아 기능에 악영향을 미치게 된다.

이러한 청소년 시기에 신체 활동은 신체적 · 정신적 · 사회적으로 많은 이점을 준다. 이러한 신체 활동의 증가로 청소년은 건강상의 큰 효과를 얻을 수 있으며, 정서발달에 긍정적 영향을 미치며 적극적으로 신체를 움직이는 과정에서 스트레스와 불안 같은 부정적 정서가 해소되면서 기쁨과 행복감을 느끼게 된다.

음악의 효과는 거의 모든 측면에 있어 운동 기능의 효율성을 높이는 방법과 깊은 관련성을 가지고 있다. 음악의 리듬은 자연스러운 신체의 움직임을 유발시키며 운동 동기유발의 도구로 활용되기 때문에 신체 활동을 위한 동기를 유발하고 감각통합 훈련의 효과를 통해 운동발달의 효율성을 향상시키는 데 도움을 줄 수 있다. 청소년들이 가장 선호하는 장르인 대중음악에서의 리듬은 에너지를 높이는 데 효과적으로 사용될 수 있다. 리듬이 강조되는 랩이나 힙합의 경우 악센트와 당김음을 사용하여 리듬을 만드는데 이러한 플로(flow)의 사용은 강조성과 역동성으로 에너지를 불러일으킨다(Gabrielsson, 1982; Radocy & Boyle, 1997).

우울의 신체적 요인은 '신체 증상'에 해당되는 것으로, 음악이 인간의 자율신경에 영향을 끼쳐 생리적 · 신체적 반응을 유발하는 음악의 생리적 기능을 이용하여 치료할 수 있다. 음악의 요소인 리듬은 근육의 동작을 자극하고 신체 동작을 유발한다(Gaston, 1968). 음악은 뇌 혈류에 영향을 주어 조용한 음악은 뇌 혈류를 느리게 하고 혈량을 감소시키며, 행동적인 음악은 뇌의 순환을 증가시켜 감정을 자극한다(Buckwalter et al., 1985).

선호음악을 사용할 때 여중생의 신체 활동량이 증가하였으며(임소래, 2019), 음악을 사용한 신체 활동이 지적장애 청소년의 자아존중감을 향상시킨 연구 결과(우현주, 2013)를 통해 신체 활동에서 음악 사용의 효과를 보여주고 있다.

5. 성인기

1) 음악과 인지 및 언어/신체, 운동 영역

(1) 뇌와 인간행동

성인의 인지와 언어, 모든 행동은 뇌와 긴밀하게 관련되어 있어 외상에 의한 뇌손상은 인지 및 언어, 신체의 문제를 가져오게 된다. 이러한 메커니즘을 이해하기 위해 먼저 뇌의 구조와 기능에 대해 알아보자.

뇌는 대뇌, 소뇌, 뇌간으로 구성되어 있다. 대뇌(cerebrum)는 전두엽, 두정엽, 후두엽, 측두엽으로 나뉜다. 전두엽(frontal lobes)은 대뇌 앞 이마에 위치하고 있어 '이마엽'이라고도 하며 변연계(limbic system)와 밀접하다. 전두엽은 기억력과 사고력, 조절력의 역할을 하며 인지 의사소통, 신체 기능의 일차 운동영역(primary motor area), 시각, 청각 등의 감각에 유도된 과거의 경험으로 형성된 전운동영역(premotor), 언어와 관련된 운동언어영역(motor speech area), 시상과 시상하부와 연결되어 있는 전두연합영역(frontal association area)이 포함된다. 좌측 전두엽은 브로카 영역(Broca's area)으로 손상 시 언어에 문제를 가져온다. 두정엽(parietal lobes)은 대뇌 상층 후쪽에 위치하여 외부 정보를 통합하고 운동을 기획한다. 우측 두정엽은 시공간의 기능, 좌측 두

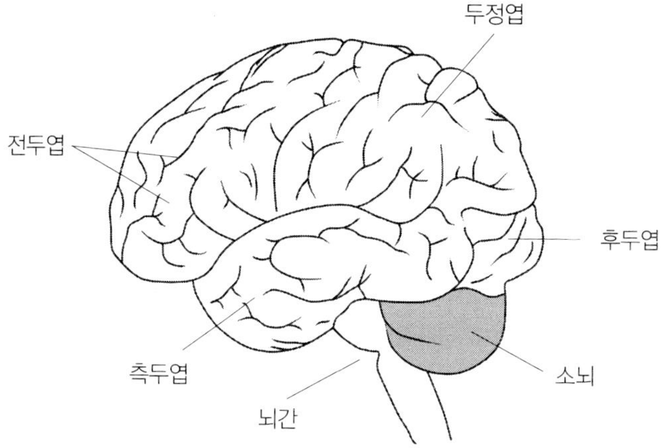

[그림 4-1] 인간의 뇌
출처: 정은주, 김지연, 최병철(2011).

정엽은 말이나 문자를 이해하는 능력과 관련되어 문제가 생기면 실어증이 나타난다. 측두엽(temporal lobes)은 뇌의 양옆에 위치하여 언어 이해와 표현, 청각 기능에 관여하여 청각피질이라 한다. 기억과 인지, 청각 기능과 관련된다. 후두엽(occipital lobes)은 뇌의 뒤에 위치하여 시각적인 정보를 처리하여 시각피질이라 한다. 색상 및 시각적인 정보를 인식한다. 소뇌(cerebelum)는 균형 및 협응과 관련된 운동 영역을 담당하고 뇌간(brainstem) 혹은 뇌줄기는 대뇌와 소뇌와 긴밀히 연결되어 뇌와 척수를 연결하는 줄기 역할을 한다. 호흡, 의식, 심장 박동, 혈압 등과 관련되어 중요한 역할을 한다.

출생 이후 외상에 의한 후천적 뇌손상은 뇌혈관사고(CVA), 외상성 뇌손상(TBI), 저산소성 뇌손상(HBI)으로 나눌 수 있다.

① 뇌혈관사고(Cerebral Vascular Accident: CVA)

뇌혈관사고는 뇌의 혈관이 막혀 발생하는 뇌졸중, 대뇌 안에서의 출혈로 인한 두개내출혈, 뇌종양의 원인으로 발생한다.

뇌졸중(strocke)은 뇌경색과 뇌출혈로 나뉠 수 있는데 응혈(clots)이 혈액 공급을 막아 뇌동맥이 좁아져 혈관이 막혀 발생하는 것은 허혈성 뇌졸중(ischemic stroke), 즉 '뇌경색'이라 하고, 혈압 상승 등으로 뇌동맥이 파열되어 출혈을 일으키는 것은 출혈성 뇌졸중(haemorrhagic strocke), 즉 '뇌출혈'이라 한다. 뇌졸중으로 뇌신경이 손상되면 편측 마비가 발생하고 운동 조절이 상실되며 인지 및 언어 기능이 저하되거나 상실된다. 세계보건기구(WHO)에서는 뇌졸중을 "뇌혈관 장애로 인하여 갑자기 국소 신경학적 장애나 의식장애가 발생하여 24시간 이상 지속하는 경우"라고 정의한다(최병철 외, 2015에서 재인용). 뇌혈관사고는 어느 영역에서 일어났는지에 따라 손상되는 부분이 다른데 좌측 뇌혈관사고는 우측 마비를 가져와 우측의 신체 기능, 의사소통에 장애를 가져온다. 또한 두정엽과 측두엽의 손상을 가져와 브로카 실어증(Broca's aphasia) 혹은 베르니케 실어증(Wernicke's aphasia)의 원인이 되며 그 이외의 언어장애도 가져온다. 그리고 정서 조절의 어려움을 보이고 낮은 단기 기억력, 이로 인한 언어학습 능력의 저하, 우측 시야의 사물 무시 등의 장애가 나타난다. 우측 뇌혈관사고는 좌측 마비를 가져오며, 좌측 신체의 기능 저하 및 눈과 손의 협응이 어려워 독립적인 일상생활이 어렵고, 좌측 시야의 사물 무시, 합리적 사고 결여, 불안정 등의 어려움이 나타난다.

② 외상성 뇌손상(Traumatic Brain Injury: TBI)

외상성 뇌손상은 교통사고, 추락, 스포츠 사고 등의 원인으로 발생하며, 뇌에 직접적인 충격의 결과로 나타나는 뇌좌상(contusions)은 교통사고 및 신체적 폭력으로 인해 뇌가 강하게 흔들려 뇌의 신경섬유들이 뒤틀리고 끊어지는 미만성 축삭손상(diffuse axonal injury) 등 광범위한 장애를 가져온다. 또 두개골이 외부 압력에 의해 함몰, 골절이 되어 손상을 입는 개방성 두부손상(open head injury), 뇌손상 이후 출혈이 뇌에 응혈을 형성하면서 나타나는 두개내혈종(intracranial haematoma), 뇌압 상승, 호흡 부전, 저혈압, 허혈성 뇌손상, 뇌부종, 저산소증, 뇌척수액이 고이는 수두증 같은 감염도 나타난다.

③ 저산소성 뇌손상(Hypoxic Brain Injury: HBI)

저산소성 뇌손상은 심근경색, 익사, 감전, 기도폐쇄 등으로 인해 뇌에 필요한 산소가 차단되어 신경조직이 붕괴되고 기능을 상실하게 된다. 호흡기능에 문제가 있는 저산소증(hypoxia)은 세포 내 산소 분압이 떨어지게 되면서 에너지 생성이 불가능하게 되어 판단력 장애, 피로감, 두통, 부종 등이 나타나고, 심부전, 패혈증, 호흡곤란으로 사망하게 된다. 허혈(ischemia)은 혈류장애로 혈액의 구성요소인 혈장과 혈구(백혈구, 적혈구 혈소판)의 양이 감소되어 나타나는 혈량 감소(oligemic)가 나타나며, 적혈구는 산소와 결합하여 헤모글로빈을 운반하는데 산소가 부족하면 영양소의 운반이 어렵게 된다. 결국 혈류가 완전히 정지되면 액화괴사로 이어지며, 이를 경색(infarction)이라 한다.

치료는 뇌손상 정도에 따라 경도(mild), 중등도(moderate), 중증(severe)으로 분류하여 진행된다. 경도 뇌손상은 가벼운 뇌손상 혹은 뇌진탕으로 분류되며, 두통, 수면장애, 균형 등의 문제가 보이나 1년 이내에 완전히 회복된다. 중등도 뇌손상은 의식 손실 및 혼수상태가 수 주간 지속될 수 있으며 신체, 인지, 운동적인 기능에 후유증이 남을 수 있다. 중증 뇌손상 환자는 수개월 동안 무의식 상태로 있어 거의 영구적으로 신체, 인지, 운동 기능에 결함을 가지며 일부는 영원히 깨어나지 못할 수 있다.

(2) 신경재활 음악치료

재활이란 질병 또는 사고로 장애를 가진 사람의 신체적, 정신적, 사회적 능력을 최대로 회복시키기 위해 치료, 훈련, 교육 및 환자 관리를 통해 삶의 질을 높이는 것을 말한다. 뇌의 여러 기능과 장애에 따른 치료에 대한 연구가 이루어지며 1990년경 뇌, 신경학, 음악치료라는 세 가지 분야가 만나 **신경학적 음악치료**(NMT)가 체계화되었다. 신경학적 음악치료는 뇌 가소성과 기능적인 재훈련 과정을 보다 과학적으로 돕기 위해 음악을 사용한다. 가소성(plasticiy)은 뇌가 고정된 것이 아니라 풍부하고 다양한 경험을 통하여 자기변형(self modification) 및 재조직(reorganization) 할 수 있음을 의미한다(Kolb, 2004). 악기, 음악의 구조, 다이나믹 등의 다양한 음악 경험은 인지와 정서를 동시에 자극하여 좌뇌와 우뇌를 고루 자극하고 뇌를 재조직하여 재활을 돕는다.

신경학적 음악치료는 크게 세 가지 영역으로 신체 감각운동, 언어 기능, 인지 기능의 회복 훈련을 한다. 회복 훈련을 위해 먼저 환자의 진단적, 기능적 평가를 한 후 치료 목적, 목표를 확인 개발하여 기능적, 비음악적인 치료 훈련을 설계한다. 그 후 기능적 훈련에 음악치료를 위한 음악경험으로 변환하여 치료를 적용하고 진행하는 과정을 가진다.

① 신체재활(sensory motor rehabilitation)을 위한 음악치료

뇌손상으로 인한 신체마비는 편마비(hemiplegia), 강직 등의 증상이 나타나며 걸음걸이의 균형이 맞지 않는 보행장애, 팔 협응 등의 문제를 보인다. 리듬은 신체에 동기화 현상을 나타내어 리듬에 맞추어 보행을 하게 되는데 이를 이용한 치료가 리듬청각자극(Rhythmic Auditory Stimulus: RAS)이다. 리듬과 패턴은 신체에 리듬 신호를 주어 보행 속도, 균형, 보폭, 걸음걸이 등 운동 기능을 돕는다(Kim, 2010). RAS에서는 클라이언트의 1분당 걸음 수를 측정하고 1/4 동안 일치하는 분속 수를 사용하여 같은 리듬의 박을 들으며 걷기를 연습한다. 보행의 정도와 세션의 단계에 따라 다음 템포를 10% 증가하여 걷기를 연습한다. 걷기의 속도, 균형 등에 따라 5~10% 템포를 더 증가시켜 반복 운동하여 세션을 진행한 후 서서히 리듬청각자극을 제거하고 걸을 수 있

는지 확인한다. 4분의 4박 계열의 강한 강세가 붙는 분명한 박의 리듬을 사용한다. RAS의 목적은 보행 속도, 균형, 보폭, 걸음걸이 보조를 향상시키는 것이다.

패턴이 있는 감각 향상(Patterned Sensory Enhancement: PSE)은 리듬, 선율, 화성, 역동적 음향 등 음악요소를 사용하여 리듬 패턴으로 공간, 시간 힘의 신호로 움직임을 조절하는 것이다(Thaut, 2009에서 재인용). 음악요소의 패턴을 사용한 악기연주를 통하여 뻗기, 잡기, 들어올리기 등 근육 운동을 자연스럽게 훈련할 수 있다. 일반적인 재활에서의 동작훈련을 하거나 악기를 연주하며 즐겁게 참여하면서 재활의 목표를 성취할 수 있어 재활치료에 효과적이다. 이때 음악치료사는 운동학적 이해를 가지고 원하는 운동 패턴을 개념화하여 원하는 운동 패턴을 신경학적 음악치료 훈련으로 변환해야 한다. 그러기 위해서는 운동과 음악에 대한 높은 이해가 있어야 하며 동일한 구조 형태를 적용할 수 있어야 한다. PSE는 음악이 반주가 아니라 소리를 이용한 운동학의 감각 신호로 운동을 조절하는 주요한 방법임을 기억해야 한다.

- **공간적 신호**: 높이, 음량, 소리의 연속성, 화성을 사용하여 클라이언트의 관절운동범위 안에 있는 움직임을 향상시키는 데 사용한다.
  예 크레센도와 함께 저음에서 고음으로 올라가는 멜로디 라인은 두 팔을 머리 위로 올리는 동작에 사용한다.
- **시간적 신호**: 속도, 박자, 리듬 패턴, 형식을 이용해 클라이언트가 규칙적인 재활 운동을 하도록 도와준다.
- **힘의 신호**: 주로 근육 활동을 자극하고 음악의 하모니와 속도가 이용된다.

치료목적을 위한 악기 연주(Therapeutic Instrumental Music Performance: TIMP)는 기능적인 비음악적 운동 패턴을 촉진하는 악기연주를 수반하는 신체훈련이다(Elliott, 1982; Sutton, 1984). 180도로 손을 올리기가 어려운 편측 마비 환자가 악기를 이용하여 움직임의 각도를 증가시키도록 돕는 등 악기로 다리 올리기, 손목 양옆으로 돌리기, 균형 잡기, 팔꿈치 구부리고 펴기 등을 악기연주로 움직임을 유도하게 된다. PSE와 TIMP는 크게 대근육과 소근육을 위한 신체재활 음악치료로 나누어 환자의 치료목적에 따라 적용할 수 있다. 대근육 신체재활을 위한 음악치료로 팔, 손(편위, 신전, 굴곡, 쥐기, 놓기), 협응을 도울 수 있고, 소근육 신체재활을 위한 음악치료로 피아노 건반을 활용할 수 있다. 음악의 리듬적 요소를 통하여 소근육, 손의 자세, 동작 등에 영향을 주어 분리적인 소근육을 향상시키는 데도 도움을 준다.

TIMP에서 악기 사용의 예

- **발가락 올렸다 내리기**: 캐스터네츠를 바닥에 부착하여 사용, 2박자 사용, 올리는 동작에 강한 악센트
- **다리 올리기**: 드럼이나 탬버린을 클라이언트 발로 찰 수 있는 거리에 두고 악기를 발로 치고 내림, 6박자 사용, 올리는 동작에 강한 악센트
- **손목을 양옆으로 돌리기**: 실로폰이나 비브라폰 사용, 주로 6박자 사용
- **균형운동**: 몸통을 양옆으로 돌리는 운동이 많이 사용됨, 2개의 드럼이나 건반악기를 오른쪽과 왼쪽에 두고 사용, 아주 느린 6박의 리듬을 사용
- **팔꿈치 구부리고 펴기**: 쭉 펼 수 있는 거리에 악기를 둠, 4박이나 6박 사용

청각적 리듬 신호를 사용한 이두근과 삼두근의 EMG(근전도)활동 연구에서는 리듬적 신호 주기가 팔 근육들의 EMG 패턴에 영향을 주었고, 손가락 두드리기와 리듬의 일치를 향상시킬 수 있었다(Thaut, Sandra, & William, 1991). 이주영(1999)의 연구에서는 음악 리듬 훈련(RAS)이 뇌졸중의 편마비적 보행을 균형적으로 이끌고 나아가 장기적이고 힘든 훈련에 대한 동기부여와 재활 의지를 제공하여 줄 수 있는 가능성을 보여 주었으며, 김지현(2006)의 연구에

서는 치료적 악기연주(TIMP)가 뇌졸중 환자의 손 장악력과 기민성에 미치는 효과를 알아본 결과 뇌졸중의 편마비 환자의 건측과 환측 장악력과 기민성이 향상되었음이 보고되었다.

② 언어재활(speech and language rehabilitation)을 위한 음악치료

노래 부르기와 말소리는 유사성이 많다. 음악과 언어는 악센트 및 강도와 같은 다이내믹의 유사성을 가지며 소리를 지속하고 멈추는 리듬요소와 음의 높고 낮음 및 프레이즈를 사용하는 부분에서 많이 닮았다. 이러한 음악과 언어의 유사성을 사용하여 음악치료에 활용할 수 있다(Patel, 2003).

• 말소리 장애

말소리장애(speech-sound disoder)는 소리를 산출하기 위한 조음에 관여하는 근육 이상으로 설명되어 왔다. 혀, 입술, 구강 등의 소리를 내기 위한 조음기관, 즉 감각 운동에 문제가 있는 조음장애(articulation disoders)와 말하기 위한 기관에 문제가 없으나 자음 정확도가 떨어지거나 생략, 대치, 왜곡 등의 자음 산출의 언어적 결함이 보이는 음운장애(phonological disoders)가 있다. 이를 따로 구분하기도 하고 조음음운장애로 함께 보기도 한다. 호흡, 발성, 조음 등의 치료목적 단계에 따라 노래 부르기를 활용할 수 있다. 노래를 부를 때는 말할 때보다 폐, 흉부, 근육 등에 4배 이상의 압력이 증가하고 많은 호흡량이 필요하기에 노래 사용이 용이하다(Haneishi, 2001).

• 실어증

실어증(aphasia)은 언어 기능을 담당하는 좌뇌에 이상이 발생하여 의사소통 문제로 이어진다. 외상, 종양, 감염 등의 경로로 나타나며 흔히 뇌혈관사고(CVA) 뇌졸중으로 나타난다. 실어증 유형은 다양하게 나타나며, 빈번하게 나

타나는 유형은 다음과 같다.

–**브로카 실어증**(Broca's aphasia)은 브로드만 영역 44, 45의 병변 부위에 손상이 나타나는 것으로 언어 부위인 좌반구 전두엽에 문제가 있을 때 발생하고 우측 편마비 가능성이 있다. 짧은 구, 막힘 등 비유창한 구어 산출을 보이며 전보식 문장(조사 사용이 어려움)의 비문법성을 보이나 청각적 이해력은 높다. 따라 말하기, 명명하기는 불가능하며, 자신의 문제를 인식하여 심리적 문제를 동반하는 경우가 많다.

–**베로니케 실어증**(Wernicke's aphasia)은 브로드만 영역 22에 손상이 나타나 좌반구 상위 측두 뒷부분이 손상되는 유창성 실어증의 하나로, 끊임없이 이야기를 유창하게 하지만 단어 찾기에 어려움을 보이며 반복 및 대화 시 순서 바꾸기를 어려워한다. 유창하지만 내용이 없거나 부적절한 빈 구어를 나타내어 청각적 이해력이 낮으며 신조어 및 혼잣말을 웅얼거리기도 한다. 따라 말하기, 명명하기가 불가능하며 자신의 문제를 인식하지 못하여 심리적 문제를 동반하는 경우가 적다.

–**전반적 실어증**(global aphasia)은 좌반구의 광범위한 손상으로 베르니케와 브로카를 모두 포함한다. 수용 및 표현 양식 전반이 손상되고 거의 모든 것이 불가능한 상태이다.

–**명칭 실어증**(anomic aphasia)는 문법 형태가 바르고 유창하며 청각적 이해도 양호하나 단어 찾기에 어려움을 보인다.

• 말운동장애

말운동장애(motor speech disoder)는 신경학적 문제로 발생하며 실행증, 마비말장애가 있다. 중추신경계가 손상되며 구강 근육 및 말 산출의 프로그래밍에 문제가 생기는데, 이를 **실행증**(apraxia)이라 한다. 느린 말 속도, 모방 어려움, 전위, 대치, 생략 등의 문제가 나타나지만 청각적 이해는 정상으로 심리적 스트레스를 받게 된다. **마비말장애**(dysarthria)는 피질부터 근육까지 호흡, 발성, 공명, 조음 처리 과정의 전체 과정에 문제를 일으키는 신경근육 말장애라고 할 수 있다. 구강 운동이 어려워 말 속도가 느리고, 섭식(씹기, 빨기)의 문제도 보인다. 음악치료는 발성을 위한 준비운동 과정을 통하여 근육을 이완시킨 후 호흡훈련을 통하여 호흡과 발성을 위한 근육 협응에 도움을 준다. 조음명료도를 확인하여 노래 부르기 활동을 통해 필요한 조음연습을 진행하고 관악기 연주를 통하여 호흡의 강도, 심폐 기능에 도움을 줄 수 있다.

• 유창성장애

유창성장애(fluency disoder)는 일시적 스트레스 현상(episodic stress reaction)으로 나타나기도 하는데, 긴장과 스트레스로 구강구조에 힘이 들어가 음성이 떨리며 비유창성이 나타나며 이는 스트레스가 없어지면 자연스럽게 회복된다. 심인성 말더듬(psychogenic stuttering)은 갑자기 경험하게 되는 심리적 외상, 사고 등으로 우울, 불안과 함께 신경증(primary neurosis)의 증세로 나타나는 유창성장애이다. 주로 첫 음절, 강세 음절을 반복하는 형태의 패턴을 보인다. 신경학적 말더듬(neurogenic struttering)은 뇌의 신경계 손상으로 나타나며 뇌졸중, 외상성 뇌손상, 종양, 무산소증 등과 관련되어 나타난다. 알코올 중독, 약물 중독, 치매 환자에게도 유창성 문제가 나타나기도 한다. 심인성 말더듬과 같이 말더듬은 비슷하나 불안은 없고 낱말의 처음보다는 전체적으로 더듬 반복, 막힘 등이 나타난다. 말빠름증(cluttering)은 말, 언어, 행동의 유창성 이상과 과잉의 형태를 보인다. 또한 이중 언어 및 다문화의 경우에도 유창성장애가 나타나 치료 전 원인을 바로 파악하고 심리적 · 신경적 문제에 따라 치료에 접근해야 할 것이다.

• 음성장애

음성장애(voice disorder)는 후두에서 음성 생성, 공명, 조음, 운율 말소리 생성까지 다양하게 그 범위가 적용되고 있다. 음성이 과하게 높거나 낮은 음도, 변화폭이 제한되거나 부적절하게 변화하는 등 음도, 음량, 음질, 호흡, 속도/리듬, 음성의 긴장이 비정상일 때 음성장애라고 한다. 음도는 성대가 닫히는 속도와 관련되어 최적의 음도를 찾을 때도 판정을 한다. 자연스러운 생리적 발성과 음역 가창법(range singing techniques)을 사용하여 목소리를 녹음하고 기계를 사용하여 판단한다. 음역 가창법에서는 도레미를 '아아아'로 낼 수 있는 가장 낮은 음에서부터 높은 음까지 소리 내어 전체 음의 수를 계산한 후 가장 낮은 음에서 1/4에 해당하는 음이 최적 음도에 해당된다. 정상적 음성은 자연스러운 변화를 가진 억양(intonation/inflection)을 보이나 마비말장애는 단음도로 제한된 음도를 보인다. 그 외 한 음성에 2개 이상의 음도가 나는 이중 음도(diplophonia), 낮은 음도로 이야기하다가 갑자기 높은 음도로 이야기하는 음도 일탈(pitch breaks)이 있다. 음량은 dB(데시벨) 장비로 측정하기도 하며 지각적으로 판단하기도 한다. 마비말장애는 너무 느리게 이야기하거나 큰 소리로 말하기도 하며 순간적으로 음량이 손실되기도 하는데 진동 유지에 문제를 보이기도 한다. 강의, 설교 등의 활동으로 너무 큰 소리의 음량을 남용하게 되면 음성장애가 지속되기도 한다. 호흡은 말 속도와 음량과 관련된다. 호흡을 하기 위해 폐와 흉곽의 확장에 참여하는 횡격막이 주로 사용된다. 또한 폐활량(Vital Capacity: VC)과 말 산출에 대한 연구는 정확하게 나와 있지 않으나 정상인과 음성장애의 폐활량이 확연히 차이가 있어 말 산출과 관련되었다고 추측하고 있다. 말 속도와 리듬에 대해서는 너무 빠르거나 부적절한 끊어 말하기, 빈약한 호흡과 관련된다. 음조 생산을 위해 성대 긴장 이완을 위한 마사지, 호흡, 횡경막 호흡 연습을 한다.

언어재활을 위한 음악치료 방법들을 살펴보면 다음과 같다. 첫째, 음악적 말하기 촉진 (Musical Speech Stimulation: MUSTIM)은 익숙한 노래를 부르며 노래의 가사를 반복 학습하여 말하기를 촉진하는 것이다. 매우 익숙한 곡을 사용하여 자연스럽게 학습되어 있는 기억을 촉발하는 반응, 가사를 노래하는 자연 발생적인 반응을 이끌어 내는 것이다. 예를 들어, 치료사가 '나비야' 하고 노래하면 그다음에 환자가 '나비야' 하고 부르게 된다. 한 소절을 부르고 노래 부르기가 가능해지면 길이를 늘려 가창을 유도하여 말하기를 촉진한다.

둘째, 멜로디 억양치료(Melodic Intonation Therapy: MIT)는 표현성 실어증(언어 이해는 가능하나 단어가 잘 인출되지 않아 표현의 어려움을 경험한다)의 기능 회복 훈련을 위한 치료 기법이다. 브로카(비유창성) 실어증에 적용하는 치료방법으로 보스턴 대학교에서 개발된 MIT는 짧은 멜로디에 언어 구절을 넣어 부르고 점차적으로 음악적 요소를 제거해 나가 일반화시켜 치료해 나가는 방법이다. 베이커와 탬플린(Baker & Tamplin, 2006/2011)은 중증 비유창성 실어증 환자에게 변형된 멜로디 억양치료(MMIT)를 발전시켰는데, 음악적인 구조를 만들어 선율적인 악절을 내면화하여 구두로 사용하도록 하였다. 음고를 옥타브로 제한하여 쉽게 인식할 수 있는 다른 멜로디로 앞 절과 뒤 절을 구성하였다. 점차적으로 치료사와 음악의 중재는 중지하고 환자 혼자서 사용하도록 단계적으로 사용한다. 구어와 유사한 운율과 억양으로 불러진 기능적인 프레이즈를 사용한다. 처음에는 멜로디만 제시하고 두 번째 단계에서는 허밍으로 멜로디를 부르고 목표단어를 넣어 노래를 부른다. 세 번째 단계에서는 멜로디를 듣고 목표단어를 말한다. 마지막 단계에서는 멜로디 없이 단어를 말한다.

셋째, 리듬 있는 말하기 신호(Rhythmic Speech Cueing: RSC)는 메트로놈을 사용한 리듬 형태나 음악이 삽입된 청각 리듬을 사용하여 말하기 신호를 주는 속도 제어 기법이다. 마비말장애 환자는 언어를 이해하거나 표현하는 데 어려움이 없으나 편측마비로 인한 입술이나 혀 근육 마비 등 근육 문제로 언어장애를 가지게 된다. 말 명료함을 향상시키기 위한 속도 조절에 효과적인 치료법이다.

넷째, 음성억양치료(Vocal Intonation Therapy: VIT)는 음성장애의 기능 회복 훈련을 위한 기법으로 노래 부르기, 호흡, 다른 음성 조절 연습, 즉 음악적 발성으로 음조, 호흡 지지, 음색, 발음, 공명, 억양을 포함하는 음성 조절의 모든 측면의 훈련을 지향한다. 음성장애는 신경학적 혹은 뇌손상 등으로 목소리가 약하거나 쉰 목소리가 나기도 한다. 예를 들어, 모노톤의 같은 음도로 말하는 환자에게 다양한 음조로 말할 수 있도록 넓혀 줄 수 있다.

다섯째, 구강운동과 호흡훈련(Oral Motor and Respiratory Exercises: OMREX)은 주로 발성과 관악기 연주를 통해서 음악적 소재와 연습을 향상시키는 기법이다. 마비말장애 등 호흡 기능에 영향을 미치는 다른 장애에도 적용이 가능하다. 호흡과 관련된다는 점에서 VIT와 비슷하나, VIT가 음성의 질 향상에 집중한다면 OMREX는 발음 향상을 위해 보다 집중한다는 차이가 있다. 약한 강도로 연주할 수 있는 악기와 더 힘이 필요한 악기의 다양한 난이도를 가진 악기들을 단계적으로 선택하여 사용할 수 있고 관악기를 연주하며 호흡 능력을 증가시키게 된다.

여섯째, 치료적 노래 부르기(Therapeutic Singing: TS)는 다양한 신경학적·발달적 말하기 및 언어장애에 사용되는 기법이다. 말하기와 언어의 시작, 발달, 발음을 돕고 호흡기관의 기능을 향상시키기 위해서 사용되는 기법이다. 수정이 필요한 어려운 발음의 단어가 들어가 있는 곡을 선곡하여 사용할 수 있다. 노래 부르기를 활용하여 한 소절의 끝부분을 길게 늘여서 호흡을 증가시켜 호흡의 활동으로 사용할 수 있다.

코헨과 매시(Cohen & Masse, 1993)는 노래 부르기가 신경학적 손상 환자들의 말하는 능력 향상, 말 산출의 증가 등으로 언어재활을 도울 가능성이 있다고 하였다. 목소리 톤, 강도, 속도, 명료도 향상을 위하여 2명의 통제군, 6명의 실험군으로 3주 동안 주 3회, 30분씩 진행하였다. 처음 조용한 음악에 5분 동안 얼굴, 목, 머리, 어깨, 상체를 움직이는 신체 운동을 한 후 10분 동안 호흡과 발성 연습을 포함한 발성 준비훈련을 하고, 5분 동안 노래가사를 찬팅(chanting)하는 것으로 구성된 리드미컬하게 말하기 훈련(rhythmic speech drills)을 하였다. 그 후 뇌졸중 발병 전, 잘 알고 있었던 노래를 10분 동안 부르는 것으로 세션을 종결하였다.

이난복(2000)의 연구는 멜로디 억양치료(MIT)가 비유창성 실어증 환자들의 언어재활에 미치는 효과를 알아보기 위한 것으로, 평균 발화길이, 총 발화 수, 분당 음절 수, 이름 말하기, 따라 말하기, 구어명료도 등을 알아보았다. 그 결과, MIT를 실시한 실험집단이 실시하지 않은 통제집단보다 평균 발화길이($p<.01$), 총 발화 수($p<.001$), 분당 음절 수($p<.001$), 이름 말하기($p<.01$), 따라 말하기($p<.01$) 그리고 구어명료도($p<.001$)에 유의미한 향상을 보였다. 이는 MIT가 표현 언어에 어려움을 가지는 비유창성 실어증 환자의 언어재활에 긍정적인 효과를 나타내었음을 증명하였다.

베이커와 위그램(Baker & Wigram, 2005/2008)은 뇌손상 환자와의 치료적 노래 만들기를 통하여 화용 기술을 극복할 수 있는 방법과 사례를 소개하였다. 노래 가사와 멜로디까지 다 만드는 것이 어려울 때는 기존 곡에 가사 바꾸기 활동을 통하여 뇌손상 환자에게 사용할 수 있다. 노래 가사를 바꾸기 위해 주제를 탐색하고 선택한 주제에 관련된 아이디어를 모은 후 중요도가 떨어지는 아이디어를 삭제하는 과정을 거쳐 노래를 위한 가사를 완성해 나간다. 이때 화용 기술에 필요한 주제 유지, 어휘, 문장 구성 등을 고려하여 작업한다.

③ 인지재활(cognitive rehabilitation)을 위한 음악치료

인지재활에서는 청각적 집중과 인지 훈련, 기억력 훈련, 수행기능 훈련을 할 수 있다.

• 청각적 집중과 인지 훈련

청각적 집중과 인지 훈련은 패턴화된 정보 처리, 지각적 감각 준비, 리듬에 대한 집중, 청각적 정보 처리를 기반으로 한다. 음악 감각 오리엔테이션 훈련(Music Sensory Orientation Training: MSOT)은 라이브 음악이나 녹음된 음악을 사용하는 감각 자극에서 시작하며(각성반응을 유발시키기 위해), 환자는 인간, 장소, 시간에 순응하고 조심성과 집중력을 향상시키며 심각한 발달장애나 혼수상태에 있는 환자에게 적용된다. 음악적 무시 훈련(Musical Neglect Training: MNT)은 외상으로 신체의 한쪽 감각이 약해진 환자와 손상된 부분에 제시된 자극에 대한 감각적인 처리 결핍을 가진 환자를 위해 사용하며 무시되었던 시각적인 부분에 환자의 관심을 유도하기 위해 리듬적으로 구조화된 악기연주와 연합(리듬악기는 환자의 상태에 적합하게 배치)하여 사용한다. 시각적 무시나 무관심을 개선하기 위해 계획된 훈련에 참여함과 동시에 뇌 반구의 두뇌 처리 기능을 자극시키기 위해 음악을 청각적으로 제시하기도 한다. 청각적 지각 훈련(Auditory Perception Training: APT)은 환자에게 소리를 분별하고 시간, 속도, 음의 지속시간, 음역, 음색, 리듬 패턴, 말소리를 포함하는 소리의 요소를 인지하게 하기 위해 사용한다. 악기 연주하기, 동작 만들기, 음악에 맞춰 춤추기 또는 드럼 연주 시 소리의 촉각적 감각 느끼기를 지시하는 등의 청각적·촉각적·시각적·운동적인 모든 것을 포함하는 감각 자극을 통합시키도록 요구한다. 음악적 집중 조절 훈련(Musical Attention Control Training: MACT)은 인지훈련(재활)에서 가장 초점을 받고 있는 음악집중도를 조절하는 훈련이다. 능동적이거나 수용적인 음악 활동을 포함하여 작곡되거나 즉흥연주되어 선별적(selective, 하나의 감각 근원지에 초점을 맞추고 다른 감각요소는 무시하도록 방법을 가르침), 지속적(sustained, 집중의 초점을 유지, 점차적으로 늘어난 시간 동안 집중의 시간을 지속하기 위해 고안), 분리적(divided, 두 가지 다른 감각 근원지에 동시에 초점을 맞추도록 함), 교차적(alternating, 자극의 한 근원지에서 다른 근원지로 관심을 바꿀 수 있도록 교육) 집중을 하기 위한 신호가 된다.

• 기억력 훈련

게슈탈트 원칙, 정서 수정, 기분과 기억의 연상 네트워크 이론을 이용한다. 음악적 기억술 훈련(Musical Mnemonics Training: MMT)은 암호화하고 해독 · 회상하는 능력을 자극하기 위해 음악을 사용하는 기법으로, 모방적 기억술(감각 정보의 즉각적인 회상), 절차적 기억술(규칙과 이전에 학습했던 기술을 기억), 서술적 기억술[상징적 정보를 해독하는 데 필수적인 어의(語義)와 에피소드를 기억] 등이 있다. 연상적 기분과 기억 훈련(Associative Mood and Memory Training: AMMT)은 기억과 연결된 기분을 유발하여 기억에 직접적으로 접근한다. 학습과 회상을 일으키는 긍정적인 기분이나 정서 상태를 유발시키는 것 등이 목적이다.

• 수행기능(executive function) 훈련

게슈탈트 원칙, 사회학습을 사용한 패턴화된 정보 처리를 기반으로 한다. 음악적 수행기능 훈련(Musical Executive Function Training: MEFT)는 조직화하기, 문제 해결하기, 결단하기, 논리적으로 생각하기, 이해하기와 같은 수행기능 능력을 연습할 수 있는 기회를 제공한다. 집단이나 개별 세션에서 음악 즉흥연주와 작품활동은 조직화하기, 창조적 표현하기를 도모하고 사회적 상호작용을 지지하는 감각적 구조 안에서 사용된다.

인지는 입력-저장-처리-출력 과정을 통하여 정보를 입력하고 실행하게 된다. 수용 기능(receptive function)은 정보의 선택, 획득, 분류 및 통합을 하고, 기억 및 학습(memory & learning)은 정보를 저장하고 인출하며, 사고(thinking)는 정보를 조직화 및 재조직하고, 표현 기능(expressive function)은 전달하거나 동작으로 표현하는 과정을 갖는다. 뇌손상으로 이러한 뇌의 처리 과정에 문제가 생기게 되며 이에 대한 재활을 위해 인지재활을 시행한다.

주의력(attention)은 외·내부의 부적절한 자극을 여과하여 필요한 것에 최적의 상태로 주의하는 것을 의미하는데, 뇌손상으로 주의력에 문제가 쉽게 발생한다. 주의력은 컨디션, 난이도, 정서 상태에 따라 다르게 나타날 수 있어 1회로 평가하기보다는 반복적인 관찰이 이루어져야 한다. 주의력에 문제가 있는 환자는 보다 구체적으로 집중 주의력, 지속 주의력, 선택 주의력, 교대 주의력, 분리 주의력(Mateer, 2000) 등의 주의력 모델(〈표 4-1〉 참조)에 따라 평가하고 치료목표를 구체적으로 설정하여 진행해야 한다.

기억력(memory)은 정보를 입력하고 저장하여 인출하는 과정을 가지는데 저장하는 시간에 따라 감각기억, 단기기억(1분 이내 저장), 장기기억(1분에서 수년)으로 분류할 수 있다. 음악은 음악의 패턴과 구조에 따라 여러 정보를 하나의 단위처럼 기억할 수 있는 시간적 응집(chunking)과 비슷한데 정보를 덩어리로 묶어 정보의 양을 축소시켜 기억하는 것을 말한다(이석원, 2013; 최병철 외, 2015).

주의력 및 기억력 증진을 위한 악기연주 시 특정한 자극을 선택적으로, 번갈아 가며 교대 주의하도록 하여 연주에 참여하면서 주의력을 증진시킬 수 있다(Gregory, 2002). 색깔악보로 악기를 연주하는 활동은 다감각(multisensory)을 활용함으로써 시각, 청각, 운동이 결합되어 언어학습 및 과제 수행 능력에도 도움을 준다(곽현정, 2003). 리듬 회상기법(Recall of Rhythm Technique: RRT)에서는 짧은 리듬 패턴을 악기로 기억하여 모방 연주하며 치료 목적에 따라

〈표 4-1〉 주의력 모델

집중 주의력 (focused attention)	특정한 자극에 반응하는 가장 기본적인 수준
지속 주의력 (sustained attention)	연속적으로 반복되는 활동에서 일관성 있게 반응을 유지하는 것
선택적 주의력 (selectice attention)	다양한 자극에 산만해지지 않고 과제에 초점을 맞추는 것
교대 주의력 (alternating attention)	과제 사이에서 번갈아 가며 주의력을 유지하는 것
분리 주의력 (divided attention)	복합적인 과제에서 주의력이 분리되는 것 예 요리를 하며 동시에 통화를 하는 것

리듬 패턴의 길이를 늘려 가며 기억력을 훈련할 수 있다.

기억력 증진을 위한 노래 활동(Recall of Lylic Information Technique: RLIT)은 노래가 가진 가사의 정보를 통하여 단기기억을 촉진한다. 익숙한 노래를 치료 목적에 맞게 길이를 정하여 부르고 질문을 구성하여 가사의 정보를 회상한다. 예를 들어, 잘 알려지지 않은 곡 혹은 클라이언트가 모르는 곡을 선택하는데, 장소, 사람, 음식 등의 내용이 담긴 노래를 부르고 즉각적으로 어떠한 내용이 있었는지 회상하여 단기기억 기술을 높일 수 있다. 이러한 노래 반복은 일상생활에 필요한 기술의 학습을 돕기도 한다(Patel, 2003). 조직화 기술을 증진하기 위한 노래 만들기는 노래를 직접 만드는 활동에서 과제를 조직하고 가사와 악기를 구성 및 편성하는 등 논리적 사고를 촉진하고 문제해결 능력을 증진시킨다. 또한 집단과 함께 의견을 나누며 만들어 가는 활동을 통하여 그룹원과 함께 교류하고 소통을 증가시킨다(Baker, Rickard, Tamplin, & Raddy, 2015; Elefant et al., 2012).

인지 훈련과 기억력 훈련은 집중이 어려운 환자에게 두 가지 정도의 색으로 된 색깔악보를 이용하여 악기를 연주하여 집중과 기억력을 함께 훈련할 수 있다. 두 가지 색깔이 익숙해지면 색깔을 늘려서 수준을 높여 기능을 향상시킨다. 리듬모방에서는 기본박으로 쉽게 시작하여 모방을 연습하고 점차적으로 분할박 및 다양한 리듬으로 수준을 높여 집중과 기억력 향상을 위해 훈련할 수 있다. 또한 기억력 훈련에서 멜로디 연주하기를 활용할 수 있다. 한 마디에서부터 시작하여 점차 마디를 늘려 멜로디를 기억하여 연주하게 한다. 수행기능 훈련에는 음악 안에서 지시 따르기, 구조에 맞추어 악기 연주하기 등이 해당된다.

④ 재활 환자를 위한 정서 심리치료

신경 손상 환자는 성급함, 초조함, 분노, 충동성, 낮은 자기조절, 불안, 의심 등의 정서적 문제를 나타낸다(Prigatano, 1999). 전두엽 손상 환자는 충동성의 문제를 보여 말하기 전에 생각하는 능력을 잃어버리며 순서 기다리기, 상황에 맞게 말하기 등에 어려움을 보인다.

심리사회적 행동훈련은 감정 조절과 그룹치료 등 음악심리치료 형태로 진행된다. 재활 환자들은 계속 반복되는 재활에서 발생하는 부정적 감정들을 다룬다. 이때 노래 만들기를 활용하여 자신의 감정을 표현하고 가사를 만들고 노래를 완성하여 녹음까지 할 수 있다. 재활 환자의 수준에 따라 치료사가 노래 만들기의 영역을 수준별로 세팅하여 치료를 진행할 수 있다. 이는 재활 환자에게 심리사회적 · 정서적 · 인지적으로 긍정적인 영향을 줄 수 있다. 베이커와 위그램(Baker & Wigram, 2005/2008)은 외상성 뇌손상 환자를 위한 노래 만들기를 소개하는데 가사로 쓸 주제를 함께 찾아보고 주제와 관련된 아이디어를 브레인스토밍한다. 주제와 관련된 생각, 감정, 개념을 확인하고 주제들을 관련된 항목으로 묶고 중요하지 않은 내용은 버린다. 정리된 주제들을 논리적 흐름에 따라 배치하고 노래 가사를 구성한다. 노래 만들기는 뇌혈관사고 및 후천성 뇌손상 환자에게도 적합하다. 또 다른 방법은 즉흥연주로 감정의 해소와 외상에 대한 적응을 용이하게 만들며 실어증 환자와 같이 말로 표현하지 못하는 환자에게 매우 유용하다. 즉흥연주를 통해 억압된 긴장과 혼란을 표현하고, 강한 슬픔과 비통함을 해소할 수 있는 기회를 줄 수 있다. 음악은 자신을 표현할 수 있는 대안적인 도구가 될 수 있으며 적절하게 부정적인 감정을 표현하도록 도와준다. 현실에 대한 통찰력을 갖게 하고 자신의 삶을 통제할 수 없다고 느낄 때 음악 안에서 조절함을 경험하며 안전감, 지지감을 갖게 한다. 재활 환자의 불안정한 심리를 해소하기 위해 음악치료에서 긴장이완을 위한 음악 감상 및 인내와 조절 능력을 키우기 위한 노래 및 악기연주 활동을 계획적으로 제공하여 신체, 인지, 언어 및 재활에도 도움을 줄 수 있지만 심리적으로 안정된 상태에서 재활치료를 더욱 효과적으로 진행해야 할 것이다.

2) 음악과 정서 및 사회 영역

(1) 스트레스

스트레스는 초기 부정적인 자극의 형태로 이해되었으나 이러한 정의가 편협되었음을 지적하며 자극에 대한 반응보다는 관계적인 현상에 주목하기 시작하였다. 스트레스 상호작용 모델(transactional model of stress)에서는 개인이 경험하는 스트레스의 특정한 사건에 대해 어떻게 평가하고 심리적 기제를 어떻게 사용하는가에 따라 스트레스가 달라진다고 보았다(Lazarus & Folkman, 1984). 즉, 스트레스는 발생요인적 환경뿐 아니라 스트레스를 받아들이는 개인 내적인 평가와 사회적 지원에 따라 받아들이는 정도가 달라진다는 것이다. 비슷한 스트레스 상황에서 어떤 사람은 부정적으로 받아들이고, 어떤 사람은 쉽게 이겨 내는 것도 비슷한 이유이다. 셀리(Selye, 1975)는 스트레스를 이로운 스트레스(eustress)와 해로운 스트레스(distress)로 나누어 설명하였는데, 적절한 스트레스는 오히려 성과를 높여 주나 스트레스 양이 너무

적거나 너무 과도하면 부정적인 결과를 가져온다.

이러한 스트레스는 개인에게 생리적 · 심리적 · 행동적 세 가지 차원의 영향을 준다.

첫째, 생리적 측면에서 스트레스는 일반적으로 자율신경계에 영향을 미쳐 혈압의 증가, 위장장애, 호흡곤란, 근육긴장 등의 신체적 증상을 나타내는데, 이는 면역 기능, 암, 고혈압 및 심장질환 원인과 높은 관련성이 있음을 볼 수 있다(Ivancevich & Matteson, 1980). 스트레스로 인한 이러한 신체적 현상은 자극이 지속되지 않으면 다시 복원력을 가지고 회복될 수 있지만 지속되면 질병을 유발하게 된다(이미숙, 1998).

둘째, 스트레스의 심리적 영향을 살펴보면 지속적이고 과도한 스트레스는 심리적 어려움을 경험하게 한다. 분노, 불안과 우울, 무력감, 좌절 그리고 공격성 같은 부정적인 정서 등을 경험하게 된다. 이러한 부정적인 정서들은 신경증, 불안장애, 분노조절장애, 신경과민, 우울증 등의 심리적 병리 상태를 경험하게 하고 직무불안, 낮은 동기, 집중력 저하, 무기력 등의 직무상의 문제와 연결되어 근로자의 직무만족도를 저하시키며 삶의 질을 저하시킨다(고대식, 이동진, 고태성, 2013). 또한 심리적 요인과 신체적 요인은 서로 상호작용하는 기능이 있어 심리적 스트레스가 신체적인 증상으로 나타나기도 한다(Friedman, 2000).

마지막으로, 스트레스의 행동적 영향에 있어서는 업무와 관련되어 생산성 저하, 결근, 참여의식 부족, 책임감 상실, 이직의도 등의 역기능적 행동으로 공격성, 흡연 및 과음, 대인기피, 도박, 약물중독 등의 문제행동을 보일 수 있다(김지영, 2010; 홍승만, 2000). 또한 불규칙적이고 비정상적인 식욕과 잠의 행동적 증세가 나타나 일상생활이 어려워지기도 한다. 이러한 직무 스트레스는 개인을 넘어 주변의 동료나 가족, 조직에도 부정적인 영향을 주게 된다(Wallace, 2009).

스트레스를 관리하기 위한 다양한 방법과 연구가 진행되었는데 휴식, 명상, 점진적 이완법, 자율훈련, 인지행동치료 등으로 정신과 신체의 건강을 위해 노력해 왔다(Benson & McDevitt, 1989; Jacobson, 1938). 음악이 스트레스에 어떠한 영향을 주는지에 대한 연구도 다양하게 진행되었다. 음악은 인간의 몸과 마음 그리고 감정에 영향을 줄 뿐만 아니라 인간행동과 감정 표현에서의 변화를 일으킨다. 이는 인간의 잠재의식 속에 내재되어 있는 스트레스와 정신적 고통을 표출하도록 돕고 그룹의 음악 경험이 점차적으로 증가하고 있는 인간 소외 현상에서 벗어나 긍정적인 대인관계를 시작할 수 있도록 돕는다.

음악을 감상하며 함께 호흡하고 신체의 긴장을 이완하도록 돕는 **긴장이완 음악 감상**은 음악이 중추신경계와 자율신경계에 영향을 주어 단계적으로 맥박, 혈압, 호흡 등의 생리적인 균형을 맞추어 스트레스를 이완하고 긴장을 완화하도록 돕는다. 특히 이완의 특징을 가진 느린 템포의 음악은 부교감신경을 자극하여 안정된 상태로 변화를 가져오게 하며, 뇌파, 근육반응에도 변화를 가져다준다(Hirokawa & Ohira, 2003; Robb, 2000; Sears, 1958). 부담을 주지 않는 편안한 환경에서의 감상은 자신의 성찰이나 내적 탐구를 통해 우울 등의 정서를 변화시킬 수 있다. 이러한 음악 감상은 스트레스와 불안을 감소시키며 감정 조절과 스트레스 조절 등의 효과를 나타내었다(Byrnes, 1996; Maack & Nolan, 1999). 음악을 감상하며 평화로운 장소를 연상하는 음악적 심상(music imagery)의 경험을 통하여 긴장을 해소하고 긍정적인 사고나 감정에 초점을 두도록 할 수 있다.

2004~2013년의 스트레스 감소를 위한 음악치료 연구 메타분석(박현경, 이주영, 2014)에서 43개의 논문을 분석하였는데, 일상 스트레스를 다룬 논문이 가장 많았고 중재방법으로는 적극적 방법과 수용적 방법을 혼합적으로 사용한 것이 많았으며 1편을 제외한 모든 논문이 그룹으로 진행되었다. 음악치료는 일반인의 스트레스 감소에 매우 효과적이었으며(효과크기 .859), 중·고등

학생, 성인, 유아, 초등학생의 순서로 효과크기가 큰 결과를 보였다. 특히 문화적응 스트레스에 가장 큰 효과크기를 나타내었으며 그다음은 기타 스트레스, 일상 스트레스로 보고되었다. 모든 중재방법이 큰 효과를 나타내어 적극적 · 수용적 · 혼합적 방법 모두 스트레스에 효과를 나타내었음을 확인할 수 있다. 회기 수는 8회 이하가 가장 높은 효과크기를 보였고 회당 소요시간은 60분 이상인 것으로 나타나, 보다 단기적인 회기에서 충분한 시간으로 경험된 음악치료가 효과가 높은 것으로 나타났다. 일반인의 스트레스를 위한 음악치료에는 단기적인 회기가 효과적이었음을 확인할 수 있었다. 보험 심사 업무자의 단회기 치료적 그룹 음악 활동(악기연주, 긴장이완 음악 감상, 노래 만들기)은 불안, 우울, 신체적 스트레스 그리고 정서 변화에 긍정적인 효과가 있었다. 환경적 · 사회적 필요에 따라 단회기 프로그램이 확대되고 있는데 심사자의 스트레스 정도에 따라, 직급에 따라 단회기 및 장기 프로그램의 필요성을 언급하였다(이은선, 황은영, 2018).

마음챙김 음악 감상(mindful music listening)이 직장인의 스트레스, 마음챙김 수준, 삶의 질, 정서에 미치는 영향에 대한 연구는 주 1회 30~40분간, 13주 동안 마음챙김 음악 감상으로 진행되었는데 프로그램에 참여한 성인 16명과 참여하지 않은 성인 16명으로 공변량 분석(ANCOVA)을 한 결과, 마음챙김 음악 감상 프로그램은 직장인의 마음챙김 수준을 높이고, 스트레스를 줄이며, 삶의 질과 긍정적 정서를 높이고 부정적 정서는 낮추는 것으로 나타났다(심교린, 김완석, 2016). 마음챙김은 카밧진(Kabat-Zinn, 1990)이 현대 심리학에서 의도적으로 몸과 마음을 관찰하고 느끼며 그대로 받아들이는 과정으로 정의하였고, 이는 주의(attention)과 알아차림(awareness)으로 발전되어 현재 자신의 감정에 집중하여 스트레스를 덜 인식하게 한다고 한다. 이러한 이론적 바탕 위에 마음챙김 음악 감상은 감상 후 경험한 것을 나누는데, 어떠한 감정이나 느낌이 떠올랐는지, 그때 자신의 주의가 어떻게 움직이고 작동하였는지에 대해 나누고 현재의 자신의 감정을 알아차리는 1분 명상으로 프로그램을 마무리한다.

음악치료가 임상간호사 직무 스트레스에 미치는 영향에 대한 연구는 S대 부속병원 수술실 간호사들의 동의를 받아 6주 동안 주 2회, 총 12회기 1회 50분간 음악치료가 진행되었으며 총 인원은 3명이었다. 주요 프로그램은 음악 감상과 악기연주, 즉흥연주, 노래 부르기, 노래 만들기 등으로 구성되었고, 노래 선정은 대상자의 선호도를 참고하였다. 검증 도구로는 직무스트레스 검사(Occupational Stress Inventory: OSI)와 상태-특성 불안검사(State-Trait Anxiety Inventiry: STAI) 중 상태불안의 20문항을 사용하였으며, 매 회기 사전 · 사후마다 스트레스 체온계(stress thermometer)를 이용해 체온을 측정하고 오디오를 녹음하여 대상자의 언어적 반응과 행동의 변화를 분석하였다. 그 결과, 음악치료가 직무 스트레스와 상태불안을 감소시켰으며 피부 온도를 상승시켰다(서은주, 2010).

항공기 조종사의 직무 스트레스, 불안 감소를 위한 음악치료 사례연구에서는 비행훈련 교육 중인 조종훈련생 3명을 대상으로 12회기로 주 2회, 1회 60분간의 음악치료를 진행하였다. 음악 프로그램은 음악 감상, 노래 부르기, 악기연주, 작은 음악회를 위한 개별적 음악 활동이었으며, 음악은 개인의 선호도를 참고하였다. 효과 검증 도구로는 직무 스트레스 진단(OSI)과 상태-특성 불안검사(STAI)를 사전 · 사후에 진행하였으며 대상자의 주관적 경험을 측정하기 위해 시각비유척도(Visual Analogue Scale)를, 그리고 대상자의 행동과 언어를 분석하였다. 연구 결과, 직무 스트레스와 상태불안이 유의미하게 감소하였으며 개인적 긴장 영역도 현저한 감소를 보였다(박윤희, 2003).

전 · 의경의 군생활 스트레스 감소에 인지행동음악치료의 영향을 조사한 연구에서는 전입 10개월 미만의 대원 21명을 대상으로 주1회 12회기 음악치료를 진행하였으며 군생활 스트레스 척도, 군생활 만족도를 사용하여 효과검증을 위해 t-test를 시행하였다. 음악치료는 인지행동 스트레스 관리 프로그램(Cognitive-Behavioral Stress Management: CBSM)을 바탕으로 스트레스 요인 및 강점 표현, 부정적 사고인지 및 합리적 사고 증진, 신체이완 및 강점 중심 대처를 통한 자기인식 증진을 목표로 진행하였다. 연구 결과, 군생활 스트레스가 유의미하게 감소되었으며 만족도에까지 긍정적인 영향을 미친 것으로 나타났다(조진영, 2011).

음악치료사의 직무 스트레스에 대한 강아림(2011)의 연구에서는 음악치료사 112명을 대상으로 조사연구를 하였는데, 그들은 근무지 환경(근무지, 근무 형태, 월급, 직업만족도)에 대한 직무 스트레스 차이를 보였으며 임상 경력, 클라이언트에 대해서는 소진의 차이를 보였다. 또한 직무 스트레스와 소진의 변인들 간의 상관관계에서 정서적 탈진과 근무환경의 상관관계가 높은 것으로 나타났다. 음악치료사의 스트레스가 소진에 미치는 영향은 약 41.5%로 나타났으며 소진에 가장 큰 영향을 미치는 변인은 대인관계로 나타나 일하는 상·하 직원들과의 관계의 중요성에 대해서 언급하였다. 또 다른 음악치료사의 직무 스트레스와 대처방법에 관한 연구에서는 53명의 음악치료사를 대상으로 조사하였으며 일반적 배경에 따라 경력이 많을수록, 수입이 높을수록 직무요구 요인이 높게 나타났다. 환경적 배경으로는 근무시간이 많을수록 직무요구 요인에 대한 스트레스가 높게 나타났으며 계약직, 클라이언트의 수가 많을수록 스트레스가 높은 것으로 나타났다. 직무 스트레스에 대한 대처방법으로는 문제중심적 대처방법이 가장 높게 나타났으며 임상 경력이 많을수록 정신적 대처방법을 사용하는 것으로 나타났다(강유리, 2008).

음악치료사의 직무 스트레스와 관련하여 앞서 상담을 진행하는 직업적 특성에 따라 클라이언트의 수, 임상 경력 또는 수입과 대인관계 등에서 스트레스의 차이가 있음을 확인하였다. 이은선, 황은영, 박지선(2013)은 음악치료의 운영현황과 발전방안 고찰을 통하여 직무 환경 문제를 제도적으로 개선시키고 직무 효과를 위한 발전 방안을 제시하였다. 음악치료사의 직무 만족도 연구에서 1년 미만의 음악치료사와 2년 이상 경력의 음악치료사 간의 유의한 차이가 있음을 기초로(최병철, 2005), 2년 이상 충분한 임상 경험이 있는 음악치료사 80명을 대상으로 하였다. 음악치료사는 평균 20회 이상 세션을 진행하는 것으로 나타났으며, 급여 만족도는 풀타임에서 높게 나타났다. 업무 내용으로는 치료 및 상담이 주를 이루었으나 풀타임의 경우 행정적인 일이 많아 낮은 만족도를 나타내었다. 음악치료의 발전 방안 내용으로 '치료 프로그램 질을 높여야 한다'가 1순위로 나타났으며 프로그램과 음악치료의 발전을 위해 보다 음악치료사가 주요적인 자신의 일에 집중할 수 있는 환경적 변화와 치료 수가의 변화도 중요할 것이다.

음악치료사의 소진 및 관리를 위한 연구에서는 개인적 · 전문적 자기돌봄(개인상담, 개인 음악치료, 집단 음악치료 수퍼비전 경험 유무)이 중요함을 언급하였으며 자기 돌봄 수준이 높을수록 치료동맹 수준이 높게 나타났다(김다영, 황은영, 2018). 음악치료사의 주관적 삶의 질의 의미와 본질을 탐구하기 위한 연구에서는 타자를 돕기 위한 직무 선택, 음악치료 전문가로서의 보람과 소득, 음악치료 전문가로서 느끼는 어려움과 대처방안(전문성, 지지자원, 소진 예방을 위한 소진관리, 적극적이고 유연한 태도), 더 깊은 전문성으로 전환, 음악치료사로서의 경험이 개인적 삶에 기여하는 등 개인적 삶에서 느끼는 만족과 갈등, 삶의 질 향상을 위한 개인적 노력(건강관리, 음악 여가, 재충전), 가치관을 구현하는 장으로서 만족 등을 도출하였다(김영신, 2017). 이와 같이 음악치료사가 경험하는 다양한 직무 환경과 어려움 속에서도 개인적 · 직업적 삶의 의미와 가치를 탐구하며 내적동기를 갖는 것은 중요한 과정이다.

• 외상 후 스트레스 장애

부정적인 사고와 자연재해를 통해 불안과 고통을 경험한 후 정상으로 돌아가지 않고 지속하여 불안과 충격을 지속적으로 느끼는 심리적 상처를 트라우마(trauma)라 하며, 트라우마가 지속되어 일상생활이 어려워 부적응 상태에 이르는 것을 **외상 후 스트레스 장애**(Posttraumatic Stress Disorder: PTSD)라 한다. 약물치료와 정신치료 등에 잘 반응하지 않는 복합적 외상 후 스트레스 장애(complex PTSD) 환자와의 즉흥연주 및 음악과 심상을 이용한 음악치료를 시행하고 3개월, 6개월, 9개월 후 어떠한 변화를 나타내는지 살펴보았다. 연구 결과, 치료기간이 경과함에 따라 더욱 호전되는 것으로 나타났으며 특히 심각도가 높았던 정동, 충동조절, 신체화의 감소율이 크게 나타났다(문지영, 2009). 음악치료가 외상 후 스트레스 장애 환자의 뇌파 변화 및 정서, 우울, 불안 감소에 미치는 영향 연구에서는 통제집단 6명, 실험집단 12명의 13~15세 교통사고 환자를 대상으로 하였다. 사고 후 1개월이 지난 대상이었으며, 주 2회 45분, 총 17회 음악치료(노래, 악기연주, 감상) 후 뇌파측정, 정서평가, 불안평가, 우울형용사를 설문을 통하여 측정하였다. 뇌파 검사 결과, 좌우뇌 비대칭성이 감소하였으며 알파파가 증가하여 이완되었음을 확인하였다(박형준, 2008). 또한 참전 군인과 성인의 음악치료 효과가 긍정적으로 나타났으며(Bensimon, Amir & Wolf, 2008; Carr, d'Ardenne, Sloboda, Scott, Wang & Priebe, 2012), 외상 후 스트레스 위기 소방관에 대한 단기간 음악치료에서는 외상 후 스트레스를 낮추는 데 효과를 보였다. 이 연구에서는 3개 지역의 소방관 42명을 실험군(21명), 대조군(21명)으로 5일간 1일 2회기(120분), 총 10회기 음악치료를 시행하였다. 1~2회기는 초기단계로 친밀감 형성과 자율적인 악기연주 참여로 긴장감을 완화하였으며, 3~6회기 중기 단계에서는 상호교류, 자기이해, 내편 표출을 위해 리듬 만들기, 가사 만들기 등으로 접근하였다. 7~8 말기 단계에서는 타인이해, 신체 이완, 정서안정을 위해 음악 감상으로, 9~10 종결단계에서는 자아존중감을 위한 악기연주로 진행되었다(김남송, 방성환, 심규식, 2015).

또한 외상 후 스트레스 사건 관련 성인 장애로는 급성 스트레스 장애(acute stress disorder), 적응장애(adjustment disorders)가 있다. 급성 스트레스 장애는 외상성 사건(부상, 성폭력 등)을 직접 경험하거나 목격, 가까운 사람의 죽음을 경험한 이후에 반복되어 경험되는 재경험(플래시팩), 꿈, 해리 증상(스스로를 다른 사람의 시각으로 바라보는), 회피 증상(관련된 기억, 감정을 피하려함) 등이 3일~1개월 간 지속된다. 적응장애는 인식 가능한 스트레스에 대한 반응으로 우울, 불안, 정서 및 품행 장애 등의 증상을 경험하는 것으로 6개월 미만일 경우 급성, 6개월 이상 지속될 경우 만성으로 본다(APA, 2015). 그 외 아동에 해당되는 반응성 애착장애와 탈억제 사회관여 장애(낯선 성인에게 무분별한 친밀함 나타냄)가 외상 후 스트레스 관련 장애 유형에 속한다.

(2) 조현병

조현병(schizophrenia)은 사고와 지각의 장애를 가져오는 것으로 특별히 무엇을 묘사하거나 이해하는 데 어려움을 보이기도 한다. 이정균(1987)은 사회적 생물체의 적응이 안 된 정신생물학적 기능장애라고 정의하였다. 삶의 과정 중에 감당하기 어려운 스트레스를 겪는 등의 심리적인 상황이 발생했을 때 이를 해결하기 위해 대응 전략, 방어기제 등을 사용하여 극복하거나 조정하게 되는데 극복하지 못하고 비적응적 결과로 병적인 방어기제와 증상이 나타나게 되는 것이다. 망상, 환청 등의 양성 증상과 무의욕, 무쾌감, 정동의 둔마 등의 음성 증상도 보이는데, 이러한 증상으로 사회적 기능장애, 기억력 저하 등의 인지장애, 우울 등의 기분장애를 동반하기도 하는 만성 정신장애이다. 조현병 환자들은 자신의 감정을 바르게 인식하고 규명하지 못하고 다양한 외부 상황에 대하여 적절하게 반응하지 못하는 문제를 갖고 있으며, 과도하게 긴장하거나 이완하는 비정상적인 행동을 보이기도 한다(권석만, 2013).

그외 DSM-5에서는 조현병과 관련하여 조현병과 우울 및 양극성 장애를 동반하여 나타나는 조현정동장애(Schizoaffective disorder), 환각, 움직임, 음성 증상을 가진 조현병과 달리 잘못된 믿음을 가진 망상장애(Delusional disorder)를 설명한다.

음악은 시간의 흐름에 따른 예술이기 때문에 일시적 · 지속적으로 일어나는 정서반응과 밀접한 관련이 있는 자극제가 될 수 있으며 하나의 음악 안에서도 여러 가지 정서를 유발할 수 있는 촉매제로 사용될 수 있다(문지영, 2012). 타우트(Thaut, 1989)는 음악치료 활동이 정신과 환자들의 스스로 지각하는 긴장이완, 정서, 사고 변화에 긍정적인 효과가 있음을 밝혔다. 언키퍼(Unkefer, 1990)는 감정적 둔마가 있는 환자에게 음악을 감상하고 자신의 감정을 규명하고 탐색하며 표현하도록 하였다. 노래를 함께 감상하고 토의하는 음악치료 활동에서 대중가요의 사용은 일상에서 해결되지 않은 욕구를 다루고 가사와 노래에 자신을 투사하기도 하고 내적 감정을 분출하기도 하는 대상(object)이 된다. 음악치료가 조현병 환자의 정서에 미치는 긍정적인 영향에 대한 연구에 더하여 자신의 행동 통제감에 있어 환자들이 스스로 지각하는 만족도를 높이는 데 효과적인 접근법이었음을 확인할 수 있다(김성희, 1999).

음악이 가지고 있는 구조는 적절한 행동을 강화하며 충동적이거나 부적절한 행동을 조절하도록 돕는데, 윌리엄스와 도로(Williams & Dorow, 1983)는 구조화를 사용하여 조건적으로 음악을 감상하게 하여 조현병 환자의 부적절한 행동 감소를 이끌어 내었다. 또한 환청, 환시, 환각, 망상에서 벗어나 현실을 지각하도록 하기 위해 적극적 연주 참여와 음악 만들기를 하여 구체적인 경험과 언어표현을 유도할 수 있다. 음악은 감정을 조절하도록 돕고, 자기통제, 주의력 증진, 현실감각 등을 위해 제공된다(Gilman & Paperte, 1952; Silverman, 2003). 개스턴(Gaston, 1968)은 '미적인 경험은 인류가 환경에 적응하고 자신을 조절하도록 하는 최고의 장치'이며 정서를 조절하고 변화시키는 데 음악 활동의 경험이 얼마나 중요한지를 확인할 수 있다고 하였다. 특히 만성 조현병 환자는 비논리적이며 지리멸렬하고 지능이 저하되는 모습도 보인다. 함께 악기연주를 하며 리듬을 인식하고 모방하여 인지 기능을 향상시키도록 하고 상황에 맞는 적절한 음악행동을 촉진하여 인지 기능을 도울 수 있다(Unkefer, 1990).

사회적인 측면으로, 언키퍼(Unkefer, 1990)는 즉흥적 음악치료 활동이 사회적 위축과 정서적 무기력을 보이는 만성 조현병 환자에게 대인교류할 수 있는 기회를 제공하고, 함께 연주하며 상호관계 능력 증진과 정신병리적인 행동의 개선을 가져왔음을 보고하였다. 이상은(2004)은 조현병 환자의 고독을 감소시키며 대인관계에 긍정적인 효과가 있음을 밝히면서, 정신과에서 자발적으로 음악치료에 잘 참여하지 않고 동기와 의욕이 부족한 환자 그룹에게 적절한 활동이며, 퇴행되고 위축된 환자들의 비언어적 · 언어적 반응을 촉발시켜 의사소통 기술을 향상시킨다고 하였다. 그룹원과 함께 연주하며 자신의 소리와 타인의 소리를 인식하고 표현할 수 있고(Ansdle, 1995), 사회적으로 위축된 만성 조현병 환자가 능동적 음악치료 활동을 통하여 상호관계 능력에 변화를 보였다(Pavlicevic, Trevarthen, & Duncan, 1994). 조현병 환자들은 음악치료에 참여함으로써 다양한 방법으로 사람들 사이에서 정서적 유대감을 형성하게 되고 사회적 교류를 할 수 있게 된다. 음악치료는 나와 다른 사람을 인식하고 감정적 교류를 함으로써 집단적인 사회적 상호작용을 경험하도록 도울 뿐 아니라 개인의 성장과 행동에도 영향을 준다. 그룹원과 함께 하는 음악 경험이 사회적인 행동의 반영을 나타낼 수 있는데 이는 사회적 기술이 전이되어 음악 활동 안에서도 그대로 나타나는 것임을 알 수 있다(Bruscia, 1987). 캐시티와 캐시티(Cassity & Cassity, 1993)에 의하면 사회 기술 향상을 위한 능동적인 참여는 의지가 적은 조현병 환자에게 참여에 대한 동기를 부여해 주는 치료적 역할이라 한다. 다양한 악기와 음악으로 자신을 투사하여 표현하는 연주활동은 스스로 자신의 사고와 감정을 인식할 수 있어 의사소통 기술을 향상시키며 부적응적인 행동의 빈도를 조절하도록 하여 그룹 상호작용과 건강한 교류에도 효과가 있다.

(3) 우울장애와 양극성 장애

우울장애(depressive disorder)는 우울하고 슬픈 감정이 반복되고 식욕, 수면 불균형, 면역력 저하 등의 신체생리적 증상을 경험하며 무력감, 절망감, 판단 저하 등의 인지적 증상을 가진다. 또한 사회 교류의 기회가 줄어들고 위축, 회피, 자살 시도 등의 행동적 증상으로 일상생활이 어려운 부적응 상태를 나타낸다. 우울장애는 주요 우울장애(Major depressive disorder), 지속성 우울장애(persistent depressive disorder), 월경전기 불쾌장애(premenstrual dysphoric disorder), 파괴적 기분조절곤란장애(disruptive mood dysregulation disorder)로 나뉜다. 주요 우울장애는 2주 이상 매일 지속적인 우울한 기분, 고통, 감정 둔감, 무기력함 등을 경험하고, 지속성 우울장애는 만성적 우울감을 2년 이상 경험하여 수면, 식욕, 절망감 등을 경험하고 일상생활이 어려우며 정신장애를 같이 경험하기도 한다. 월경전기 불쾌장애는 월경 전 나타나는 과민성, 정서조절 곤란, 우울 등을 경험한다. 파괴적 기분조절곤란장애는 아동에게 진단되며 심한 분노, 분노폭발, 만성적 짜증이 나타난다.

우울증 환자와의 **즉흥연주** 음악치료 과정에 대한 사례연구를 살펴보면 함께 음악을 만들어 가는 작업 속에서 환자는 개인의 이슈와 발전을 발견해 나간다. 치료사와 환자는 함께 연주하며 감정적 동시성, 공명의 순간을 경험하고 자유롭게 표현할 수 있다. 치료사는 위니컷(Winicott)이 이야기하는 '충분히 좋은 어머니'의 역할을 하고, 반복하며 연주를 지속하다 반복을 벗어나 음악적 형식이 발전하게 된다. 이러한 음악은 상호교류, 변화와 발달 과정을 갖는다. 즉흥연주 과정을 통하여 우울이 주는 무기력함과 공허함에서 벗어나 조금씩 자신을 표현하고 연주의 주도권을 가지며 자주적 행동을 지지받고 음악의 형식을 사용하여 상호 교류하며 상호주관성을 발전시켜 나간다(Handley, 2003/2008). 즉흥연주는 자유로움과 창조성을 경험하며 자신을 탐색하고 만나며 성찰과 자기실현을 이루어 나가도록 돕는다(Bruscia, 1987/1998). 자신의 감정을 악기에 투사하여 그대로 표현할 수 있는 안전한 활동으로 보다 즉흥적으로 표현되는 특징이 있어서 인지적인 저항이 적어 무의식에 억압된 감정을 표현할 수 있으며 부정적인 정서를 표출하고 해소하며 무의식에 접근하도록 돕는다. 부정적인 정서를 참는 것이 아니라 건강하게 표출하며 통제력을 더 증가시킬 수 있다(Priestley, 1986). 음악치료 프로그램이 우울증 중년 여성의 자아존중감과 우울증 완화에 미치는 영향을 알아보기 위한 연구에서는 주 2회 20회 음악치료 프로그램을 실시하였으며 우울과 자아존중감에 효과적인 영향을 나타내었다(박정숙, 조혜경, 김윤태, 2013).

음악치료 프로그램은 **인지, 정서, 행동치료**(REBT)모형에 바탕을 두어 인지적 · 정서적 · 행동적 기법을 중심으로 진행되었으며 노래 부르기와 노래 만들기, 노래 토의, 악기연주를 사용하였다. 음악은 내적 방향감각을 확인하고 일상의 단조로움에서 해소를 경험하게 하고, 자아존중감을 증진시키며, 삶의 질을 높이는 등 우울장애 환자에게 효과를 나타낸다(Andrew, 1992; Clair, 1996; Palmer, 1989).

양극성 장애(bipolar disorder)는 우울과 조증이 반복되는 상태로 이전에는 '조울증'이라고 불렸다. 양극성 장애는 크게 제1, 2 양극성 장애, 순환성 장애(cyclothymic disorder)로 나뉜다. 제1 양극성 장애는 비정상적으로 활발하고 조증삽화(수면 욕구 감소, 주의 산만, 초조, 말을 멈추지 않음 등)가 일주일간 거의 매일 나타나며 정신증적 증상도 나타나기도 한다. 제2 양극성 장애는 제1 양극성 장애처럼 심한 조증 삽화가 나타나지 않는 경조증 상태를 경험하며 강한 우울(즐거움 저하, 체중 감소, 무가치감, 죽음생각 등)을 2주 연속 경험한다.

순환성 장애는 약한 조울의 상태가 2년 이상 지속되는 것을 이야기하고 급속 순환성 장애는 조울의 상태가 2년 이내 4번 이상 아주 빠르게 변화되어 나타난다.

(4) 불안장애

우리는 생활 속에서 불안과 고통을 경험하며 살아간다. 불안은 문제가 해결되거나 환경이 변화하면서 없어지는데 안정적인 상황이 온 이후에도 계속해서 불안을 느끼고 위협적인 요소가 해결된 이후에도 불안이 지속되어 현실에 적응하기 어려운 것이 **불안장애**(anxiety disorder)이다.

① 범불안장애

일상생활에서 경험하게 되는 가족, 건강, 학업 등에 대한 걱정과 불안으로 불면증, 근긴장도 증가 등을 6개월 이상 지속하여 경험하는 것을 **범불안장애**(generalized anxiety disorder)라고 한다.

정서에 영향을 주는 음악의 요소로는 리듬, 화성, 템포, 역동성(dynamic), 음의 결합 상태, 선율 등을 들 수 있는데, 음악이 지닌 구조와 에너지 성향에 따라 사람을 흥분시키고 각성된 반응을 일으키기도 하고, 긴장을 이완시키거나 진정시키기도 한다(Gaston, 1968). 음악의 리듬적 요소와 신체의 심장 박동, 혈압 등은 비슷한 속성을 가진다. 느린 템포와 레가토적인 멜로디 음악은 신체 · 심리적으로 긴장이완을 하도록 돕는데, 이를 **리듬 동조화 현상**이라고 한다(Knight & Rickard, 2001; Groke & Wigram, 2007/2011). 이렇게 음악에 대한 정서적 반응은 다른 음악적 요소와의 결합에 따라 다양해지고 유동적이기 때문에 어떠한 음악적 요소냐에 따라 상이한 정서적 반응이 나타날 수 있다. 이러한 정서적 반응은 음악을 경험할 때 일어나는 생리적 반응인 혈압, 맥박 속도, 호흡, 피부반응, 근육, 뇌파 등을 통해 측정되기도 하였지만, 주관적인 평가도 함께 활용되었다.

또한 음악의 생리적 · 정서적 반응은 음악적 자극이 개인의 뇌파 변화에 미치는 영향에 대한 김은영(2004)의 연구 결과와 일치하는 결과이고, 정서 자극이 사상인의 뇌파 변화에 미치는 영향을 연구한 이상기(2006)의 논문과도 그 의미를 같이하며, 우울, 정서, 불안도 감소되었다(박형준, 2008). 호흡은 마음과 신체 그리고 영혼을 연결시켜 주는 삶의 에너지인데 호흡이 생리적 반응과 긴장이완을 위해서 사용될 수 있을 뿐 아니라 심리적으로도 사용될 수 있음을 확인할 수 있다. 호흡의 불균형, 긴장 등은 불안한 심리를 반영하며 호흡을 통하여 나의 감정과 만나고 표현할 수 있다. 호흡에서 더 나아가 톤을 유지하며 긴장된 부분을 공명하며 이완하는 등의 심리적인 작업을 할 수 있다(Austin, 2008/2012).

② 공황장애

공황장애(panic disorder)는 갑자기 엄습하는 불안, 공황발작(panic attack)을 경험하며 죽을 것 같은 공포와 불안을 경험하는 상태를 말한다. 심장 박동이 빨라지고, 진땀이 나며, 손발이 떨리고, 숨이 막혀 질식할 것 같은 느낌, 가슴 통증, 구토감 등의 증상이 나타나며 죽을 것 같은 공포를 경험하는데 이러한 증상을 공황발작이라고 한다. 공황장애 환자는 신체적 감각을 오해석하여 더욱 큰 불안을 느끼게 된다. 긴장이완을 통하여 불안을 조절하고 신체감각에 대한 오해석에 대하여 인지수정 및 약물치료를 진행한다. 음악은 안전한 환경에서 무의식의 기억과 느낌을 발견하고 자신의 모습을 탐색하여 성장하도록 돕는다(Austin, 2008/2012). 안전한 도구이면서도 접근이 쉬운 비경쟁적인 음악 활동은 단계적이고 구조적인 음악 안에서 성취감을 경험하며 강점을 강화시키고 건강한 자아상을 갖도록 한다(Gaston, 1968; Kaser, 1993). 자신이 경험하고 있는 불안과 공황발작에 대한 원인과 오해석을 바로 보도록 도울 수 있다.

③ 공포증

특정 **공포증**(specific phobia)은 특정한 대상과 상황에 대한 적극적 회피행동, 과도한 공포, 불안을 느낀다. 지하철, 터널, 비행기 등 상황에 대한 공포, 천둥, 바다 등 자연환경에 대한 공포, 피, 상처 등 혈액에 대한 공포, 뱀, 벌레 등 동물에 대한 공포가 있다. 이러한 특정 공포증은 무의식과 증상의 고전적 조건형성이 이루어져 나타나기도 하며 투사, 전이를 통해서도 비정상적으로 나타난다. 광장공포증(agoraphobia)은 특정한 장소 혹은 끝이 없는 광장에서 느끼기도 하며 인구 밀도와 관계없이 6개월 이상 지속되어 사회 활동에 문제가 있는 경우이다. 분리불안의 재현, 공포 장소에 대한 잘못된 해석 등을 원인으로 나타난다.

④ 사회불안장애

사회불안장애(social anxiety disorder)는 긴장이 과도하게 심해지면 불편감을 느끼고 더 나아가 그 상황에 대한 공포, 사회적 상황에 대한 회피가 반복된다. 실제 위협이 없는 상황에서도 죽음에 이를 것 같은 공포를 느끼며 사회적 · 개인적 기능의 손상을 가져온다. 사회불안장애 환자는 생리적으로 빠른 심장 박동, 손발, 목소리 및 몸의 떨림 및 발작, 복통과 어지러움 등의 긴장성 생리 증상 및 공황발작을 경험한다. 인지적으로는 신체의 부정적인 증상에 주의를 집중하며 타인의 평가에서의 부정적인 측면, 과도한 염려의 생각에 사로잡히거나 완벽적인 성향을 보이기도 한다. 또한 사회불안장애 환자는 사회적 위기 상황과 긴장을 회피하기 위한 안전행동을 함으로써 사회에서 점차적으로 고립된다. 이러한 부정적 사고와 역기능적인 신념을 재구성하여 생각의 유연성을 가지고 불안을 해소하고, 불안한 상황을 점진적 노출훈련을 통하여 극복하는 인지행동치료가 사회공포증 치료에 효과적인 것으로 나타났다(권석만, 2013).

사회불안을 경감하기 위한 음악치료 프로그램에서는 만 20~23세 여성 40명이 모집되어 사회불안 스트레스 척도(SADS)의 사회공포증상 82점 이상, 부정적 평가에 대한 두려움 척도(B-FNE)의 일반인 분할점 42점 이상인 16명(실험 7명, 통제 9명)이 주 2회, 총 10회 연구에 참여하였다. 1~5회는 인지재구성, 6~10회는 노출훈련의 내용으로 구성되었으며, 연구 결과 사회불안 스트레스, 부정적 평가 두려움, 우울에서 유의미한 효과를 나타내었다(손정규, 강경선, 2014). 악기연주는 에너지를 집중시키고 정서를 자극 · 이완시키며 성취감과 성공 경험을 즉각적으로 부여하고 집단 응집력과 사회적 기술을 향상시키면서 적응행동을 위한 통로를 제공한다(Boxill, 1985).

사회불안장애의 하나인 무대공포증은 **연주불안**(performance anxiety)이라고도 하는데 자신의 연주에 대한 사람들에 대한 평가에 대한 두려움과 불안으로 무대에서의 연주 상황 시 과도한 불안과 긴장을 경험하는 것을 말한다(Salmon, 1990). 김영신(2008)의 예술고교 학생의 연주 불안에 대한 연구에서는 고등학교 1학년 학생보다 입시를 앞둔 고등학교 3학년 학생에게 더 연주불안이 높은 것으로 나타났으며, 상태불안과 연주불안 간의 높은 상관관계를 보여 연주불안 치료 프로그램 개발 시 상태불안 감소를 위한 전략, 부정적 사고를 긍정적 사고로 전환하는 인지행동치료 접근의 필요함을 제시하였다. 개인적 성향인 특성불안이 높은 대상자는 장기적인 치료가 필요하며 단기대처 전략으로 '긍정적 생각' '이완'이 중요한 치료적 역할을 할 것으로 나타났다.

(5) 중독장애

중독장애(addition disorder)는 물질사용장애(substance use disorder), 물질중독(substance intoxication)과 물질금단(substance withdrawal), 물질/약물치료

로 유발된 정신장애(substance/medication-induced mental disorders), 도박장애(gambling disorder)가 있다. 물질사용장애는 카페인을 제외한 알코올, 환각제, 대마 등을 1년 동안 사용하고 통제하는데 실패하고 사고, 행동, 사회적인 부적응이 나타난다. 물질중독은 물질 사용 후 행동, 신체, 사고, 감정 조절 등의 문제를 일으키며 각성 상태가 나타난다. 물질금단은 물질사용을 중단할 경우 나타나는 불안, 고통, 일상적응의 문제이다. 물질/약물치료로 유발된 정신장애로 우울, 수면중독, 공황장애, 양극성 장애, 정신병적 장애가 나타나기도 한다.

알드리지와 파크너(Aldridge & Fachner, 2006)는 물질중독의 환각 상태와 음악을 감상하며 경험하는 변화된 의식상태가 유사성이 있다고 말한다. 이는 연주에 몰입하여 무아지경을 경험하는 것과 비슷하다(Kopiez, Bangert, Goebl & Altenmuller, 2003). 무엇인가 관심 있는 것에 몰입할 때 약물로 인해 증가하는 도파민과 같은 경험을 하게 된다. 이는 중독 환자가 선호하며 관심 있는 음악을 듣고 함께 연주하며 몰입하는 경험은 도파민을 증가시키고 대체의 비슷한 경험을 줄 수 있는 것이다. 음악은 자율신경계, 근긴장도, 호흡 등에 영향을 주어 우리 신체와 정서를 변화하고 각인할 수 있다(Blood & Zatorre, 2001). 테헤란 치료 공동체에서 진행된 음악치료 프로그램에는 5~15년간 물질남용, 의존 병력이 있는 20명의 클라이언트들과 함께 했다. 총 25회 세션 동안 노래분석과 노래 나누기의 음악치료가 진행되었다. 치료 프로그램에 참여하기 어려워하며 자신의 생각과 감정을 표현하기 힘들었던 클라이언트는 음악에 자신의 생각과 감정을 담아 표현하였으며 다른 치료에서 언급하지 않았던 의미 있는 깊은 주제들이 다루어졌다(Aldridge & Fachner, 2010).

(6) 그 밖의 장애

- 강박장애(obsessive-compulsive disorder)는 지나친 걱정으로 인해 지속

적으로 확인하는 것, 세균 걱정, 스트레스를 해결하기 위해 반복적으로 말하기 등 하루 종일, 적어도 하루 1시간 이상 강박사고와 행동을 보이는 것을 말한다. 치료는 항우울 약물, 인지행동치료가 주로 사용된다. DSM-5 강박장애 안에는 외모에 결점이 있다고 생각하여 강박적으로 거울보기, 신체 가리기 등이 나타나는 신체이형장애(body dysmorphic disorder)가 있고 수집장애(hoarding disorder), 기타 강박장애로 털 뽑기, 피부 뜯기 장애가 포함된다. 수집장애는 의미 있고 가치 있는 취미적 수집이 아닌 신문, 쓰레기, 봉지 등 잡동사니에 비정상적인 애착을 가지고 병적으로 수집하는 것을 말하며 수집된 물건을 자신의 일부라고 느끼고 우울과 불안을 동반하기도 한다. 털 뽑기, 피부 뜯기는 손, 칼, 핀셋 등으로 뽑기, 뜯기의 행동이 통제되지 않으며 자신의 행동을 숨기기 위해 점차적으로 사회활동을 줄여 나가 고립된다.

- **인격장애**(personality disorder)는 타인을 신뢰하는 데 문제가 있으며 관계를 맺고 감정과 행동을 통제하는 데 문제를 보인다. DSM-5에는 인격장애 안에 경계선, 반사회적, 조현형, 기타(편집성, 조현성, 연극성, 자기애성, 회피성, 의존성, 강박성) 인격장애가 포함된다. 경계선 인격장애(borderline personality disorder)는 강력한 관계, 변화가 잦은 자존감, 자살행동, 불안발작 등이 나타난다. 특별한 관계를 유지하기 위해 미친 듯이 노력하기도 하는데 극단적으로 사랑하다가 극단적으로 증오하기도 한다. 반사회적 인격장애(antisocial personality disorder)는 18세 이상이어야 진단되며 15세 이전에 품행장애가 보이기도 한다. 사회규범을 따르지 않고 거짓말을 하거나 충동을 조절하지 못하고 꾸준한 일이나 빚을 갚는 것에 실패하거나 양심의 가책을 느끼지 못하는 등의 특징을 보인다. 조현형 인격장애(schizotypal personality disorder)는 가족, 친구 및 사회적 관계가 거의 없고 유별난 생각과 말을 하며 자신에게 특별한 능

력(사건을 미리 예언, 사람의 마음을 읽음)이 있다고 여긴다. 편집성 인격장애는 다른 사람을 의심하고 조정, 자신을 속이고 있다고 생각하고 강박성 인격장애는 다른 사람을 자신의 생각으로 통제하려 하며 완벽성을 추구하여 규칙, 스케줄 등에 집착하며 완고하다.

• **섭식장애**는 충동적 행동의 하나이며 충동은 조절하기 어려운 부정적 정서로 인한 고통스러운 자기지각으로부터 도피하기 위한 행동으로 설명되고 있다(공성숙, 2011). 놀런(Nolan, 1994)은 관련 즉흥연주를 사용하여 중간단계(위니컷)를 만드는 것에 초점을 두고 불안정 애착 문제로 인한 섭식장애의 문제를 완화시키려고 하였으며, 힐리어드(Hilliard, 2001)는 인지-행동적 음악치료에서 노래 부르기, 노래 만들기, 드럼연주, 가사분석과 토론 같은 기법을 사용하였다. 저스티스(Justice, 1994)는 긴장이완 및 심상 경험을 통하여 섭식장애의 완화를 가져오도록 하였다. 또한 음악 경험 이후에 토론을 통하여 인지재구조 과정을 가졌다(Trondalen, 2003).

성인 음악치료는 정신장애 환자에서 시작되어 점차적으로 일반인으로 확대되고 있다. 일반인의 스트레스 감소와 역량강화를 위한 음악치료, 팀 구축을 위한 음악치료, 여가 활동 및 삶의 질을 높이기 위한 음악치료가 이루어지기도 한다. 또한 필요에 따라 일대일 개인치료에서 소그룹치료, 대그룹치료로 장기회기, 단회기 등 다양한 형태와 다양한 대상에게 음악치료가 진행되고 있다. 일대일 치료는 개인 프라이버시가 중요한 이슈들을 다룰 때 더욱 용이하며 사회그룹 참여의 확대가 필요한 치료 시에는 그룹치료가 더욱 효과적이다. 치료는 장기적으로 받을수록 효과가 크다고 알고 있지만, 현대에 이르러 비용 및 긴 치료기간의 현실적인 문제를 보완하기 위해 단회기 치료도 진행된다. 치료 목적과 대상에 따라 상담과 진단평가 이후 적절히 회기와 진행형태가 고려되어야 할 것이다.

정신과 환자를 위한 휠러(Wheeler, 1983)의 음악치료 3단계 적용방법은 다음과 같다. 첫째, 지원적이며 활동 중심의 음악치료이다. 이 단계의 음악치료는 클라이언트 내부의 심리 상태나 개인의 통찰력 등에 주안점을 두기보다는 치료 활동에 참여하는 것 자체를 통해 치료목적을 달성하고자 하는 것이다. 행동목표로는 행동 조절, 사회성 훈련, 현실 인식, 타인과의 관계 증진, 집중력 향상, 지속력 증가, 취미 활동 습득 등을 들 수 있다. 둘째, 재교육 및 내면적 과정에 입각한 음악치료이다. 이 단계의 음악치료에서는 음악 활동에 관련된 문제들에 대해 대화를 나누는 과정이 필수적으로 따르게 된다. 치료사와 클라이언트가 음악치료 활동을 통해 느낀 생각이나 감정을 대화를 통해 재정립하고 클라이언트 자신의 상태와 행동의 문제들을 고쳐 갈 수 있도록 한다. 음악치료 활동은 전적으로 현실 감각을 바탕으로 활발한 의식 활동에서 이루어지며, 자기 자신을 더욱 잘 이해하고 수용하면서 더 나은 행동양식을 유발시키는 것으로 그룹이 종결된다. 셋째, 재조직, 카타르시스적인 음악치료이다. 클라이언트의 인격발달 과정 중에 일어난 일들 가운데 현재 클라이언트의 잠재의식이나 무의식 세계에서 해결되지 못한 정신적 · 감정적인 문제들을 음악을 통해 카타르시스 경험을 함으로써 스스로 그것을 분출시켜 해결하도록 하는 방법을 사용한다.

기본적으로 이러한 치료는 장기적인 기간이 요구되며 클라이언트 스스로 필요성을 인식하고 자발적으로 참여하는 것이 중요하다. 치료사의 경우 각 협회나 훈련 단체에서 요구하는 별도의 훈련 과정을 거쳐 자격을 갖추어야 하며, 그렇지 않은 경우 클라이언트에게 심각한 해를 끼칠 수도 있다는 사실을 유념해야 한다.

6. 노년기

1) 음악과 인지 및 언어/신체, 운동 영역

인간에게 있어 노화는 정상적인 성장과 발달의 한 과정으로 생물학적, 심리적 및 사회적 노화의 과정을 포함한다. 생물학적 노화란 신체의 기관과 그 구조 및 기능이 변화하는 것이며, 심리적 노화란 축적된 경험에 의한 행동, 감각, 지각기능, 자아에 대한 인식 등이 시간이 흐름에 따라 변화하는 것이다. 또한 사회적 노화란 생애주기를 통하여 규범, 기대, 사회적 지위 및 역할의 변화 등을 의미한다. 즉, 사람이 늙어 간다는 것은 신체적, 정신적, 사회적인 여러 요인들 간의 상호작용을 포함하는 복잡한 발달 과정이다. 노인복지 실천에서는 개개인의 능력을 사회 안에서 충분히 수행하고 발휘하며 활성화도록 돕고 생활 문제 해결과 예방, 그리고 삶의 질의 향상을 위한 복지에 지속적인 관심을 주고 있다.

퇴행성 치매 중 대표적인 질환이 알츠하이머이다. 이 질환은 기억력, 인지기능, 전두엽 기능이 저하되며 문제해결 능력 및 판단력이 떨어지고 일상생활이 점차적으로 어려워지는 등 영향을 미치기 때문에 경도인지장애(Mild Cognitive Impairment: MCI)의 단계에서 조기에 치료를 하여 치매의 발병을 저하시키는 것이 중요하다. DSM-5에서는 기억과 관련된 장애를 신경인지장애(Neurocognitive disorder)로 그룹 지었으며 약물중독, 알코올, 감염 등으로 인해 혼돈과 집중력 저하를 보이는 섬망(delirium)이 있다. 섬망은 잠에서 완전히 깨어 있지 않은 상태이며, 기억, 혼란스러운 사고의 문제를 보인다. 중환자실의 노인에게 많이 나타나며 일시적이다. 앞에서 언급한 알츠하이머병으로 인한 신경인지장애(Neurocognitive disorder due to Alzheimer's disease)가 이에 속한다. 교통사고 등 외상적 뇌손상으로 인한 신경인지장애(Neurocognitive disorder due to Traumatic brain ibjury)도 신경인지장애로 분류된다. 사고와 반복된 뇌손상으로 인해 신경인지장애가 나타날 수 있다. 파킨슨병으로 인한 신경인지장애(Neurocognitive disorder due to Parrkinson's disease)는 점차적으로 근육이 경직되고 말이 느려지며 사고의 문제가 발생하여 기억, 주의집중력에도 문제가 나타난다. 전두측두엽 신경인지장애(Frontotemporal neurocognitive disorder)는 전두엽과 측두엽의 신경세포 손상으로 나타나는 치매로 언어관련 기술, 계획, 판단, 사회기술 등에 문제를 일으킨다. 루이소체 신경인지장애(Neurocognitive disorder with Lewy bodies)는 비정상적인 미세침착에 의해 신경세포가 손상되어 나타나며 60~90세 사이에 시작되고 혼돈, 의식 손실, 사고 감퇴가 나타난다. 혈관성 신경인지장애(Vascular (Neurocognitive disorder)는 뇌졸중이 반복되며 뇌혈관에 문제가 생겨 혈류감소, 산소 및 영양분 부족으로 손상이 나타난다.

신체적 · 사회적 · 심리적 측면에서 가치 있는 활동이 될 수 있는 음악치료는 치료적인 면에서 아주 효과적이며 다른 예술 활동과 비교해 볼 때 사회적인 면을 가장 잘 반영하는 것으로서 정신질환이나 노화를 겪는 사람들에게 안전한 사회 현장의 경험을 제공한다(McClosky, 1985).

음악은 노인에게 다양한 신체적 반응을 일으키는데 긴장을 이완하고 여가를 즐기며 진정하게 하기도 하며 리드미컬한 자극 음악을 들으며 움직임 또는 신체 운동을 더욱 효과적으로 하게 하고 삶의 에너지를 높여 주어 혈압, 호흡, 통증 등에 영향을 주는 것을 알 수 있다(Malone, 1996; Whitehead-Pleaux, Baryza, & Sheridan, 2006). 또한 음악은 다양한 감정을 표현하고 비언어적, 언어적 의사소통 기회를 제공하며 사회 안에서 고립되지 않고 건강한 상호작용을 지속하도록 도와주고(Gfeller, 2002), 얼마 남지 않는 즐거움 중의 하나로서 음악에 몰입하다 보면 자연스럽게 신체와 정신 기능이 향상된다

(Aldridge, 1994). 브로턴스와 피켓-쿠퍼(Brotons & Pickett-Cooper, 1994)는 노인들이 선호하는 음악 활동이 즉흥연주보다는 노래와 악기연주 그리고 음악과 동작이라고 하였다(정현주, 2005에서 재인용). 노인 환자들에게 적용될 수 있는 여러 음악적 활동 유형의 효용성을 비교한 연구에서 핸슨, 지펠러, 우드워스, 스완슨과 가런드(Hanson, Gfeller, Woodworth, Swanson, & Garand, 1996)는 치매 환자와 정신질환자 51명을 대상으로 동작, 리듬 및 노래 부르기의 세 가지 음악 활동 유형별로 환자의 반응도를 비교해 보았는데, 수동적으로 노래를 부르는 활동보다 동작에 의한 음악 활동이 가장 높은 호응도가 있는 것으로 나타났다.

노인을 위한 인지 영역 음악치료의 목적을 살펴보면 지남력과 주의 집중력 향상, 단기 및 장기 기억 자극, 판단력과 결정력 강화가 있다. 언어 영역의 목표로는 발성, 발어 및 조음 향상, 수용 언어 및 표현 언어 향상이 있다. 인지와 언어 영역을 위해 악기연주와 노래 활동을 사용할 수 있는데 자신의 순서를 인지하여 색깔에 맞게 연주하는 반복 연주 활동이 단기기억과 집중력을 증진시키고, 노래가 가지고 있는 가사가 장기기억 및 회상에 도움을 준다. 이전부터 익숙하게 즐기던 곡을 다시 회상하고 그와 관련된 행동 기술을 다시 경험하며 자동적으로 일어나도록 하기도 한다(Cuddy & Duffin, 2005).

이수정(2005)의 연구에서는 인지 기능이 저하되어 사회적 의사소통이 어려운 치매 노인의 인지 기능 향상을 위해 리듬 중심의 음악치료를 적용함으로써 음악치료가 치매 노인의 인지 기능에 주는 효과를 검증하였다. 연구에 따르면 리듬 중심의 음악치료 프로그램이 치매 노인의 인지 기능의 모든 영역에 효과가 있었음을 알 수 있다. 다양한 음악적 리듬에 맞춘 신체리듬 활동과 리듬악기 연주, 국악 장단에 맞춘 민속악기 연주 등은 치매 노인의 인지 기능을 향상시킬 수 있는 중요한 매개체가 되었다. 인지 기능의 증진과 일상생활 수행 능력의 향상을 다룬 여러 논문도 같은 긍정적 효과를 나타내었다(권자연, 1998;

김희경, 이옥란, 2000). 김미애(2003)의 연구는 단어 기억방법에 있어서 친숙한 멜로디에 가사를 바꾼 노래 부르기가 치매 환자의 단어 회상에 즉각적이고 직접적인 효과를 주는지를 알아보았다. 그 결과, 친숙한 멜로디에 가사를 바꾸어 노래를 부르는 집단과 읽기 집단 간에 단어 회상에 있어서 유의미한 차이를 보였다.

Gilbert(1977)는 음악, 특히 음악과 가사가 편안함과 재확신의 원천으로 작용할 수 있다고 주장한다. 예를 들어, 노래와 음악적 특성(가사와 멜로디의 조합)은 한 개인의 자기표현과 의사소통의 양식에 직접적인 영향을 미치며, 반복되는 절과 가사로 이루어진 노래는 기억력의 증진을 가져올 수 있다. 여러 연구자들은 음악과 음악활동은 만족감의 기회를 제공할 뿐만 아니라, 자아존중감을 증가시켜 준다고 주장한다(Gaston, 1968; Sears, 1968; Gibbons, 1977). 또한 현실의 내용을 담고 있는 가사를 가진 노래와 함께 하는 노인 음악치료 작업은 기억, 회상을 사용하고 지남력을 향상시키며 함께 연주하는 활동은 기다리기, 연주하기 등의 지시 따르기 등의 인지기술에도 도움을 준다(Byrme, 1982).

언어 영역의 연구에서는 뇌졸중 진단을 받은 65세 이상 20명을 각 10명씩 통제, 실험 집단으로 나누어 호흡 및 발성 훈련, 치료적 노래 부르기를 주 2회 30분씩, 5주간 총 10회 진행하였는데 프로그램 효과를 확인하기 위해 음성질(최대 발성시간, 기본주파수, 음성강도, 주파수변동률, 진폭변동, 소음대배음비), 우울을 측정한 결과 유의미한 효과를 나타내었다(허고은, 문소영, 2016). 노인 음악치료는 노인의 언어 문제에도 도움이 되지만 정서적으로 도움이 되는 것으로 나타났다. 헤네시(Hennessey, 1984)는 음악 활동이 에너지를 상승시켜 일상의 다른 활동도 즐겁게 하도록 한다는 연구 결과를 주장하였다(정성배, 2006에서 재인용). 치매 환자의 문제행동에 대한 관리는 간호학적으로 중요한 문제로서 음악치료는 공격적 행동, 불안, 초조행동을 감소시켰다(Sung

& Chang, 2005). 루빈(Rubin, 1976)은 핸드벨(handbell) 연주가 노인의 정신건강에 도움이 됨을 주장하였으며, 최말옥과 박혜령(2005)은 시설 노인들이 다양한 악기연주 활동에 흥미와 관심을 보이며 적극적으로 참여하였는데 활동이 증가함에 따라 우울 증세가 감소하고 자아존중감이 향상되었으며 정서적 · 행동적 · 인지적인 측면에서 효과가 있다고 하였다.

알츠하이머 환자에게 있어서 노래 만들기의 가치를 연구한 실버와 헤스(Silber & Hes, 1995)의 연구에서는 노래 만들기가 인지, 기억력, 언어 구사력 등의 어려움을 뚜렷하게 극복하게 해 주는 활동이라고 한다. 창조적 작업인 노래 만들기는 뇌의 손상되지 않은 부분이 손상된 부분을 보완해 주기 때문에 뇌의 손상 부위로 인해 사용하지 못했던 기능들을 대신할 수 있도록 도와준다. 특히 감정적으로 압도되어 있는 사람에게 노래 만들기는 깊은 감정을 표현하고 억압된 감정의 느낌을 표현할 수 있는 기회를 제공한다. 감정을 노래 만들기로 표현하고 정리하면서 인지와 언어 영역에 다양한 자극을 주어 활용할 수 있다.

뇌졸중 휴유증 및 노화로 인한 조음기관 기능의 저하는 우울증으로 연결되는 등 노인 환자에게 부정적인 영향을 미치는 것으로 나타났다(김성태, 2011; 송윤경, 2012). 노인에게 우울이 일어나는 데는 심리적인 요인도 있지만 신체기능의 저하 및 노화에 따른 변화로 인해 우울이 나타나기도 한다. 그래서 심리적인 부분에 집중하기보다 신체 기능을 위한 재활치료로 우울 정서에 변화를 일으키는 것으로 나타났다(허고은, 문소영, 2016).

노인의 운동 영역을 살펴보면 노화가 진행되며 전체적으로 근육, 운동 능력이 저하되는데 운동 영역은 삶의 질이 중요한 기본 원칙 중 하나이기에 지속적인 운동과 움직임이 중요하다. 음악은 운동을 지속적으로 하도록 도우며 음악이 가진 리듬은 신체에 영향을 주어 동작과 움직임에 영향을 준다(Harmon & Kravitz, 2007). 음악은 겉옷 입고 벗기, 보폭 속도에도 유의미한 향상을 보였는데 이때 음악은 동작을 지시하고, 겉옷 입고 벗기의 속도, 범위, 지속, 반복을 표현하며 동작의 끝을 음악으로 지시하는 등의 역할을 하였다(Harmburg & Clair, 2003). 음악치료에서는 리듬청각자극을 활용하여 보행에 도움을 전문적으로 줄 수 있다(p. 205의 '(2) 신경재활 음악치료' 참조). 동일한 리듬 자극을 사용하여 비복근(종아리 근육), 보행주기 시간, 동작을 분석하여 리듬이 제거될 때보다 리듬자극을 제시할 때 정상인의 근전도와 비슷하게 나타났으며 비정상적인 보행도 향상되었다(Thaut, Mcintosh, Prassas, & Rice, 1992).

2) 음악과 정서 및 사회 영역

노인은 노화로 인하여 여러 기능이 점차적으로 저하되면서 사회적으로 고립되고 우울을 경험한다. 경도 치매 노인의 기질 변화는 통명스러움, 무뚝뚝함, 화난 말투 등으로 특징지어지는데, 이러한 기질 변화는 우울 증상을 동반한다(Gatz, Tyas, St. John, & Montgomery, 2005). 특히 경도 치매 진단을 받은 노인은 스스로를 통제하기가 어렵고 무기력하며 삶의 의지가 없는 상태로 인해 우울을 겪는다. 우울은 식욕 저하와 그에 따른 영양 결핍, 수면 방해, 에너지 감소 등을 유발하고 삶의 질에 기여하는 활동들에 참여를 결여시키며, 삶에 무감동하고, 자살에 한 조짐을 보이기도 한다(Iliffe, Manthorpe, & Eden, 2003).

음악은 노인의 신체 활동량을 늘리고 뇌 자극과 집중력, 상상력 등을 증가시켜 노인들의 무기력, 무감각, 외로움, 우울증을 예방하고 치료하는 데 큰 역할을 하는 것으로 밝혀졌다(Allen, 1977; Bright, 1988; Hogstel, 1995; Hamdy, Turnbull, Clark, & Lancaster, 1998). Hanser(1990)은 긴장이완 음악을 사용하여 우울 노인의 불안과 우울 감소 연구를 진행하였다. 65~74세의 우울증 진단을 받은 4명의 노인을 대상으로 하였으며 선호하는 음악을 선택하게 하고 음악을 들으며 부드럽게 운동하기, 얼굴 근육 마사지, 점진적 근육 이완, 우울과 불안한 생각을 바꾸기 위한 GIM 등을 진행한 결과 8주 후 불안, 우울 증세가 감소하였다.

초기 치매 노인과의 성공적인 음악 경험을 통하여 의미를 발견하고 참여를 증진하는 등의 긍정적인 경험으로 두려움과 불안을 경감시킬 수 있으며(Ashida, 2000), 성공적인 음악 경험에 대한 만족은 행복을 증진시켜 치매에 대한 불안을 줄여 준다(Sixsmith & Gibson, 2006). 샤피로(Shapiro, 1969)는 증가되는 감정의 고양, 자극 일반, 행복감은 노인에게 있어서 음악 활동을 통해 나타난다고 주장한다. 음악이 노인 스스로 더 자유롭게 표현하도록 이끌어 주고, 환경에 대해 덜 방어적이고 호전적으로 만들어 주는 등 만족을 제공한다고 주장한다. 집단 프로그램도 이러한 사회환경 치료방법의 하나로, 집단의 지지를 통해 경도 치매 노인들이 공감을 받고 삶을 공유하며 필요한 희망과 평안을 제공받음(Snyder, Jenkins, & Joosten, 2007; Zarit, Femia, Watson, Rice-Oeschger, & Kakos, 2004)으로써 우울을 감소시키고 삶의 질을 향상시킬 수 있다(Ashida, 2000; Sixsmith & Gibson, 2006). 음악은 경도 치매 노인의 정신을 고양시키고 무언가에 몰두할 수 있도록 함으로써 무기력함을 감소시키고 긍정적인 기분을 제공하고 우울을 감소시키며 삶의 질 향상에 도움을 준다. 이러한 음악의 특성을 이용하여 집단 음악치료는 경도 치매 노인에게 성공과 일체감의 기회를 줌으로써 높은 삶의 질을 제공하고 우울을 감소시키는 데 도움을 준다(김희경, 이옥란, 2000).

집단 음악치료를 통하여 경도 치매 노인은 지속적으로 타인과 어울리고 상호작용할 수 있으며 삶의 질을 증진시킬 수 있다(Clair & Memmott, 2008). 메이슨(Mason, 1978)은 음악 활동이 무감각한 노인들의 관심을 일깨워 주고, 지적인 자극의 수단을 제공하고, 사회적 자각과 의사소통을 격려할 수 있다고 단언한다. 음악은 비인간적 환경(예: 양로원)을 지루하지 않게 만들고, 대인

관계를 향상시키며, 고립감을 감소시킬 수 있다(Bright, 1972; Clair, 1996). 낸시, 폴락, 케번과 나마지(Nancy, Pollack, Kevan, & Namazi, 1992)는 알츠하이머 치매 환자의 적절한 사회적 행동과 음악 그룹 활동 참여의 관계에 대한 연구에서 음악 그룹 활동에 참여할 시 사회적 행동은 24% 증가하였고 비사회적 행동은 14% 감소함을 보였다. 음악활동은 노인 참여자들의 자발적인 활동을 강조하고, 즐겁고 유익한 경험을 제공하여 만족감 증가에 기여할 수 있다(Gibbons, 1977). 진진주(2010)는 음악 활동이 신체적 · 정서적 제약으로 인해 실내 활동이 많은 복지시설 노인들의 삶에 활력을 제공하여 우울과 무력감을 감소시키는 치료 프로그램으로서 의의가 있다고 주장하였다.

3) 호스피스/완화의료

호스피스는 말기 환자의 고통을 감소시키고 삶의 질을 높이는 의료 서비스이다. 말기 암 환자에게 인생의 마지막을 고통에서 마무리하는 것이 아니라 삶을 정리하고 삶의 마지막을 의미 있게 마무리하도록 돕는 완화의료의 개념이 확대되고 있다. 음악치료는 신체와 정신의 향상을 도와 삶의 질을 높이고 보다 나은 행동의 변화를 가져오게 하여 신체적 · 정신적 · 영적의 전인적 접근이 가능하다. 그렇기에 음악치료는 호스피스 환자와 가족을 총체적으로 도울 수 있어 호스피스에서 널리 사용되고 있다. 노래자서전은 회상의 방법으로 개인의 삶을 돌아볼 수 있도록 하여 말기 암 환자나 완화병동에서 자신의 삶을 돌아보는 목적으로 종종 사용한다(O'Callaghanm, 1996).

호스피스의 주된 관리는 **통증완화**이다. 통증은 점차적으로 심해지고 이성과 죽음에 대한 공포, 절망감, 통증에 대한 두려움으로 삶의 의미를 잃게 하는 등 파괴적인 힘을 보인다. 신체적 통증 관리는 편도체가 통증을 어떻게 인식하고 작용하는지에 따른다. 통증과 두려움 같은 부정적 감정은 서로 연관되어 음악을 통해 부정적 정서를 조절하는 것은 통증완화에 도움을 줄 수 있다(Neugebauer, 2004). 대부분의 말기 암 환자는 조직 손상에 의해 신체적 · 정서적 고통에 시달린다. 음악치료는 촉각, 청각 등의 감각을 동기유발 정의 영역인 뇌간에 다량으로 전달함으로써 부정적인 신경 정보는 감소시키고 음악적 자극에 대한 긍정적인 신경 정보는 전달하도록 유도함으로써 하행성 억제투사(descending inhibitory projection)가 발생되도록 하여 통증이 감소하도록 유도한다(노기옥 외, 2011). 음악을 통한 오감 자극은 기분 전환에 도움을 주는데 음악을 듣고 맬럿을 잡고 악기를 쳐다보며 연주하는 전체적인 과정은 오감을 자극한다(McCaffery & Pasero, 1999). 통증이 뇌로 전달되는 과정에서 음악적 자극이 주어지면 부정적인 통증 신경 정도는 감소하고 긍정적인 음악적 자극이 전달되어 통증 지각을 조절하게 한다는 '관문 통제 이론(gait control theory)'이 있으며 음악이 주의 전환의 역할을 하여 통증을 조절할 수 있다는 것을 알 수 있다(Melzack & Wall, 1983). 윌슨, 프라이어, 보이드와 피켓(Binns-Turne, Wilson, Pryor, Boyd, & Prickett, 2011)은 유방암 환자를 대상으로 환자가 선택한 음악을 감상하는 음악치료 과정을 통하여 시각통증척도(Visual Analogue Scale: VAS)로 측정한 자기보고 통증 수준에서 유의미한 감소를 이끌어 내었다. 콜리건(Colligan, 1987)의 연구에서는 종말기 환자들을 위한 환경에서 GIM(Guided Imagery and Music)을 사용하여 긴장이완을 보조하고 전환된 의식에서 통증을 감소시키는 등 음악이 통증완화에 주요한 효과를 나타내었다. 이와 같이 음악은 불안과 만성 고통을 조절할 수 있는 중요한 치료요소로 사용되고 있다(황은영, 2015).

음악치료는 호스피스, 말기 암 환자의 고통을 완화하고 소통의 기회를 줄 뿐 아니라 삶을 의미있게 정리하며 삶의 질을 높이는 데 긍정적인 영향을 줄 수 있다(Hilliard, 2001). 음악과 노래 작업은 삶의 끝에서 보다 의미있게 죽음을 받아들이고 정리하며 자신을 사랑하도록 도와주며(Dimaio, 2010), 이러한 과정과 자아성찰은 자연스러우면서도 중요한 과정이다(Sato, 2011). 음악 심상 기법인 GIM을 받은 암 환자 집단은 통제집단에 비해 긍정적 정서 증진, 삶의 질이 향상되었다(Debra, 2001). 감상과 심상경험은 자신의 삶을 돌아보고 회고하며 새로운 통찰을 갖는 과정을 깊이 탐색하도록 돕는다. 생의 마지막 순간에 의식이 거의 없는 상태의 환자와 정서적, 신체적으로 이들을 돌보는 사람들 사이에 환자가 좋아하던 노래를 함께 들으며 정서적으로 접촉점을 제공할 수 있다(Krout, 2003). 또한 음악은 말기단계의 치매 환자에게 있어 주목할 만한 반응들(표정변화, 긴장의 변화, 시선접촉 증가, 목소리 통한 표현, 신체적인 움직임)을 효과적으로 이끌어 낼 수 있다(Cevasco & Grant, 2006).

그리고 호스피스 음악치료는 말기 환자를 돌보는 가족과 함께 음악을 다루는 작업을 함께 할 수 있다. 말기 환자가 선호하는 음악을 함께 감상하고 음악의 감정을 함께 느끼며 서로에게 영향을 주고 노래 자서전 만들기 작업을 통하여 환자의 삶을 정리하고 남은 가족에게 노래 목록은 마지막을 준비할 수 있도록 돕는다(Magill, 2009).

5장

음악과 사회문화

음악은 개인이 창작하고 연주하는 것이지만 음악적 행동은 사회문화 안에서 이루어진다고 할 수 있다. 이는 인간이 사회에 속해 있기 때문이다. 원시 부족 시대부터 구성원의 질병 치유 또는 안녕을 기원하는 모든 행위 가운데, 목소리와 악기는 가장 강력한 사회적 도구가 되어 온 것을 우리는 알고 있다. 따라서 음악을 사회적이고 문화적인 맥락에서 이해하는 것은 필수적이다.

문화비평가 사이드(Said, 1991/2007)는 음악이 사회문화 안에서 수행하고 있는 역할이 우리가 생각하는 것 이상으로 크다는 점을 강조하면서, 예술로서의 음악이 존속되기 위해서는 사회적인 맥락을 이해해야 한다고 피력했다. 특히 음악을 개인의 소장품처럼 즐기던 시대와는 달리 음악의 생산 자체가 사회적인 특성을 가지고 있기 때문에 음악이 지극히 사적인 경험임과 동시에 공적인 경험임을 염두에 두어야 한다. 이러한 특성을 생각해 볼 때, 인간의 음악적인 행동 중 가장 널리 향유되고 있는 것은 사회문화 안에서의 대중음악이라고 할 수 있다. 특히 경제의 발전과 더불어 문화예술을 누릴 수 있는 기회가 확대되고 계층이 넓어지면서 음악은 사회적 요인과 더욱 긴밀하게 연결되고 있다.

이 장에서는 음악과 사회문화라는 큰 틀을 이해하기 위해 현대사회와 대중음악, 음악과 문화예술, 음악과 산업에 대해 살펴보려 한다. 현대사회와 대중음악에서는 대중음악에 대한 전반적인 정보를 제공할 것이며, 음악과 문화예술에서는 가장 많이 표현되고 있는 음악문화예술의 형태를 구체적으로 살펴볼 것이다. 마지막으로, 음악과 산업에서는 음악산업 전반을 이해하고 한류 열풍을 몰고 온 K-Pop의 현황과 최근 이슈가 되고 있는 음악 저작권까지 알아보고자 한다. 이를 통해 음악과 사회문화에 대한 이해와 더불어 인간행동으로서의 음악이 사회 안에서 어떻게 나타나고 있는지를 함께 예측해 볼 수 있기를 기대한다.

1. 현대사회의 대중음악

대중음악의 이해는 대개 영가(spiritual), 소울, 재즈, 블루스와 같은 흑인음악에서부터 시작된다. 흑인음악은 미국이나 영국에서의 로큰롤, 팝 등에 영향을 주었고 우리나라의 대중음악에도 큰 영향을 주었다. 이와 관련된 역사에 대해서는 이미 많은 서적에 자세히 소개되어 있기 때문에 생략하기로 하고, 여기서는 책의 전반적인 목적에 초점을 두어 인간의 행동으로서의 대중음악을 이해하기 위한 개괄적 이해와 특성을 중심으로 다룬다.

1) 대중음악의 정의

대중음악이란 '많은 사람 혹은 대중이 향유하는 음악으로, 그것을 즐기고 이해하기 위해서 특별한 훈련이 필요하지 않은 음악'으로 정의된다. 특정 계층만이 누리는 것이 아니라 모든 사람이 쉽게 접할 수 있다는 것과 음악교육적인 측면이 전혀 강조되지 않는다는 것을 의미한다. 이는 엘리트 음악이라고 부르던 클래식이나 각 나라의 고유한 민속음악들과는 다른 성격을 가진다는 것을 말한다. 많은 사람이 클래식 음악은 지적이고 심미적이며 특정한 사람들이 누리는 것이라고 생각한다면, 대중음악은 오락적인 기능을 가지고 있으며 음악이론에 대한 이해를 가질 필요는 없다. 특히 음반산업이 활성화된 이후에는 누구나, 어디서나 음악을 누릴 수 있기 때문에 '모두의 음악'이라고 말하기도 한다. 이러한 특성 때문에 일각에서는 대중음악을 저속하다거나 가치가 떨어지는 것으로 폄하하기도 했으나 클래식 음악과 대중음악을 이분법적으로 나누기보다는 다른 양상으로 이해하는 것이 좋겠다.

한편, 음악산업이 활성화됨에 따라 대중음악을 '대중매체를 통해 전파되는 음악, 매스미디어(mass media)와 복제 테크놀로지를 통해 제작되고 확산되는 음악'으로 정의하기도 한다. 인터넷이 보급됨에 따라 음원이 발매됨과 동시에 전 세계의 사람들이 음악을 공유할 수 있다는 것을 고려할 때 이 같은 정의 역시 충분히 받아들여질 만하다.

2) 대중음악의 특성

(1) 고전음악과 대중음악

대중음악의 특성을 알아보기 위해 앞서 언급한 바와 같이 고전음악과 대중음악은 분명한 차이를 가진다. 〈표 5-1〉은 그 차이점을 비교한 것으로 대중음악과의 명칭 비교를 쉽게 하기 위해 '클래식 음악'이라는 용어 대신 '고전음악'으로 표기하였다.

〈표 5-1〉 고전음악과 대중음악의 차이점

구분	고전음악	대중음악
구성	음악적 구성은 매우 독창적이고 음악적 감각에 의존한다. 음악적인 요소들이 이론적인 면과 함께 고려되어 만들어진다.	익숙한 구조나 형식들을 따르며 대개 전형적인 구조를 가진다.
멜로디	사조에 따라 매우 다르고 변화를 가진다.	멜로디의 반복이 많다.
화성	전체 주제의 전개에 따라 변화한다.	기본화성을 중심으로 하여 예측된다.
연주	특별한 연주 능력을 요구한다.	연주된 것을 듣거나 적용한다.
관련성	한 곡을 이해하기 위해 고전음악 전체를 들을 필요가 있다.	곡마다의 연관성을 가질 필요 없이 특정하게 반응한다.
이해	음악을 이해하기 위한 노력과 집중이 필요하다.	특별한 노력 없이 청취자의 선택에 의해 이해된다. 불필요한 사고과정을 거치지 않는다.
학문성	미학적 · 시대적 배경과 이론이 결부되어 있다.	학문적이기보다는 사회적 분위기와 유행을 따른다.

표의 내용을 살펴보면, 고전음악과 대중음악은 형식이나 내용 면에서 큰 차이를 가지는 것을 알 수 있다. 고전음악은 각 사조에 따라 매우 다르고 음악적인 변화는 작곡가들마다의 특징을 크게 따른다. 물론 대중음악도 유행하는 장르가 있으나 한 시대에 한 사조가 유행되는 것은 아니며 음악의 형태만 유행하게 된다는 것이다. 고전음악은 특정한 사람들이 연주회를 통해 연주의 형태로 듣는 것이었다면 현대의 대중음악은 음원을 듣거나 음원을 사용하여 춤을 추는 등 그 형태가 자유롭다. 장소나 시간의 구애를 받지 않는 것도 대중음악의 큰 특징이다. 또한 고전음악은 그 음악을 이해하기 위해 시대적 배경이나 이론, 작곡가 등에 대한 다소의 공부가 필요하다면 대중음악은 전혀 그럴 필요가 없다. 들리는 대로, 느끼는 대로 받아들여지는 것이 특징이라 할 수 있다.

(2) 대중음악의 특징적 요소

① 계층

대중음악의 향유계층이 특정 층이 아닌 '누구나'라는 것은 매우 중요한 개념이다. 음악을 누리는 사람이 크게 늘어나고 음악을 공유하는 장소들이 늘어났다는 것은 음악과 관련된 인간행동의 범주가 매우 넓어졌음을 의미한다. 이는 사회문화적인 변화로서도 매우 의미가 있다. 대중음악 이전에는 각 장르의 음악을 향유하는 연령대의 구분이 명확했다. 클래식 음악을 예로 들어 보면, 어린 아이들은 주로 음악교육을 받는 객체였다. 성인이 되어서는 연주회를 통해 음악을 듣는 것이 대부분이었으며, 중년 이상의 귀족들은 음악과 사교모임을 동시에 가졌다. 당연히 주로 음악을 듣는 층은 어느 정도 경제능력을 가진 귀족이거나 술집에서의 여흥을 즐기는 시민이었다.

반면, 대중음악은 이와는 다르다. 현대사회에서는 아주 어린 아이들도 쉽게 대중가요를 접하게 된다. 청소년들과 청년들은 말할 나위 없이 대중음악의 주체가 된다. 듣는 것에 그치지 않고 함께 음악을 공유할 수 있는 사람들 간의 모임을 통해 음악을 재현하기도 한다. 간단한 미디어 프로그램을 통해 음악을 창작하기도 하고, 창작한 음악을 인터넷에 공유하기도 한다. 최근에는 드라마 등을 통해 중년 이상의 성인들이 젊은 시기에 부르고 들었던 음악이 리메이크되어 청년들과의 세대 연결에도 한몫을 하고 있다. 노인들 역시 문화센터나 미디어를 통해 음악생활을 충분히 즐긴다. 이는 대중음악의 계층이 넓어졌다는 것과 동시에 참여의 기회도 크게 확대되었음을 의미한다.

② 즐거움

대중음악의 요소 중 '즐거움'은 매우 본질적이다. 여기서의 즐거움은 '신난다'라는 것만 의미하는 것은 아니다. 음악의 오락성을 평가 절하하기 쉽지만 누구나 쉽게 누리고 즐길 수 있다는 것은 인간의 행동에 있어 주요한 동기가 된다. 대중이 모이는 장소에서 들리는 음악은 기대감을 갖게 하고, 목적한 바에 대한 욕구를 충족시킨다.

음악의 치료적 요인에 대한 한 연구를 살펴보면, 가장 중요한 요인으로 '즐거움/미적 요인'이 조사된 것을 알 수 있다. 이 연구는 음악치료를 전공한 사람들과 일반인을 대상으로 한 조사연구로, 두 대상 모두 '즐거움/미적 요인'을 음악의 주요 요인으로 꼽은 것을 알 수 있다(황은영, 양은아, 2017). 음악평론가 박진홍(2014)도 그의 저서 『음악으로 사색하는 즐거움』에서 감각적 수용 중심의 감상, 감상의 즐거움, 음악 에세이의 재미에 대해 언급하면서 음악이 주는 즐거움을 강조했다. 특히 활동 중심적이고 다이내믹(dynamic)한 음악에서만 즐거움을 느낄 수 있는 것이 아니라 사색할 수 있는 음악에서도 충분히 즐거움을 느낄 수 있음을 소개하였다. 물론 음악의 기능적 사용에서는 다른 요인들이 존재하겠으나 '즐거움'이 음악의 중요한 부분이라는 것에는 이견이 없을 것이다.

③ 대중음악과 산업구조

20세기를 지나 음악산업이 크게 성장하면서 대중음악에 대한 이론적 접근이 시작되었다. 아도르노(Adorno)는 비록 대중음악에 대해 비판적인 시각을 가지고 있었지만, 대중음악을 가장 먼저 학문적으로 접근한 학자였다. 아도르노는 대중음악을 자본주의의 산물로 여겨 예술이라기보다는 '문화산업'으로 보았다. 1920년대 미국의 영화산업, 상업라디오와 음반산업이 성공하면서 음악을 대량문화로 이해하게 되었는데, 그는 음악산업이 이윤 추구라는 큰 목적을 가지기 때문에 더 이상 예술적인 것이 될 수 없다고 비판하였다. 자본주의에서의 대중음악은 표준화된 상품이 되고 소비되며 문화를 규격화 · 획일화한다는 부정적 측면도 언급하였다. 물론 산업 속에서의 음악은 오락과 유흥을 제공하고 대중의 만족감을 증대시키지만 자본에 의해 정형화되는 것을 경계한 것으로 볼 수 있다. 아도르노는 『대중음악에 대하여(on popular music)』라는 책을 통해 대중음악을 학문적으로 분석하여 기술했는데, 이것이 현대사회에서 말하는 대중음악의 전파구조가 된다. 이것은 생산, 분배, 소비라는 층위로 대중음악 사회와 밀접한 관계임을 강조한 것이다. 이 개념은 대중음악과 사회를 이해하는 데 필수적인 내용이므로 조금 더 구체적으로 살펴보고자 한다.

• 생산

대중음악은 대량생산 방식을 택한다. 좁은 의미에서는 대중음악을 만드는 창작의 방식이며, 넓은 의미에서는 배포를 위해 만들어지는 방식을 말한다. 먼저 창작의 방식에 대해서 살펴보면, 대중음악은 형식의 정형화된 틀을 특징으로 한다. 대부분의 음악은 3~4분 내에서 만들어진다. 음역이 넓지 않고 모두가 쉽게 듣거나 부를 수 있도록 만들어진다. 청소년들에게 인기가 있는 랩의 경우도 간단한 화성 안에서 반복되도록 만들어진다. 주제 역시 사랑, 이별과 같이 인간사에 있어 공통적인 내용들이 주를 이룬다. 모두가 공감할 만한 내용으로 만들어진다. 형식적인 단조로움을 피하기 위해 후크(hook)를 넣어 시쳇말로 '귀에 꽂히는 음악'의 후렴을 만들어 낸다. 이러한 특성 때문에 '대량생산'이 가능해진다.

• 분배

이는 현대사회의 마케팅 특징과 관련된다. 예전의 음악들이 청취자들이 찾는 음악이었다면, 현대의 대중음악은 가수들이 소속되어 있는 엔터테인먼트의 계획적인 마케팅에 의해 만들어지고 배포된다. 음원회사, 방송국, 심의기관, 공연 관련 기관, 광고, 매장음악은 음악의 생산과 연결되어 있다. 음악은 단순하게 음악을 듣는 것에 국한되지 않는다. 예를 들어, 최근 아이돌 그룹의 앨범 발표 경향을 살펴보면 싱글음원만 발표하거나 한 정규앨범이 동시에 여러 장씩 나오기도 한다. 이는 마케팅의 한 방법이다. 같은 곡들이 들어 있는 앨범이지만 앨범에 담긴 디자인, 포토카드, 스티커 등을 다른 콘셉트(concept)로 구성하여 발매한다. 이를 동시에 배포하기도 하고 2주 정도 격차를 두고 배포하기도 한다. 이에 따라 가수들의 활동 내용이 달라지며 부수적으로 생산하게 되는 굿즈(goods)들도 다양하게 출시된다. 이미 대중음악은 엔터테인먼트, 음반사, 방송국, 스트리밍 제공기관들이 유기적으로 움직이는 거대한 산업으로 정착되어 가고 있다.

• 소비

대중음악의 소비는 심리사회적 측면과 관련이 있다. 음악적이거나 미학적인 요소와는 상관없이 내가 아는 음악을 나의 지인들이 알고, 지인들이 아는 음악을 내가 아는 것들을 통해 '좋은 음악'이 결정된다. 어떤 종류의 음악인지보다는 '누구와 함께 즐기는가'가 더 중요해진 것이다. 이렇게 공유된 음악은 매우 빠른 시간 내에 소비된다. 예전에는 음반을 통해 소비되던 것이 현대사회에서는 음원이나 유튜브(Youtube)를 중심으로 소비된다. 음원을 구입하지 않더라도 스트리밍(streaming) 서비스를 통해 언제든 음악을 들을 수 있다.

이러한 소비의 중심에는 인터넷의 보급이 매우 큰 역할을 했다. 한 음원이 전 세계에서 동시 발매되고 인터넷에서 실시간 판매량, 차트를 제공하며 음악에 대한 반응을 볼 수 있다. 음반이 발매되고 많은 시간을 기다릴 필요 없이 음악방송에서 순위를 확인할 수도 있다. 확산의 속도는 거의 동시적이라고 해도 과언이 아니다. 음악에 대한 정보는 인터넷을 통해 정확하게 제공받을 수 있으며 음악이라는 소비문화는 사회적인 유대감을 만드는 문화로 정착되어 가고 있다.

대중음악의 소비는 현대사회의 특성과도 맞물려 있다. 노동의 시간이 늘고 업무에 대한 스트레스가 증가하며 지적인 능력을 요하는 시대에서 대중음악은 스트레스를 줄일 수 있는 가장 쉬운 방법이 된다. 업무시간 중 능률을 높일 수 있는 사내음악 방송, 업무시간 동안 원하는 음악을 들을 수 있는 시스템이 널리 제공되기도 한다. 이는 오랜 시간 일하는 것에 대한 쉼을 주고 일상에서의 지루함을 덜 수 있도록 해 주어 일에 대한 스트레스를 감소시켜 주기 때문이다.

(3) 현대사회에서의 대중음악의 의미

앞에서도 언급하였듯이 인간행동으로서의 대중음악의 의미는 첫 번째로 '즐거움'에 있다는 것이 많은 학자의 정설이다. 19세기 이후 대중이 다소 생활의 여유를 가지게 되고 문화산업이 성장하여 누구나 음악을 즐기게 되면서 음악은 생활의 큰 활력이 되었다.

1877년 에디슨이 발명한 **포노그래프**(phonograph)와 함께 복제 기술이 사용됨에 따라 음악이 다양한 계층의 많은 사람에게 즐거움을 주게 되었다. 가수들이 직접 내 앞에서 노래를 부르는 것 같은 친숙함은 더 없는 만족감을 주기에 충분했다. 거의 모든 가수, 모든 스타일의 음악을 원하는 곳에서, 원하는 시간에 들을 수 있게 되어 삶의 질을 높이는 데 큰 역할을 하게 된 것이다.

대중음악의 두 번째 의미로는 사회 구성원들 간의 교류를 들 수 있다. 개인이 선호하는 음악들이 생겨나고 같은 음악을 공유하는 집단이 생겨났다. 친구들과 같은 음악을 듣고 부르기도 하고 인터넷 카페에 가입을 해서 같은 음악적인 선호를 가진 사람들끼리 음악을 나눈다. 이들은 오프라인 모임을 통해 정기 · 비정기적으로 교류를 하고 음악을 만들기도 하는 등 적극적인 상호작용을 나눈다. 이들이 어떤 직업을 가졌고 나이가 몇 살인지는 중요하지 않다. 세대나 배경의 차이를 넘어서 '음악'이라는 공통점으로 교류를 하게 된 그 자체로도 '대중음악'의 의미는 분명해진다.

2. 음악과 문화예술

예전에는 방송, 콘서트 등으로 표현되던 음악의 형태는 문화예술 산업의 확장을 통해 그 양식이 매우 다양해졌다. 그 대표적인 예로 뮤지컬, 지역 단위의 음악회, 젊은이들의 **버스킹**(busking), **콘서트**(concert) 등을 들 수 있다. 양식만 달라진 것은 아니다. 문화예술로서의 음악을 즐기는 주체로서의 계층이 다양해졌고 즐기는 장소도 달라졌다. 예전에는 대형극장이나 공연장에서 뮤지컬과 콘서트를 즐겼다면 요즘 사회에서는 작은 소극장에서의 공연이 매우 증가했고 공연의 대상도 어린이에서부터 노인에 이르기까지 매우 폭이 넓어졌다. 다음에 소개하는 문화예술로서의 음악에 대한 부분은 가장 중심이 되는 형태를 설명하면서 음악과 문화예술에 대한 이해를 돕고자 한다.

1) 뮤지컬

뮤지컬(musical)이란 스토리와 음악적인 요소가 균형을 이루는 음악극의 형태로 실제 관객들을 대상으로 하는 음악문화예술의 대표적인 형태이다. 음악의 디지털화가 매우 가속되어 있는 가운데 비복제 문화로서의 뮤지컬이 성장세를 유지하는 것은 매우 이례적이라고 볼 수 있다. 이러한 현상은 뮤지컬이 대중화를 이루게 된 데서 비롯된다. 보다 많은 사람이 예술의 체험을 누릴 수 있게 되면서 공연문화가 확산되고 드라마나 영화를 뮤지컬로 만드는 사례가 늘어나면서 사람들에게 보다 더 친숙한 여가 활동으로 자리 잡고 있다.

뮤지컬은 **오페레타**(operetta)나 발라드 오페라가 유럽을 중심으로 발달하다가 영국의 문화계에 흡수되고 대중극과 연결되면서 뮤지컬 파스(musical farce), 뮤지컬 코미디(musical comedy)가 형성되었다고 한다. 이후 1800년대 말의 오페레타와 발라드 오페라가 20세기 초반 영국에서의 대중음악극에 수용되면서 뮤지컬 산업이 시작되었다. 이러한 유럽 지역의 뮤지컬 코미디는 신대륙으로의 이동과 함께 미국으로 전파되었는데 여기에 쇼(show) 형태가 가미되어 본격적인 뮤지컬로 자리를 잡게 되었다. 특히 1800년대 말 음악출판 비즈니스인 틴 팬 앨리(Tin Pan Alley)를 통해 스타 작곡가들이 등장하고, 쇼 튠(show tune)이 인기를 끌면서 뮤지컬은 대중문화예술의 중심이 되었다. 물론 TV의 보급과 록음악의 유행으로 일시적으로 침체기를 경험하였으나 미국에서의 뮤지컬 산업은 이를 극복하기 위한 실험적 시도를 계속하게 되었고 1980년대 이후 블록버스터급 뮤지컬이 생산되면서 다시 부흥기를 맞이했다.

현대사회에서 문화예술로서의 음악인 뮤지컬이 성장하게 된 것은 런던의 웨스트엔드와 뉴욕의 브로드웨이의 공연산업에 대한 노력의 결과라고 해도 과언이 아니다. 특히 미국의 브로드웨이를 중심으로 한 뮤지컬 창작과 실연의 확산은 문화예술로서의 뮤지컬을 인식시키는 데 가장 큰 공헌을 했다고 볼 수 있다. 브로드웨이란 뉴욕을 남북으로 나누는 한 거리를 지칭하는 말로, 맨해튼의 남쪽 끝 가장 긴 거리를 말한다. 41번가에서 53번가, 7번가와 8번가의 지역이다. 이 지역은 상업적으로 흥행하는 뮤지컬을 만들고 시연하는 대형극장뿐만 아니라 소형 뮤지컬을 연구하고 창작하는 공간이 함께 존재한다.

뮤지컬은 작품이 공연되는 무대의 크기에 따라 대형 또는 중소형 뮤지컬로 구분된다. 브로드웨이 극장가의 '오프 브로드웨이(off Broadway)'와 '오프 오프 브로드웨이(off off Broadway)'가 대표적인 예이다. 일반적인 기준으로 500석 이상의 극장가는 브로드웨이로 분류하고, 100석 이상 499석 미만은 '오프 브로드웨이', 100석 미만은 '오프 오프 브로드웨이'로 구분한다. 여기서 100석 미만의 소규모 극장들의 작품들이 지속적으로 만들어지고 공연되는 것은 브로드웨이 뮤지컬 산업의 단계별 시장 기능을 수행하고 창작의 기반을 다지게 하였다. 대형극장에서 상업적 형태의 뮤지컬이 진행되는 양상과 소극장 중심으로 실험적 무대가 진행되는 양상이 동시적이라는 것이다. 이것은 미국의 뮤지컬 산업이 명맥을 이어 갈 수 있도록 해 준 공연계의 노력을 보여 준다. 영국의 웨스트엔드의 경우도 비슷하다.

비주류의 소극장 형식에는 **오프 웨스트엔드**(off westend) 혹은 **프린지**(fringe)라는 용어를 사용한다. 프린지라는 용어는 최근 국내의 독립예술가들의 집단 공연 형태 및 페스티벌로 정착되어 매년 진행되고 있어 우리에게 친숙해진 용어이기도 하다. 프린지란 '변두리'라는 말로 1947년 스코틀랜드의 에든버러 축제에 정식 초대를 받지 못한 극단들이 외곽에서 공연을 한 것으로 시작되었다. 오늘날에는 새로운 작품, 배우들의 실험적 무대라는 의미로 통용된다(원종원, 2013).

인간행동으로서의 문화예술을 이해하기 위한 뮤지컬의 특성에 대해 좀 더 살펴보자. 이를 이해하는 것은 현대사회에서 뮤지컬이 자리 잡게 된 배경을 이해하는 데 도움이 될 것이다.

원종원은 그의 저서 『뮤지컬』에서 뮤지컬의 특성을 다섯 가지로 구분하여 설명한다. 첫째, 뮤지컬은 내용적으로 사실적인 무대라기보다는 낭만적 연극의 속성을 가진다. 이성보다는 감성이, 정형보다는 정열이, 사실성보다는 판타지가 우위를 차지하는 경향이 있는데, 뮤지컬이 여타 문화예술 장르에 비해 화려하고 낙천적이며 환상성을 가지게 되는 것도 이러한 낭만주의 성향에 기인한다(유희성, 1995).

둘째, 뮤지컬은 공연예술이면서 종합예술 형태를 가진다. 기존 연극에서의 스토리를 유지하되 음악과 춤을 더함으로써 종합예술의 성격을 갖게 된다. 예술적인 속성이 다양하게 드러나는 분야라고 할 수 있다.

셋째, 뮤지컬은 대중극이다. 뮤지컬이 예술적 속성을 지키기보다는 예술의 대중화라는 상업적 접근을 활성화했기 때문에 오늘날 사람들이 뮤지컬에 쉽게 접근할 수 있는 것이다.

넷째, 뮤지컬은 그 형식상 특수한 관심이 필요한 극이다. 즉, 뮤지컬에는 제작자나 연출가, 배우, 관객 등 그 무대를 재연하거나 바라보는 모든 참가자가 암묵적으로 따라야 하는 일련의 약속이 있으며 이런 일련의 규칙에 의해 다시 무대가 전개되는 특징이 있다(김기용, 1993; 유희성, 1995). 인간의 행동이라는 측면에서 볼 때 단순히 만들어진 것을 비용을 지불하고 감상한다기보다는 배우들이 표현하는 감정을 담아내는 관객, 함께 극의 일부가 되어 보는 경험, 음악 속에서의 역동에 참여하는 관객, 또한 뮤지컬의 노래들을 대중음악으로 연결하게 되는 모든 것이 매우 적극적인 음악적 행동이 되는 것이다.

그렇다면 이러한 문화예술로서의 뮤지컬이 우리나라에서는 어떻게 발전해 왔는지를 살펴보자. 우리나라 뮤지컬 산업은 서양의 뮤지컬이 유입되기 이전부터 창극, 가극, 악극, 판소리 같은 음악극 형태의 전통극에서 출발한다. 또한 그것이 대중에게 향유되었다는 점에서 대중예술로서의 음악극이 오래전부터 시작되었음을 알 수 있다(이미나, 2000). 우리나라의 뮤지컬 발달사에 대해서는 연구자에 따라 서로 다른 구분들이 존재하지만 일반적으로 발아기, 형성기, 성장기의 단계로 나누고 있다.

박경선(1998)은 1920~1950년대를 발아기, 1960~1970년대를 형성기, 1980년~현재까지를 성장기로 구분하여 설명한다. 박병성(2007)은 태동기(1966~1977), 브로드웨이 뮤지컬 등장기(1977~1987), 서울예술단과 롯데월드 예술극장 등장기(1987~1994), 뮤지컬의 대형화 · 전문화 · 다양화가 이뤄진 시기(1994~현재)로 나누었다.

원종성(2012)은 태동기, 유년기, 성장기, 청년기로 그 발달을 구분하고 있다. 그에 따르면 태동기(1966~1977)는 1966년 우리나라 최초의 창작 뮤지컬인 예그린 악단의 〈살짜기 옵서예〉가 발표된 것을 필두로 우리나라의 뮤지컬

산업은 예그린과 그 후신인 국립가무단이 시장을 주도했다. 유년기는 현대극장의 〈지저스 크라이스트 슈퍼스타〉나 시립가무단의 유명한 〈지붕 위의 바이올린〉 민중과 광장 · 대중의 3개 극단이 공동으로 무대를 꾸며 큰 대중적 인기를 누렸던 〈아가씨와 건달들〉 등 본격적으로 브로드웨이 뮤지컬이 번안되어 소개되기 시작한 시기를 말한다. 88서울예술단의 〈한강은 흐른다〉, 상업 뮤지컬을 이끌어 온 롯데월드 예술극장의 〈거울 속으로〉 〈돈키호테〉, 창작 뮤지컬인 〈사랑은 비를 타고〉 〈쇼 코미디〉 〈명성황후〉 〈난타〉 등과 일련의 수입 번안 작품인 〈브로드웨이 42번가〉 〈캣츠〉 〈페임〉 등이 대중적 인기를 끌던 시기는 성장기(1988~1999)로 나누었다. 그리고 극단 신시의 〈렌트〉와 (주)제미로 및 프로듀서 설도윤에 의해 무대가 꾸며진 〈오페라의 유령〉이 등장한 이래 대형화 · 현대화의 추세로 발전된 청년기(2000~현재) 등으로 구분해 볼 수 있다.

우리나라 뮤지컬 시장이 본격적인 산업화 단계로 접어들기 시작한 것은 지난 2001년 LG아트센터에서 공연했던 번안 뮤지컬 〈오페라의 유령〉이 대규모 흥행을 기록한 이후로 보는 것이 일반적인 시각이다. 한국어로 각색된 〈오페라의 유령〉은 7개월의 공연기간 동안 전체 박스 규모의 94%에 가까운 약 24만 명의 관객을 동원함으로써 뮤지컬 산업에도 '규모의 경제'가 가능함을 실증해 보였다. 이 작품의 총제작비는 약 150억 원으로 192억 원의 매출을 기록해 42억 원의 순이익을 기록했으며(「헤럴드경제」, 2005. 1. 21.), 이로써 연간 200억 원 규모로 추산되던 뮤지컬 시장을 400억 원 수준으로 끌어올린 것으로 평가되고 있다. 이후 〈캣츠〉 〈맘마 미아〉 〈미녀와 야수〉 〈지킬 앤 하이드〉 등으로 이어지며 한국 뮤지컬은 산업화를 이루는 계기를 맞이했다. 이는 단순히 뮤지컬이 흥행을 하고 경제성을 갖게 된다는 것을 의미하는 것이 아니다. 당시 사람들이 향유하던 문화예술은 영화산업이 주를 이루었다. 한 편의 영화 관람료가 5,000원 선이었던 것에 비해 오페라의 유령 R석의 티켓 값이 11만 원이었던 것을 감안할 때 사람들이 매우 비싼 비용을 치르고 뮤지컬을 본다는 것은 큰 변화가 아닐 수 없었다. 많은 평론가는 이 뮤지컬이 성공함으로써 사람들이 문화예술에 대한 기대와 가치에 고비용을 지불하기 시작했다고 평가한다.

뮤지컬 산업은 현재도 꾸준히 성장하여 전체 공연시장의 60% 이상을 점유하고 있다. 이는 실로 비약적인 발전이다. 한국에서의 IMF 금융위기로 인해 한때 문화예술 산업이 주춤했으나 사람들의 삶의 질에 대한 관심이 높아지고 문화예술에 대한 이해가 높아지면서 2012년 이후 다시 성장을 거듭하고 있다.

2) 콘서트

콘서트는 음악을 통한 '경험'을 제공한다. 디지털화된 음원을 듣는 것을 다소 수동적인 참여로 볼 때, 공연장에 직접 찾아가서 좋아하는 음악을 듣고 좋아하는 가수와 가까이서 호흡하는 경험은 매우 적극적인 참여행동이다. 이는 문화예술에 대한 실질적인 가치 창출을 이끌어 낸다. 공연 자체의 수입도 커지고 있지만 공연으로 인해 가수, 노래에 대한 인지도와 호감도는 상당히 높아지게 된다. 음반 자체의 수입보다는 공연, 공연으로 인한 부속상품의 판매가 수익으로 연결되는 경우도 증가하고 있다. 때문에 많은 기획사는 아티스트의 공연 수입을 주요 수익원으로 기획하고 시행하고 있다.

이러한 흐름은 대중가수들의 공연에 국한되지 않는다. 클래식 공연에 대한 공연 횟수, 지역사회에서의 공연 등이 현저히 늘어나고 있어 각 도시의 비즈니스 모델이 되기도 한다(성동환, 2012). 실제로 문화예술 관람이 주관적 만족도에 미치는 영향에 대한 연구에서는 문화예술의 6개 분야, 즉 음악 및 연주회(콘서트), 연극 및 마당극, 무용, 영화, 박물관 전시, 미술관 전시 중에서 음악 및 연주회를 직접 관람했을 때의 주관적 만족감이 가장 높은 것으로 나타났다(이은우, 2017).

최근에는 음악과 관련된 예능 방송들이 늘어나고 오디션 서바이벌 프로그램들이 크게 인기를 끌면서 직접 공연관람에 대한 욕구도 크게 늘어나게 되었다. 대중가수를 선발하는 오디션 프로그램뿐만 아니라 〈팬텀싱어〉 같은 클래식, 뮤지컬 가수를 선발하는 프로그램들이 인기를 끌면서 여기서 선발된 가수들이 투어 콘서트를 하고 각 지역의 요청으로 관객과 함께 하는 공연을 활발히 진행하고 있다. 이는 다양한 음악과 콘서트에 대한 관심을 불러일으키며 공연의 판매 수와 티켓의 매출, 곧 콘서트 시장에 대한 확대로 이어졌다. 2012년 공연예술 경기 동향 조사 이후 우리나라 콘서트 문화는 지속성장을 예상하였고 실제로 큰 성장을 이루고 있다.

〈표 5-2〉는 한국콘텐츠진흥원에서 제공한 자료로 세계 음악시장 분야별 규모 전망에 대한 것이다. 이 표에서 알 수 있듯이 음악공연(콘서트)은 음악시장에서 매우 큰 비율을 차지하고 있다. 물론 스트리밍이 주요한 산업으로 급성장하고 있기는 하지만 공연산업이 여전히 큰 비중을 차지하고 있음을 알 수 있다. 사람들이 쉽게 음악을 접하기 위한 행동으로 음악을 다운 받고 유튜브나 음원 사이트를 통해 스트리밍을 한다면, 특별한 경험으로서의 음악적 행동으로 콘서트장을 찾는다는 것이다. 음악을 소유한다는 소비행동은 이제 소비의 이용 패턴으로 변화하고 있다. 이는 아티스트의 수명이 긴 데 비해 음원의 경우 제품 수명이 짧기 때문에 공연이나 이벤트 등을 통해 보조자원이 공급되어야 함을 설명한다.

음악산업은 아티스트라는 핵심 자산을 어떻게 관리하는지가 매우 중요하기 때문에 참여형 공연을 통해 사람들이 그 음악과 가수를 더 선호하는 것을 유지하도록 하는 전략을 사용한다고 보면 된다. 최근에는 공연 수익뿐만 아니라 MD, 동영상을 활용한 2차 판권 등 부가가치 규모가 지속적으로 확대됨

〈표 5-2〉 세계 음악시장 분야별 규모 및 전망(단위: 백만 달러, %)

구분	2015	2016	2017	2018	2019	2020	CAGR
레코드음악	18,591	18,733	18,979	19,243	19,431	19,478	0.9
음반	9,150	8,441	7,689	6,918	6,140	5,347	−10.2
디지털음원	9,441	10,292	11,290	12,325	13,291	14,131	8.4
다운로드	4,325	3,848	3,371	2,892	2,433	2,020	−14.1
스트리밍	4,065	5,407	6,885	8,392	9,816	11,063	22.2
모바일	1,051	1,037	1,034	1,042	1,042	1,48	−0.05
음악공연	24,334	24,868	25,552	26,399	27,256	28,242	3.0
합계	42,925	43,601	44,531	45,642	46,687	47.721	2.1

으로써 음악산업을 구성하고 있는 요인들도 다양해지고 있다.

최근 예술계에서 공감대를 이루고 있는 표현 중에 '예술의 민주화'라는 말이 있다. '경제민주화'에 이어 예술계에 적용되고 있는 이 표현은 문화예술이 개인 간의 불평등을 줄이고 모두가 만족스러울 수 있어야 한다는 것을 강조한다. 이는 단순히 음악 결과물을 소비하는 것을 말하는 것이 아니다. 문화예술에 대한 정보와 전문지식부터 예술적 결과물과 학문적 접근까지를 모두 포괄한다.

여전히 음악계는 격차가 존재하고 있고 경제적인 차이에 대한 접근성도 제한적이다(송진범, 2016). 예전에 비하면 현저히 나아졌다고는 하나 대중음악뿐만 아니라 다른 분야의 음악계에 있어서의 '예술의 민주화'는 중요한 이슈가 된다. 특히 국내 가수들의 해외 진출은 대중음악의 가치 상승에 크게 기여하고 있다.

우리나라 대중가수들의 해외 진출은 꾸준히 있어 왔으나 가장 두드러진 계기는 2012년 싸이의 노래 '강남 스타일'의 인기였다. 당시 빌보드 차트 2위를 기록하면서 해외 팬들에게 신드롬에 가까운 인기를 누렸다. 2018년 5월과 2019년 4월에는 방탄소년단(BTS)이 국내 가수로는 최초로 빌보드 차트에서 연속 1위를 차지하는 쾌거를 이루기도 했다. 이는 단순히 음원 차트에서의 순위를 의미하는 것이 아니라 가수 또는 그룹이 '브랜드'화되어 해외에서 활동할 수 있는 기반이 형성되었다는 것을 의미한다.

3) 버스킹 문화

버스킹(busking, 거리공연)은 거리예술의 일종으로, 지나가는 사람들에게 돈을 얻기 위해 공공장소에서 연주 혹은 노래하는 행위를 의미하며 버스킹을 하는 연주자 혹은 음악가를 버스커(busker)라고 부른다. 이는 19세기 후반 영국 런던에서 처음 시작된 용어이다. 버스킹은 최근 5년 이내에 현저하게 발달하게 되었는데 음악 장르의 다양화, 오디션 프로그램의 확산 등을 통해 문화예술의 저변이 확대되고 참여의 계층이 늘어난 데서 비롯되었다고 볼 수 있다.

우리나라에서 대표적인 버스킹 지역인 홍대 주변에 가 보면 주말에는 버스커들 간의 간격이 몇 미터밖에 안 되는 것을 볼 수 있다. 예전에는 버스커들이 인디음악을 하는 가수들 중심으로 이루어졌다면, 최근에는 음악을 좋아하는 일반인, 엔터테인먼트 회사의 연습생, 동호회, 중고등학생들의 자발적 참여로 확대되었음을 쉽게 볼 수 있다. 음악에 대한 선호를 보다 전문적으로 표출하고 싶어 하고 거리에 나가 '공연'이라는 행위로 적극적으로 표현하는 사람들이 늘어났다는 것이다.

화이트(Whyte, 1980)는 거리공연의 큰 의미는 공연을 한다는 자체보다는 '유대감'이라고 규정하였다. 모두가 공유하는 장소에서 근거리에 모여 공연을 하고 또 보는 것은 버스커나 관객 모두에게 만족을 준다. 버스커는 노래하는 음악적인 행동을 통해 자신의 재능을 전달한다. 관객들은 거리라는 공간에서 버스커를 선택하는 한편 일상에서도 질 좋은 음악을 접할 수 있는 기회를 얻게 되는 셈이다. 그런 면에서 거리공연은 매우 상호적인 음악행동이라 할 수 있다. 특정 시공간에서만 일어나는 콘서트나 공연의 이벤트를 '일상'이라는 시공간으로 전환시키면서 매우 특별한 음악적 경험을 나누는 것이라고 볼 수 있다.

우리나라에서는 1980년대 후반 대학로를 중심으로 버스킹이 이루어지다가 대학로의 상업화로 인해 예술가들이 홍대 앞으로 이동하게 되었다. 1988년 홍대 앞은 서울시의 '걷고 싶은 거리'로 선정되고, 2002년 홍대 전철역 부근이 재개발되면서 현재의 문화거리가 형성되었다. 크라잉넛, 자우림으로 대표되는 인디뮤지션들이 라이브 클럽을 주 무대로 활동했고 수준 높은 인디음악가들이 홍대 거리를 중심으로 버스킹을 하게 되었다. 이는 젊은이들의 자유분방함을 상징하며 많은 젊은이를 이 거리로 모으게 하였다. 특히 〈슈퍼스타K〉라는 오디션 프로그램은 '누구나, 어디에서든' 노래할 수 있다는 인식을 주었고, 오디션 프로그램에서 입상한 밴드 버스커 버스커의 인기는 버스킹의 대중화에 한몫을 했다. 과거 라이브 클럽이 뮤지션들의 무대였다면, 버스킹은 뮤지션과 관객 모두에게 개방성과 접근성 높은 무대이자 공연문화로 자리잡게 된 것이다.

4) 문화예술교육

(1) 문화예술교육의 개념과 이해

문화예술교육은 문화와 예술의 교육을 의미하며 과거 예술교육이 중심이던 교육의 형태에서 문화와 예술을 통합하여 교육한다는 개념으로 이해된다. 1962년에 한국 문화단체 총연합회에서 예술문화의 개념을 주도하던 때에는 문화예술이 예술의 향유만을 목적으로 하였다. 이후 1972년 「문화예술진흥법」이 제정되고 전통문화를 중심으로 한 문화예술 활동 지원, 교육 지원이 시작되었다. 이는 세 차례에 걸쳐 개정되어 오늘날에는 초 · 중 · 고등학생 뿐만 아니라 국민 모두가 문화예술에 대한 이해를 갖고 참여하게 하기 위한 법으로 정해져 있다.

2006년에 개정된 「문화예술교육지원법」 제2조 제1항에서는 문화예술교육을 "문학, 미술(응용미술 포함), 음악, 무용, 연극, 영화, 연예, 국악, 사진, 건축, 어문 및 출판"으로 정의하고 있다. 문화와 예술에 대한 개념을 같은 맥락으로 이해하는 경우도 있지만 두 가지에 대한 다양한 접근과 지원을 통해 사회 구성원들이 삶을 풍부하게 하려는 목적이라 명시하고 있다. 이에 예술적인 역량이 관련 전문가들 또는 특정 계층에서만 이루어지는 것이 아니라 국민 모두의 예술적 역량이라는 거시적인 목표를 구현하기 위해 매우 구체적인 문화예술교육 지원 사업이 활발하게 이루어지고 있다(민경훈, 2008).

특히 문화예술교육의 초기 연령이 매우 낮아져 유치원에서부터 특기적성 교육으로 적용되어 있는 점을 볼 때, 예술교육은 문화예술의 형태로서의 음악이 보편성을 가지게 되는 것과 관련이 있다. 국가의 정책으로서든, 지역사회의 요구에서든, 학교교육에서의 다양성을 위해서든 문화예술교육이 이루어지는 것은 음악문화의 보편성, 즉 보편적 행동에 긍정적인 영향을 주게 된다는 것이다. 이는 학교 간 지역문화의 연계뿐만 아니라 예술적 행위로서의 음악을 적극적으로 표현할 수 있는 기회를 조기에 제공함으로써 문화에 대한 참여를 높일 수 있는 효과적인 방법이 된다.

문화예술교육은 크게 문화예술을 교육 내용을 하는 교육과 문화예술을 통한 교육으로 나뉜다. 전자는 문화예술이 목적이 되고, 후자는 교육의 목적을 구현하기 위한 방법이 된다(한국문화예술교육진흥원, 2007). 이 두 가지는 대개는 가정에서 개인의 형태로 이루어지다가 최근에는 정부 주도, 학교 주도의 형태로 활발하게 시행되고 있다. 대표적으로는 '예술 꽃 씨앗학교'와 '예술강사 지원 사업'을 들 수 있다. 2008년부터 지방학교를 중심으로 하여 전교생이 400명 이하인 학교를 대상으로 문화예술 체험 및 교육에 대한 경제적 · 인적 자원을 지원하는 사업을 예술 꽃 씨앗학교라고 부른다. 이 사업은 단순히 문화 체험비를 제공해 주거나 참여 인원을 제한하는 형태가 아니라 매우 통합적인 지원을 골자로 한다. 예를 들면, 한 학교에 클래식 교육 사업을 지원하는 경우에 교과 또는 방과 후 수업에 클래식 반을 운영할 수도 있다. 서양 음악사를 배울 수도 있고, 목표로 하는 음악의 작곡가를 중심으로 한 프로젝트를 운영할 수도 있다. 그와 관련된 악기를 구입하여 음악교육을 시행하고 이를 전문으로 가르칠 수 있는 인력도 제공한다. 또한 클래식 음악회에 참여할 수 있는 기회를 함께 주고 지역사회에서 이를 나눌 수 있는 시간적인 기회도 마련해 줄 수 있다. 단회기성으로 진행되는 것이 아니라 대개는 1년 이상의 지원을 통해 문화예술교육이 충분히 이루어질 수 있도록 하는 것이다.

예술강사 지원 사업은 2000년부터 시작되어 2017년 조사 기준으로 8,628개 학교에 지원이 되었다고 한다(박소연, 박용호, 2016). 국악에서 시작하던 예술강사 지원 사업은 현재 8개의 영역으로 확대되어 음악, 연극, 영화, 무용, 만화, 공예, 사진 등 다양한 예술을 경험할 수 있도록 지원하고 있다. 문화예술교육은 '교육'의 의미가 있을 뿐만 아니라 사회의 구성원들이 삶의 질을 향상시키고 정서적으로 만족감을 얻을 수 있는 기초를 마련해 주는 것이므로 문화예술 정책 중 매우 중요한 부분이라 할 수 있다.

(2) 거점에 따른 문화예술교육

① 학교에서의 문화예술교육의 유형과 이해

아동 및 청소년을 위한 학교 문화예술교육은 주로 '문화예술을 통한' 교육이 주를 이루고 있다. 교내에서의 예술접근 수업과 교외에서의 문화예술 체험을 동시에 적용하고 있으며 학생들이 문화예술에 대해 보다 깊이 탐구하고 교감할 수 있도록 교과연계를 가지고 시행하고 있다(류기혁, 김선경, 2018). 특히 경제적으로 취약계층에 속해 있는 아동 및 청소년은 문화적인 소외감에서 자존감, 우울감 같은 정서적 문제를 함께 경험하게 된다는 점에서 학교 중심의 문화예술 지원은 매우 중요하다고 할 수 있다. 또한 문화예술의 특성상 정서적 만족감이 제공된다는 점에서 학생들의 인격 형성 및 사회성 발달을 위해 학교 문화예술교육은 꾸준히 이루어져야 한다.

〈표 5-3〉의 학교문화예술교육의 유형을 살펴보면, 다섯 가지의 유형 중 학교에서 선택하는 접근에 따라 시행 양상이 매우 달라진다는 점을 유추할

〈표 5-3〉 학교문화예술교육의 유형

유형	특징	장점	단점
재원 지원형	정부, 지자체 시행 문화예술사업 참여를 위한 재원확보에 주력	문화예술교육 인프라 확충, 양질의 전문가 참여	예산비중이 큰 성과 중심의 관리와 평가
지역사회 연계형	지역사회의 인적 · 물적 자원과 연계하여 운영	지역사회와의 교류, 학부모의 참여, 학교 이미지 개선	주제의 형태와 범위가 매우 넓음, 지역사회와의 소통이 매우 중요
리더 주도형	문화예술교육을 학교 운영방침으로 설정하고 특성화함	프로그램의 브랜드화, 리더의 의지에 따라 다양한 교육이 가능	구성원 간의 공감과 협력에 따른 결과차이가 매우 큼
교사 참여형	교사의 개인적 관심과 헌신을 기초로 변화를 만들어 감	교-강사 협력, 학생의 정서안정, 수업의 질	교사의 자발성이 요구되고 교사의 인사가 매우 큰 영향을 줌
강사 전문성 기반형	전문가의 예술적 전문성, 교육적 전문성을 발휘하는 데 주력	강사의 전문성이 학생들의 변화 도출	강사의 전문성에 따라 결과차이가 크며, 방과 후 수업으로 인식할 가능성이 큼

출처: 박소연, 박용호(2016).

수 있다. 이는 해당 교육청 및 학교장에 따라 달라지기도 하지만 해당 지역의 특성에 따라서도 선택 가능성이 달라진다.

재원 지원형의 경우에는 정부 및 기관 지원 형식이기 때문에 각 시 · 도에서 시범학교를 지정하여 운영하는 양상이 두드러진다. 단회기로 진행되기보다는 연계성을 가지고 오랜 기간 시행되기 때문에 이에 따른 예산 규모도 매우 커진다 할 수 있다. 하지만 재원 지원형 수혜를 받게 되면 학교로서는 매우 큰 예산으로 만족스러운 교육 결과를 도출할 수 있을 것이다.

지역사회 연계형의 경우에는 지역 특색에 따른 연계 문화예술교육을 중심으로 이루어진다. 예를 들어, 경기도 안성 지역의 경우에는 초 · 중등교육에서 '남사당놀이, 풍물, 줄타기' 등의 문화예술교육이 특성화되어 있으며, 지자체 소속의 전문가들과의 교육과 연계되어 있다. 그 지방의 특색을 가장 잘 살리면서도 전통을 이어 갈 수 있는 도제식의 문화예술교육이 특징적이다.

리더 주도형은 학교장의 의지가 매우 중요하다. 문학을 전공한 교장이 있는 학교에서는 시, 문학 작품을 읽히고 창작해 보는 활동을 필수적으로 넣고 있으며, 관련된 대회에 전교생 모두를 참여시키기도 한다.

교사 참여형은 학생들에게는 가장 친밀할 수 있으나 교사에게는 수업 외의 부담이 될 수 있어 최근에는 내용을 직접 가르치기보다는 전담교사에게 학생들의 문화예술교육을 관리하는 역할이 주어지기도 한다.

마지막으로, **강사 전문성 기반형**은 전문강사가 가진 뛰어난 역할이 학생들에게 긍정적인 영향을 줄 수 있다. 또한 다양한 직업 및 진로 체험이라는 견지에서 학생들에게 매우 긍정적이다.

학교에서의 문화예술교육은 단순히 문화 체험을 넘어서 진로를 탐색하고 비예술 교과에 대한 흥미와 자발성을 불러일으켜 준다. 문화예술의 속성이 매우 창의적이고 자유롭기 때문에 학생들은 이러한 교육 속에서 융통성과 표현력, 함께하는 친구들과의 협력과 정서적 교감, 사회의 일원으로 참여하는 민주적인 기회를 자연스럽게 습득하게 된다(설연경, 2013). 따라서 아동 및 청소년기의 학교 주도 문화예술교육에서 어떤 유형을 선택하는지 역시 학교의 중요한 선택적 과제라 할 수 있다.

② 지역사회에서의 문화예술교육의 유형과 이해

아동 및 청소년기의 문화예술교육이 학교를 중심으로 이루어지는 것과는 달리, 학교교육의 대상이 아닌 사람들을 위한 지원은 지역사회를 중심으로 이루어진다. 이는 교육이라는 이름보다는 사업의 일환으로 추진되지만 실질적으로는 평생교육 측면의 문화예술교육이라 할 수 있다. 〈표 5-4〉는 한국문화예술교육진흥원이 지역사회를 기반으로 하여 계획, 운영 및 지원하는 문화예술교육 사업에 관한 것이다.

〈표 5-4〉 지역사회 기반의 문화예술교육 사업

주요 사업	세부사업
복지기관 문화예술교육 지원	• 아동양육시설 문화예술교육 지원 • 노인 · 장애인 복지관 문화예술교육 지원
군 · 교정시설 문화예술교육 지원	• 군 문화예술교육 지원 • 교정시설/소년원 학교 문화예술교육 지원
시민 문화예술교육 지원	• 문화예술교육형 사회적 기업 육성 '별별 솔루션' • 산업단지 문화예술교육 커뮤니티 활성화 지원 사업 '행복 충전소' • 시민 문화예술교육 모델개발 및 인큐베이팅
소외아동 문화예술교육 지원	• 청소년 감성 키움 프로젝트 '상상학교' • 창의예술 캠프 '우락부락' • 오케스트라 교육 지원 사업 '꿈의 오케스트라'
지역학교와의 연계	• 지역 특성화 문화예술교육 지원
문화예술기관과의 연계	• 지역 문화회관, 문화원, 대학교, 기업, 지자체와 연계

이 표를 보면 알 수 있듯이 지역사회 기반의 문화예술교육은 사업 위주의 프로젝트로 운영되는 경우가 많다. 이는 지자체뿐만 아니라 관련 기관과의 협력이 매우 중요하며 사업 시행에 대한 결과물 역시 큰 비중을 차지한다. 사업의 영역도 매우 광범위하게 적용될 수 있어 문화예술의 계층을 다양하게 넓히는 데 중요한 역할을 한다.

좀 더 자세히 살펴보면, **복지기관 문화예술교육** 지원은 예술강사들을 파견하는 사업을 위주로 시행한다. 사업의 대상은 복지수혜를 받는 사람들뿐만 아니라 가족들까지로 확대하여 연간 30회까지 지원한다.

군 · 교정시설의 문화예술교육 지원은 문화예술을 통해 외부와 소통할 수 있는 기회를 주고 스트레스를 해소할 수 있도록 하며, 문화예술 활동이 주는 정서적 환기를 목적으로 한다. 한국문화예술교육진흥원 자체적으로 사업을 운영하지 않고 군 · 교정시설과 해당 부서의 수요조사를 바탕으로 하여 사업을 공모하고 시행될 수 있도록 한다. 교정시설의 경우에는 프로그램을 마친 이후에도 원하는 경우 후속 프로그램을 지원한다.

시민 문화예술교육의 모델은 다양한 프로젝트 지원과 함께 공연의 기회를 확충하여 참여자 모두에게 만족감을 줄 수 있도록 하는 참여형 사업으로 이루어진다. 또한 이러한 시민 문화예술교육의 모델은 시민들이 직접 개발할 수 있도록 개인 공모사업으로도 확대되어 있다.

소외아동 문화예술교육은 돌봄의 형태로 진행되는 경우가 많다. 예술적 과정을 통해 정서적인 만족감을 주고 경제적 취약이 문화예술의 기회에서의 취약으로 이어지지 않도록 하는 데 주안점을 둔다.

지역학교와의 연계와 문화예술기관과의 연계는 재능기부 형식뿐만 아니라 공동 프로젝트 형식을 취한다. 지역의 전문 인프라를 활용하기 때문에 지역문화 활성화, 지역의 문화예술기관의 활성화라는 장점을 가진다. 그 지역의 금융기관이 경제적인 지원을 하고 관련된 전문인력도 지역사회의 기관에서 고용하며, 대학교 등의 단체에서 자원봉사를 하거나 이를 시연할 수 있는 공간으로 지역사회의 공연장을 사용하는 등 여러 유관기관의 협력을 통해 문화예술 사업을 확충해 가는 것이다(민경훈, 2016). 이와 같은 지역사회 기반의 문화예술교육은 과거 수동적 형태로서의 예술이 아니라 참여형의 적극적 형태로서의 예술은 실행할 수 있는 좋은 예가 될 수 있으며 인간이 기본적으로 가진 심미적인 욕구를 계층에 상관없이 향유할 수 있도록 돕는 지원 체계가 된다.

3. 음악과 산업

1) 음악산업

(1) 음악산업의 개념 및 특성

① 음악산업의 개념

음악산업이란 '음악의 창작 · 공연 · 교육, 음반 · 음악파일 · 음악영상물 · 음악영상파일의 제작 · 유통 · 수출 · 수입, 악기 · 음향기기 제조 및 노래 연습장업 등과 이와 관련된 산업'을 말한다. 『음악산업 백서』에서는 음악산업이 '유형 혹은 무형의 음원 매체의 판매 사업, 공연 및 이벤트 사업, 아티스트 매니지먼트 사업, 음악 출판 사업, OSMU(one source multi use)에 따른 머천다이징(merchandising) 단어장 저장 사업 등 아티스트 및 그 악곡을 중심으로 한 사업'을 의미한다(한국콘텐츠진흥원, 2018). 여기서 눈여겨볼 것은 음악산업이 기존에는 음반 사업을 중심으로 이루어지던 것과는 달리 디지털 시장의 확대로 인해 그 영역이 매우 넓어지고 복잡해져 유형물로 고정되지 않는다는 것이다. 특히 디지털 음원이 음반시장의 주류를 이루면서 음악시장은 매우 빠르게 변화하고 있다.

한국은 디지털 온라인 음악시장의 점유율이 전통 오프라인 음악시장의 점유율을 추월한 세계 최초의 나라이기도 하다. 이러한 점을 고려하여 최근에는 '음원'의 개념을 음반이 아닌 전자 형태 수록으로 바꾸었으며 관련법도 이에 맞추어 개정되고 있다. 또한 음악을 향유하는 형태 또한 음악의 개인화, 이동성, 공연까지를 포함하는 넓은 개념으로 확장되고 있어 음반산업은 쇠퇴하였으나 음악산업은 새로운 전환기를 맞이했다고 볼 수 있다.

② 음악산업의 특성

이수범(2012)은 『디지털 시대의 음악산업』에서 음악산업의 특성을 다음과 같이 소개하고 있다.

첫째, 음악산업은 과점(oligopoly)적 산업이다. 소수 대형 기업의 과점 형태가 있어 진입장벽을 가진다는 뜻이다. 우리나라 역시 연예기획사, 대형음반제작사들을 중심으로 수익이 창출되고 있다.

둘째, 음악산업은 수직 계열화를 이루고 있다. 수직 계열화라는 것은 한 회사가 음반을 제작, 홍보 및 유통하는 데 이르기까지의 필요한 부서나 자회사를 가지고 있는 것을 말한다. 이는 첫 번째 특성인 과점과 밀접한 관련을 가지며 제작에서부터 소비까지를 관리함으로 인해 얻는 수익적 차원에서 이루어짐을 말한다.

셋째, 음악산업은 복합기업 형태를 가진다. 단순히 음악에 국한되지 않고 미디어, 굿즈, 공연 산업까지 공유하여 수익을 창출한다. 우리나라의 경우만 보아도 가수가 곡을 발표하면 음악 프로그램 외에 예능, 뉴스에까지 출연을 하고 있으며, 관련 상품이 기념품에 제한되지 않고 먹거리나 게임 산업까지 확대되어 출시되는 것을 볼 수 있다.

넷째, 음악산업은 규모의 경제를 가진다. 초기 투자비용이나 고정비용은 크지만 갈수록 제품 생산비용이 줄어든다는 점이다. 초기에 음악을 만들고 복제하는 데 드는 비용은 같지만 음원이 성공했을 경우에 얻게 되는 이익은 매우 크다. 물론 성공하지 못할 경우의 손해도 크다. 하지만 앞서 언급한 대로 하나의 음악이 성공을 하면 음원 외의 수익들이 크게 창출되기 때문에 음원 제작의 시도들은 꾸준히 이뤄진다.

다섯째, 음악산업은 진입장벽을 가진다. 물론 음반산업은 이 중에서도 진입장벽이 낮은 편이라고 한다. 예전보다 음원을 발매할 수 있는 경로가 많이 늘어났다. 앨범을 제작하지 않더라도 디지털 음원으로 발매할 수 있고 제작하는 녹음환경 역시 대중적으로 변화했다. 하지만 음원의 제작 외에 복제, 유통, 마케팅이 매우 중요한 변수이기 때문에 성공을 위한 진입장벽이 낮다고 볼 수는 없다.

(2) 음악산업의 변화 및 현황

디지털 기술의 발전은 음악산업에 특히 많은 영향을 주었다. 인터넷의 보급, 음악의 디지털화, 이동 전자기기의 발전은 음악의 질적 · 양적 성장에 큰 변화를 주었다. 또한 그 구조가 변화함에 따라 음악의 소비 또한 변화를 가지게 되었다.

음악산업의 구조적 변화 중 가장 두드러지는 것은, 첫째, 유통시장의 변화이다. 2000년을 기점으로 하여 MP3가 등장하면서 소리바다, 벅스뮤직에서 음악을 다운로드 받을 수 있게 되었다. 이는 빠르게 확산이 되었고 음반의 매출을 73.5%까지 급감시켰다(한국문화콘텐츠진흥원, 2006). 이후 멜론 등과 같은 통신사 온라인 음악회사는 스트리밍, 뮤직비디오, 벨소리 등 다양한 형태로 음악을 제공하여 빠른 성장을 가지게 되었다. 2010년 이후에는 스마트폰의 보급률이 늘어남에 따라 음악에 대한 접근성이 더욱 용이해졌고 이를 통해 음악을 누리는 사람들이 폭발적으로 늘게 되었다.

둘째, 생산시장의 변화이다. 음악시장의 성공을 위해 대형 기획사들이 실력 있는 제작자들과 작곡가들을 영입하여 음악을 제작하기 시작하면서 음악의 질적인 성장도 있었다. 반면, 한 음반에 여러 곡을 수록하여 이익을 내기보다는 디지털 싱글 등을 통해 제작비용을 줄이고 최대의 이익을 창출하게 되면서 음악 생산의 양상이 달라지게 된 것이다. 스타 시스템이 더 발달하게 되고 아이돌을 중심으로 한 대중음악 산업이 성장했다. 최근 〈슈퍼스타 K〉 〈위대한 탄생〉 〈프로듀서 101〉 〈프로듀서 48〉과 같은 오디션 프로그램 등을 통해 가수 데뷔의 길도 다양하게 열리고 있다. 기획사의 오디션은 상설화되고 있으며 연습생으로 지원하는 연령도 낮아져 음악산업 안에서 공연자로 서게 되는 가수의 폭이 넓어졌다.

음악산업에서는 음악을 공유하는 사이트의 영향력도 매우 커졌다. 대표적인 것이 유튜브이다. 동영상을 공유하는 시스템은 음악산업을 글로벌한 무대로 확장시켜 주었다. 이미 음원을 출시한 가수, 뮤지컬 등 음악공연은 물론 일반인들이 생산하는 음악 역시 유튜브를 통해 공유된다. 이는 광고 및 새로운 음악 분야의 생산으로 연결되어 대중에게 알려지는 등 생산시장의 변화에 영향을 주고 있다.

셋째, 소비자 시장의 변화를 들 수 있다. 음반은 한 번 사면 다시 사는 경우가 별로 없듯이 소비의 비반복성을 가진다. 하지만 음악의 소비자 시장이 음반에서 음원으로 변화하면서 언제 어디서나 음악을 소비할 수 있게 되었다. 블로그나 카페, 모바일 벨소리 등으로 음악을 사용하기도 한다. 이는 음악을 단순한 감상용이 아닌 자기표현으로 사용하는 것을 말한다.

넷째, 디지털 기술로 인한 음악 소비 행태의 변화를 들 수 있다. MP3 형태의 음원 파일을 다운로드 하여 소장하는 것에 그치지 않고 굳이 소장하지 않더라도 스트리밍을 통하여 원하는 음악을 저장하고 모아서 들을 수 있기 때문에 음악산업 시장은 더 다양해지고 커질 수밖에 없는 것이다.

2) K-Pop과 음악산업

드라마 〈겨울연가〉의 시작으로 우리나라의 미디어와 음악은 '한류'라는 이름으로 글로벌(global) 대중문화 속으로 들어가게 되었다. 처음에는 일본을 중심으로 동방신기, 보아 등의 가수, 중화권에서는 드라마와 영화를 중심으로 하던 한류열풍은 한때 침체기를 겪어 한계를 가지게 될 것이라는 위기론도 있었다. 그러나 2012년 가수 싸이의 '강남 스타일' 뮤직비디오가 유튜브 히트를 하게 되면서 우리나라 대중음악의 세계화 가능성을 열게 되었다(이은솔, 이우창, 2017). 당시 '강남 스타일' 뮤직비디오의 시청 건수가 10억 뷰(view)를 넘기면서 '싸이 신드롬'까지 불러일으키게 되었다.

최근에는 방탄소년단(BTS) 같은 실력 있는 아이돌 그룹이 케이 팝(이하 K-Pop)의 세계 진출 성공을 입증하기도 했다(이준원, 김유경, 2018). 앞에서도 언급했듯이 방탄소년단은 한국 가수로는 최초로 빌보드 차트 1위를 기록해 큰 화제가 되었다. 국내 가수 중 유튜브 최단시간 1억 뷰라는 기록을 세우기도 했다. 또한 미국에서 활동하는 동안 그룹으로도 활동했을 뿐만 아니라 멤버들이 각각 장점을 살려 개인 활동도 동시에 함으로써 아이돌 그룹의 한계점을 넘어서는 좋은 선례를 만들었다는 평가를 받기도 했다.

K-Pop의 성공은 한국의 대중음악을 좋아하는 외국인들이 늘어난다는 것에 국한되지 않는다. K-Pop과 관련된 굿즈, 관광 상품, 예능 프로그램 포맷(format)의 수출은 물론 국가 브랜드에 큰 영향을 미친다(유승엽,2017). 실제로 방탄소년단이 세계적으로 인정을 받고 국내의 음악산업은 물론 문화 영역에 공헌을 하고 있는 데는 이유가 있다. 최근 방탄소년단에 대해 연구한 논문을 살펴보면, 그들이 여타의 아이돌 그룹과는 차별화되어 있다는 알 수 있다.

아이돌 그룹의 구성원들은 노래, 춤, 예능 담당으로 그 역할이 나뉘어져 있으나, 방탄소년단의 모든 멤버는 노래와 랩 그리고 춤에 대한 재능을 갖추고 있다. 또한 작사 작곡 능력도 뛰어나다. 예능에서는 팬들과 소통하는 방식도 매우 친숙하다. 그들이 담고 있는 노래들의 가사는 매우 직설적이면서 청소년과 젊은이들이 공감할 수 있는 내용을 중심으로 하고 있다(조혜덕, 서일호, 이용기, 2018). 2018년 여름에는 멤버들이 직접 배워 찍은 사진을 전시하고 멤버들이 직접 만들 캐릭터를 전시하는 등 음악 이외의 분야에서도 재능을 나타낸다. 심지어 2018년 9월에 열린 유엔회의에서 연설까지 하면서 청소년들에게 긍정적인 영향을 끼치고 2019년 2월 그래미 어워드 시상자로 참석하는 등 국가의 이미지 상승에 공헌하는 점을 감안할 때 K-Pop이 지향해야 하는 점을 조망해 주고 있기도 하다. 이렇듯 K-Pop은 문화 전반과의 연계성을 띠고 확장되어야 한다.

대중문화의 세계화(globalization of popular culture)라는 말은 현대사회에서 더 이상 낯설지 않다. 유튜브 채널 하나만으로도 전 세계가 각종 문화예술을 함께 공유한다. 음악에 있어서는 더욱 두드러진다. 음반 중심에서 음원 중심으로 크게 바뀌면서 전 세계의 사람들은 K-Pop을 보다 쉽게 접한다. 이 같은 음악산업의 변화는 한국의 대중음악과 예술문화의 해외 진출을 용이하게 하는 발판이 되었다. 그러나 국내 음악 콘텐츠 및 K-Pop이 지속적인 경쟁력을 갖추기 위해서는 K-Pop의 영역이 주로 아이돌의 음악이던 것에서 한국적인 음악 콘텐츠 전체를 포함하는 것으로 확장되어야 한다(이수완, 2016). 또한 대중음악을 다른 문화 콘텐츠와 결합하여 다른 나라들과 정서적으로 다른 문화적 차이에 대해 서로 친근하게 접근해야 한다. 이를 고려한다면 K-Pop과 관련된 음악산업은 물론 우리나라 문화시장의 글로벌 진출은 더욱 확장되고 유지될 것이다.

4. 음악저작권

음악산업이 확대됨에 따라 음악과 관련된 권리들이 늘어나고 있고 이에 따른 관련 법률도 매우 구체적으로 바뀌고 있다. 법률이 제정되고 발효됨에 따라 저작권과 관련된 분쟁은 끊이지 않고 있다. 이는 상업적인 관계에서뿐만 아니라 개인의 인터넷 공간에서도 자주 이슈가 된다. 다음에 소개하는 저작권 및 음악저작권에 대한 내용은 2017년 개정된 내용을 중심으로 한 것이며 음악 관련 저작권 및 권리들에 대해 조금 더 자세히 다루고자 한다.

1) 저작권의 개념 및 이해

(1) 저작물

저작물은 인간의 사상이나 감정을 표현한 창작물이다. 이는 저작물로 인정을 받기 위해서는 인간이 만들어야 하고, 표현된 것이어야 하고, 창작성이 있어야 한다는 요건을 말한다. 저작물이 인간에 의한 것이어야 한다는 것에는 논란의 여지가 없으나 최근에는 인공지능(AI)이 만든 예술작품 등의 출현이 화제가 되고 있는 점을 감안할 때 새로운 논란거리가 될 수 있을 것으로 보인다.

저작물이 표현되어야 한다는 것에는 분쟁의 소지가 많았으나 표현되지 않은 아이디어 등은 아무리 독창성이 있다 하더라도 저작권 침해에 해당되지 않는다. 물론 공표된 아이디어를 사용하는 것에 있어서는 특허권 분쟁의 여지가 있으나 표현되지 않은 아이디어는 저작권법의 보호를 받지 못한다. 저작물의 창작성에 대해서는 다소 복잡한 내용을 살펴봐야 하나 가장 간단하게는 '최소한의 창작성'을 가져야 한다는 것이다. 그러나 최소한의 창작성을 주장한다 해도 그 권리를 인정받기 쉽지 않은 경우가 있다.

첫째, 누구라도 그렇게 표현할 수밖에 없는 것은 창작물이 될 수 없다. 누구나 다 그렇다고 생각하고 있는 것을 어떤 사람이 '표현'으로 만들었다고 해서 그것의 저작권을 인정하면 세상의 모든 사람은 매번 저작권을 침해하는 것이 될 수밖에 없기 때문에 이를 인정하기 어려운 것이다.

둘째, 예전부터 이미 존재한 표현물은 창작물로 보기 어렵다는 것이다. 예를 들어, A가 하트 모양 풍선을 만들어 팔았는데 B도 하트 모양 풍선을 만들어 팔았다고 해서 '하트 모양 풍선'으로 침해소송을 할 수 없다는 것이다. 하트라는 모양은 이미 오래전부터 다양한 방식으로 표현되어 온 것이기 때문이다.

셋째, 통상적인 표현은 창작물이 아니다. 어떤 노래의 가사에 '오늘 밤 좋은 꿈꿔'라는 내용이 있었는데 다른 노래에 같은 가사가 들어갔다고 하여 저작권 침해를 했다고 볼 수 없다. 그것이 잠자기 전 인사로 통상적으로 쓰는 말이기 때문이다. 게다가 후자의 가사 전반에 밤에 대한 내용들이 있다면 더욱 침해를 주장하기는 어렵다.

마지막으로, 문구가 짧고 의미도 단순한 제목 등은 창작물이 아니다. 특히 제목은 저작물의 표지에 불과하고 독립된 사상이나 감정의 창작적 표현이라고 보기 어렵다는 것이 법원의 판단이다. 실제 판례 중에 대중가수 2NE1의 '내가 제일 잘 나가'와 삼양식품의 '내가 제일 잘나가사끼 짬뽕'의 저작권 침해소송에서 제목의 저작물성을 인정받지 못해 YG엔터테인먼트가 패소한 사례가 있었다.

(2) 저작권

① 저작권의 이해

저작권이 발생하는 시기는 저작물의 등록 여부와 상관없이 저작물이 창작

될 때이다. 물론 저작권의 등록이 손해배상 청구 시에는 근거가 되지만 저작권 발생 시기는 등록 이전에도 유효하다.

저작권은 저작재산권과 저작인격권으로 나뉜다. 저작재산권에는 복제권, 공연권, 공중송신권, 배포권, 전시권, 대여권, 2차적 저작물작성권이 있다. 저작인격권에는 공표권, 성명 표시권, 동일성유지저작권이 있다. 따라서 저작권 침해 여부를 주장하는 때에는 저작권의 무엇이 침해되었는지를 분명히 해야 하고, 저작물을 이용하는 사람들은 단순히 '복제'의 여부로만 판단하지 말고 여러 가지 권리가 침해될 수 있음을 유념해야 한다. 저작권 중 저작재산권은 제3자에게 양도가 가능하다. 저작인격권은 저작자 개인의 권리에 해당하는 것이기에 양도가 불가능하다. 저작자가 양도를 하겠다고 의사표시를 한다고 해도 이양될 수 있는 것이 아니다. 또한 저작재산권 중 2차적 저작물 작성권은 별도로 규정하고 있기 때문에 양도 시 반드시 이 부분에 대해 분명히 해야 한다.

저작재산권의 보호기간은 일반적인 저작물의 경우, 저작재산권은 저작자가 생존하고 있는 동안에 계속 유지되고, 저작자 사망 후 70년간 유지된다. 업무상 저작물과 영상저작물은 저작재산권 공표일로부터 70년간 유지된다. 이 기간이 만료되면 저작물을 누구나 이용할 수 있게 된다. 공중의 영역이 되는 것이다.

그렇다면 저작자는 누구인지를 살펴보자. 저작물을 창작한 사람을 '저작자'로 정의하고 저작권은 창작 그 즉시 발생한다. 물론 저작자와 저작권자는 다를 수 있다. 저작재산권이 양도 가능하기 때문이다. 저작자는 이를 양도했다 하더라도 저작인격권을 갖기 때문에 저작자는 항상 저작권자가 되며, 저작권자가 항상 저작자는 아니다. 여기서 조금 더 생각할 필요가 있는 부분은 '작품 소장자'의 권리이다. 작품 소장자는 저작권을 갖지 못하며 단순히 소유권을 가지고 있는 것이다. 작품을 소지했다고 하여 저작권자의 동의 없이 이를 공연, 전시하거나 하면 저작권 침해가 된다. 반면, 업무상 저작물의 경우에는 이를 만든 창작자가 아닌 해당 주체, 법인 등이 창작의 권리를 인정받는다. 해당 기관이 저작재산권뿐만 아니라 저작인격권까지 갖게 된다.

② 저작권 침해

저작권 침해의 요건은 세 가지로 정리할 수 있다. 첫째, 저작권 침해를 주장하는 사람의 저작물이 「저작권법」에 의해 보호받을 만한 창작성이 있어야 한다. 이는 저작권의 기본 원칙으로 앞의 설명과 동일하다. 둘째, 상대방이 그 저작물에 의거하여 이용해야 한다. 이를 '의거성'이라고 한다. 의거한다는 것은 남의 것을 보고 하는 것이다. 단순히 모티브를 따라 한 것인지 내용 전체를 모방한 것인지에 따라 의거 여부를 가리기 매우 어려운 경우가 종종 있으나 '의거'했음을 밝히기 위해서는 '표현'된 것인지를 세세하게 따져 봐야 한다. 최근에는 인기 웹툰을 드라마로 만드는 경우, 이미 연극으로 존재하는 설정과 드라마의 설정, 또는 비슷한 포맷에 대한 분쟁이 잦아 의거성의 입증이 매우 중요한 사안이 되고 있다. 셋째, 저작권 침해를 주장하는 사람의 저작물과 그 상대방의 저작물 사이에 실질적 유사성이 있어야 한다. 의거성이 입증되었다 하더라도 실질적인 유사성이 없으면 저작권 침해가 아니다. 따라서 의거성과 실질적 유사성 모두를 만족해야 저작권침해 여부를 가릴 수 있는 것이다. 단순 모방이 아니라 이를 공표하고 사용하는 것에 있어서의 구체적인 유사성이 중요한 쟁점이라는 것이다. 어쩔 수 없이 실질적 유사성을 위반하게 되는 경우에는 저작권자에게 이용에 관한 허락을 받으면 되는데, 이때에도 이용 허락의 범위를 명확하게 하지 않으면 침해가 된다. 음악이든 문학이든 예술작품의 이용은 우리가 생각하는 것보다 매우 법리적인 부분과 연관되어 있으므로 주의를 기울여야 한다.

③ 공정이용

저작권을 이용했다 해도 침해가 아닌 경우가 있는데 이것이 '**공정이용**' '저작재산권 제한'이다. 저작물을 개인의 이익을 위해 상업적으로 사용하지 않고 공공의 이익을 위해 사용한 경우로 볼 수 있는데 그 규정은 다음과 같다(하병현, 윤용근, 2017)

- 재판 절차에 있어서의 복제(제23조)
- 정치 연설 등의 이용(제24조)
- 공공저작물의 자유 이용(제24조의 2)
- 학교 교육에의 이용(제25조)
- 시사 보도를 위한 이용(제26조)
- 시사적인 기사 및 논설의 복제 등(제27조)
- 공표된 저작물의 인용(제28조)
- 영리를 목적으로 하지 아니하는 공연 · 방송(제29조)
- 사적 이용을 위한 복제(제30주)
- 도서관 등에서의 복제(제31조)
- 시험문제로서의 복제(제32조)
- 시각장애인 등을 위한 복제(제33조)
- 청각장애인 등을 위한 복제(제33조의 2)
- 방송사업자의 일시적 녹음 · 녹화(제34조)
- 미술저작물 등의 전시 또는 복제(제35조)
- 저작물 이용 과정에서의 일시적 복제(제35조의2)
- 저작물의 공정한 이용(제35조의 3)

공정이용에 대한 이와 같은 조항은 손해배상청구의 남용을 막을 수 있으나 현실적으로 법리적 해석이 모호한 부분이 있어 논란의 여지는 지속되고 있다. 또한 공정이용이라 하더라도 이를 개인이 이용한 것인지 또는 단체가 이용한 것인지에 따른 해석도 큰 차이가 난다. 따라서 공정이용이라 해도「저작권법」에 저촉될 수 있는지를 신중하게 고려해야 한다.

2) 음악저작권 및 기타 권리

저작권 부분에서 언급했듯이 저작권은 복제권, 공연권, 공중 송신권, 배포권, 전시권, 대여권, 2차적 저작물 작성권, 공표권, 성명 표시권, 동일성 유지권 등이 있다. 음악 관련 저작권 역시 이 기준을 따르게 되는데 음악저작물의 구성이나 소비 형태가 매우 다양해짐에 따라 침해소송이 늘고 있다. 상업적으로 이용되는 음악저작물의 경우 누구나 납득할 만한 침해를 생각할 수 있지만 일반인이 음악을 이용하는 데 있어서는 침해의 의도를 가지고 있지 않은 경우가 많기 때문에 자신도 모르게 음악저작권법에 걸리는 경우가 있다. 이 절에서는 기본적인 음악저작권에 대해 소개하면서 일반인이 자칫 어길 수 있는 음악저작권의 예를 들어 설명하고자 한다.

(1) 음악저작 권리들과 사례

① 음악저작자와 권리

음악저작자는 음악의 작곡, 작사, 편곡자 모두를 포함한다. 창작과 더불어 모두가 저작권을 갖게 된다. 따라서「저작권법」에 저촉이 되었다면 위의 모든 저작권자에게 배상을 해야 한다. 특히 상업적으로 이용하여 그 권리를 침해한 경우라면 벌금이 매우 커질 수 있으며, 일반인이 비상업적으로 이용했다 하더라도 저작권을 침해한 경우 각 기준에 따라 벌금, 교육 등의 조치를 받을 수 있다.

음악저작자의 권리를 가장 많이 침해하는 경우가 복제권, 전송권, 배포권, 성명 표시권, 동일성 유지권 등인데, 예를 들면 다음과 같다.

> 뮤지션을 꿈꾸는 실용음악학도 A는 자신이 매우 좋아하는 노래를 자신의 블로그에 게재했다. 음악을 링크하기도 했고, 이를 MP3로 변환한 파일을 올려 많은 사람이 다운 받을 수 있도록 했다. 또한 자기가 좋아하는 영상과 이 곡을 편집하여 영상물을 만들어 올리기도 했다. 이 노래를 너무 좋아하다 보니 다운받은 파일을 잘라서 통화 연결음이나 휴대폰 벨소리로 사용했다. 1,000명이 넘는 사람들이 이 블로그를 다녀갔고 A가 올린 파일을 사용했으며 이를 상업적으로 이용한 사람들도 있었다. 이 곡의 저작자는 자신의 음악을 검색하다 우연히 A의 블로그에 들어가게 되었고 저작권 침해로 신고하게 되었다.

이 사건에 대해 A가 침해한 것은 복제권, 전송권, 성명 표시권, 동일성 유지권이다. 저작권자에게 허락을 받지 않은 채 파일을 변환하여 고정 장치에 저장했으므로 복제권을 침해했다. 이렇게 복제한 것을 저장해 다른 이용자들이 선택에 따라 다운을 받을 수 있도록 했기 때문에 전송권 침해가 된다. 또한 A는 이 창작물을 이용하는 데 있어 영상편집을 하며 영상물이 자기가 만든 것이라고 하여 보는 이로 하여금 음악 역시 A의 것으로 오해할 수 있는 여지를 주었다. 여기서 창작물의 저작권자를 표시하지 않음으로 인해 성명 표시권을 침해했다. 또한 원래 4분 20초 정도 되는 창작물을 임의로 잘라 1분여 정도 되는 파일로 만들고 이를 휴대폰에 사용함으로 인해 동일성 유지권도 침해한 경우이다. A가 이 노래를 너무 좋아한 나머지 노래를 알리고 다양하게 사용한 것은 상업적 사용 의도가 없었으나 이 블로그를 통해 음악을 상업적으로 사용한 사례가 나와 소정의 벌금과 7주 교육을 받게 되었다.

> 홍대에서 15평 정도 되는 카페를 운영하는 B씨는 음악저작권법을 고려하여 음원 사이트에서 음원 100곡을 유료로 구매하였다. 그리고 이를 매장에서 배경음악으로 사용하였다. 그러던 어느 날 번화가 상점을 중심으로 한 저작권 단속에 걸렸고, 이미 구입한 것을 사용한 것에 대한 저작권을 주장하였다.

이 경우 음악저작권 중 공연권 침해에 해당된다. 2018년 8월 23일부터 「저작권법 시행령」이 개정되어 기존에 단란 · 유흥주점, 마트, 백화점 등에 해당되던 공연권료 부과가 중소사업장으로 확대 시행된다. 공연권은 저작권 종류의 하나로 저작권이 있는 음악을 공공장소에서 상업목적으로 틀 수 있는 권리를 말한다. 음원 사이트에서 구매한 음악이라도 점포에서 틀어 놓을 경우 '공연권료'를 따로 지불해야 한다. 영세한 상인들을 보호하기 위해 사업장의 크기를 15평 이상으로 제한했다. 동네 가게라 해도 15평 이상 되는 규모라면 공연권을 지켜야 한다. 공연권료는 업종과 면적에 따라 차등 부과된다. 커피전문점과 호프집은 월 4,000~20,000원 정도 부과된다. 헬스장과 피트니스센터는 월 11,400~59,600원을 부과한다. 대규모 점포는 종전대로 최소 80,000원을 내야 한다. 단, 전통시장은 제외되었다.

최근에 한국음악저작권협회가 편의점 및 프랜차이즈 업계에 5년치의 공연권료를 요구하면서 사회적인 이슈가 되기도 했는데, 공연권료의 수익은 늘겠으나 음원 사용의 위축을 부른다는 우려도 나오고 있다. 따라서 스트리밍 서비스에 공연권료를 포함하는 등의 대책을 마련하여 상생할 수 있는 방안을 모색해야 한다.

② 음악저작인접권자와 권리

저작자가 가지는 저작권 외에 실연자, 음반제작자, 방송제작자가 가지는

저작인접권이 있다. 실연자는 저작물을 연기 · 무용 · 연주 · 가창 · 구연 · 낭독, 그 밖의 예능적 방법으로 표현하거나 저작물이 아닌 것을 이와 비슷한 방법으로 표현하는 실연자를 말하며, 실연을 지휘, 연출 또는 감독하는 자를 포함한다(「저작권법」 제2조 제4호). 실연자도 저작권자와 마찬가지로 재산권적인 권리인 복제권, 배포권, 대여권, 공연권, 방송권, 전송권과 공표권을 제외한 인격적 권리를 가진다.

일반인이 음악저작인접권자의 권리를 가장 많이 침해하게 되는 경우가 실연자의 권리이다. 그중에서도 복제권이 가장 많이 침해되는데 이는 무단으로 가수의 노래를 그대로 복제하는 경우이다. 여기서 그 가수의 노래를 일반인이 부르고 그것을 녹음 · 녹화하는 것은 실연자의 복제권 침해가 아니다. 음반제작자는 실연자와는 달리 인격적인 권리는 없고 재산권적인 권리인 복제권, 배포권, 대여권, 전송권과 그 밖의 권리를 가지게 된다. 여기서 그 밖의 권리는 방송사업자의 음반제작자에 대한 보상, 디지털 음성 송신사업자의 음반제작자에 대한 보상, 상업용 음반을 사용하여 공연하는 자의 음반제작자에 대한 보상이다. 방송매체의 형태가 매우 다양해진 요즘에는 음반제작자와 방송관련인의 음악저작인접권 소송이 늘어나고 있다고 한다.

③ 음악과 표절

표절이란 다른 사람의 저작물의 일부 또는 전부를 몰래 따다 쓰는 행위로, 본인이 의도하지 않았더라도 듣는 사람에 따라 비슷하게 또는 다르게 들릴 수 있다. 음악에 있어서는 멜로디 기준 4마디 이상이 같으면 표절이 성립되는데 단순 모방의 경우를 말하지는 않는다. 표절을 가려내기 위해서는 멜로디, 화성, 리듬의 유사성과 곡의 전반적 분위기, 일반인 및 전문가의 의견을 고려하여 판단하게 된다. 여기서 혼동될 수 있는 것이 **샘플링**(sampling)인데, 이는 표절과는 다르다.

샘플링은 음원을 샘플의 형태로 편집하여 정당한 대가를 지불하고 이용하되 원곡의 형태를 유추할 수 없을 만큼 창작성을 가진 음원이다. 따라서 표절이 아니며 저작권의 대상이 되지 않는다. 예를 들어, A의 노래를 B가 표절했다고 소송을 한 경우 B가 A의 노래에 접근할 가능성이 있는지(접근성), 실제로 멜로디, 화성, 리듬의 유사성이 있는지(실질적 유사성, 의거성)를 고려한다. 만약 표절 부분이 관용적으로 반복되는 패턴인 경우에는 창작성 인정이 되지 않는다. 그러나 전체적인 분위기상 유사한 점이 반복된다면 실질적 유사성을 침해한 것으로 해석될 수 있다.

이 장에서는 음악과 사회문화라는 큰 주제를 이해하기 위해 대중음악, 문화예술, 음악산업에 대해 다루었다. 이 장 전반에 소개된 내용에서 알 수 있듯이 음악과 사회는 매우 밀접하며 그 특성을 이해하기 위한 분야는 점점 다양해지고 세분화되고 있다. 클래식 음악이 주류를 이루던 시대에는 시대사조라는 문화적 환경 안에서 음악이 향유되었다면 지금의 음악은 기간적인 구조에서 벗어나 계층, 지역, 경제, 산업 등 더 많은 요인으로 확장되고 있다. 음악은 더 이상 심미적인 기능에 머무르지 않으며 사회적 행동으로서의 기능이 강화되고 있음을 알 수 있다.

사이드는 『음악은 사회적이다』라는 책을 통해 음악을 사회적인 관점에서 이해하는 것이 사회를 더 세련되게 하고 풍요롭게 하는 것임을 말하였다. 그는 이러한 분명한 사실에도 불구하고 음악과 사회에 대한 연구들이 뿌리를 내리지 못하고 있다는 점에 유감을 표시하며 음악과 사회에 대한 연구가 우리 세대의 과제임을 제안하였다. 이전에는 음악은 개인의 것, 예술적 관점에서 이해하는 방식이 주를 이루었다면, 현대사회처럼 음악을 다양한 기능으로 사용하고 있는 시점에서는 음악을 사회적인 관점에서 이해하려는 노력이 가속되어야 할 것으로 보인다.

어느 사회에서든, 어느 분야에서든 균형 있는 관심과 접근이 더 나은 것을 이루어 내기 마련이다. 아무쪼록 예술과 사회를 개인과 비사회성으로 나누려 하지 말고 인간의 음악적 행동을 이해하기 위한 통합적 접근의 관점을 갖는 데 이 책이 도움이 되었으면 한다.

부록

1. 음악치료 관련 도서

번호	범주	제목	저자	출판사	종류	연도
1	가족	가족과 함께 하는 아동음악치료	이인용, 송인령, 김진순	시그마프레스	번역	2014
2	가족	가족과 함께 하는 음악치료	황은영 외	교육과학사	번역	2018
3	가족	가족음악치료학: 음악원형을 통한 개인과 가족의 심성변화	김종인	이담북스	저서	2010
4	기법	분석적 음악치료	권혜경	권혜경음악치료센터	번역	2006
5	기법	음악치료 접근법	김영신	학지사	번역	2006
6	기법	즉흥연주	김진아 외	학지사	번역	2006
7	기법	분석적 음악치료	이정실	하나의학사	번역	2006
8	기법	음악치료 기법과 모델	정현주 외	학지사	번역	2006
9	기법	음악과 마음	최미환	시그마프레스	번역	2006
10	기법	치료적 노래 만들기	최미환	학지사	번역	2008
11	기법	음악치료수용기법: 음악치료 교육 및 임상을 위한 지침서	문소영, 이윤진	학지사	번역	2011
12	기법	음악치료슈퍼비전	정현주, 김동민 외 2	학지사	번역	2012
13	기법	음악치료에서의 목소리 활용기법	정현주 외	시그마프레스	번역	2013
14	기법	음악치료 전공자를 위한 임상훈련가이드	김영신, 김은주	학지사	번역	2015
15	기법	음악치료핸드북	전국음악치료사협회	전국음악치료사협회	번역	2016
16	기법	GIM과 MI	문소영 외	학지사	번역	2018
17	기법	행복을 주는 음악 치료	김종인	지식산업사	저서	2003
18	기법	음악치료 놀이극: 아동들을 위한	정현주 외	학지사	저서	2005

19	기법	음악심리치료 상담 기법 영역 4	정현주	학지사	저서	2010
20	기법	음악치료의 방법과 적용	김동주, 박금주	교육아카데미	저서	2012
21	노인	노인음악치료	노인음악치료연구회	시그마프레스	번역	2009
22	노인	음악치료는 울림다리	김문혜 외	삶과 꿈	저서	2003
23	노인	노인 정신건강과 음악치료	김경숙 외	책과 공간	저서	2004
24	노인	치매노인 음악치료	박정미	서현사	저서	2008
25	노인	치매노인을 위한 음악치료 프로그램 실제	박정미	서현사	저서	2008
26	사례	삶을 풍요롭게 하는 음악	권혜경 외	권혜경음악치료센터	번역	2002
27	사례	삶의 끝에서 만난 음악	권혜경	권혜경음악치료센터	번역	2003
28	사례	노도프-로빈슨 음악치료 초기 사례 연구	김영신 외	학지사	번역	2009
29	사례	GIM 심상음악치료 사례연구	김경혜 외	하나의학사	번역	2018
30	사례	정신역동 음악치료 사례연구	김성희 외	학지사	번역	2008
31	심리	음악치료와 사이코드라마	이정실 외	학지사	번역	2003
32	심리	집단음악치료	이정실	학지사	번역	2005
33	심리	소리치료	이정실 외	학지사	번역	2005
34	심리	음악심리치료의 역동성	김영신 외	학지사	번역	2006
35	심리	음악심리치료 이론과 실제	황은영 외	학지사	저서	2014
36	아동	발달장애 아동을 위한 음악치료 진단 평가	김경숙	세화	저서	2008
37	아동/청소년	음악치료와 여가활동	황은영 외	창지사	번역	2008
38	아동/청소년	아동음악치료	최병철 외	학지사	번역	2009
39	아동/청소년	특수교육에서의 음악치료	박소연	교육과학사	번역	2011
40	아동/청소년	자폐아동을 위한 음악치료와 감각통합	이경숙	시그마프레스	번역	2012
41	아동/청소년	청소년 음악치료	최미환, 홍은실, 장은아	한국음악치료 임상응용학회 출판부	번역	2012
42	아동/청소년	아동음악치료 방법론	김종인	한국학술정보	저서	2008
43	아동/청소년	유아를 위한 음악치료의 이론과 실제	황은영 외	파란마음	저서	2015
44	아동/청소년	올 댓 청소년 음악치료	황은영 외	학지사	저서	2017
45	이론	음악심리학	최병철 외	학지사	번역	2001
46	이론	음악치료학 개론: 이론과 실제	김수지 외	권혜경음악치료센터	번역	2002
47	이론	음악치료	최병철	학지사	번역	2003

48	이론	음악치료 어떻게 하나	정영조 외	중앙문화사	번역	2008
49	이론	리듬 음악 그리고 뇌	차영아	학지사	번역	2009
50	이론	음악중심음악치료	이경숙, 류리	학지사	번역	2011
51	이론	음악치료 임상 지침서	이진형	교육과치료	번역	2011
52	이론	음악치료탐구	김경숙 외	학지사	번역	2016
53	이론	음악치료의 이해	오선화	홍익재	저서	2004
54	이론	음악치료학의 이해와 적용	정현주	이화여자대학교출판부	저서	2004
55	이론	음악치료 길라잡이	김동주	작은우리	저서	2005
56	이론	음악치료 악기론	김종인	지식산업사	저서	2005
57	이론	음악치료: 한방음악치료의 활용	이승현	서울 불교진흥원	저서	2006
58	이론	음악치료학 개론	임은희	푸른북	저서	2007
59	이론	음악치료에서의 진단평가	김경숙	학지사	저서	2008
60	이론	성격장애와 음악치료	김상인	한국전인교육개발원	저서	2008
61	이론	한방음악치료학	이승현	군자출판사	저서	2008
62	이론	인간행동과 음악	정현주	학지사	저서	2011
63	이론	음악 그리고 음악치료	김성기	지식공감	저서	2012
64	이론	올댓음악치료사	고명한 외	학지사	저서	2014
65	이론	음악치료의 이해와 활용: 소아, 청소년 노인을 위한 음악치료 지도서(2판)	김종환, 박정미	서현사	저서	2014
66	이론	음악치료기술 1, 2	김현정, 김성기	지식공감	저서	2014
67	이론	알기쉬운 음악치료 연구법	김경숙 외	시그마프레스	저서	2015
68	이론	음악치료학의 이해와 적용(개정판)	정현주	이화여자대학교 출판문화원	저서	2015
69	이론	음악치료학(3판)	최병철 외	학지사	저서	2015
70	이론	사회복지실천을 위한 음악치료의 이해(개정판)	김남숙, 하승희	양서원	저서	2016
71	이론	초급음악치료:음악치료와 성격	이순화	도서출판 한진	저서	2016
72	이론	음악과 한의학의 만남, 한방음악치료	이승현	밥북	저서	2017
73	이론	2018음악반선주소록CD	한국콘텐츠미디어	한국콘텐츠미디어	저서	2018
74	재활	신경재활음악치료:임상가를 위한 매뉴얼	최병철, 정은주, 김지연	하나의학사	번역	2011
75	재활	중독음악치료	최미환	희망예술기지	번역	2012
76	재활	음악치료와 재활	윤태원 외	책과 공간	저서	2004

*2019년 4월 기준

2. 국내 음악 및 음악치료 관련 학술지

학술지	발행기관	구분	ISSN
국악원논문집	국립국악원	등재	1225-7796
음악과 민족	민족음악학회	등재	1225-7834
음악이론연구	서울대학교 서양음악연구소	등재	1975-3225
음악과 문화	세계음악학회	등재	1229-5930
이화음악논집	이화여자대학교 음악연구소	등재	1229-7690
국악교육연구	한국국악교육연구학회	등재	1976-3522
한국음악연구	한국국악학회	등재	1975-4604
서양음악학	한국서양음악학회	등재	1598-9224
음악교육공학	한국음악교육공학회	등재	1598-8252
음악교육연구	한국음악교육학회	등재	1229-4179
한국음악사학보	한국음악사학회	등재	1226-3443
인간행동과 음악연구	한국음악치료교육학회	등재	2288-2774
한국음악치료학회지	한국음악치료학회	등재	1598-916X
음악논단	한양대학교 음악연구소	등재	1738-1452
국악교육	한국국악교육학회	등재	1225-0651
한국예술연구	한국예술종합학교 한국예술연구소	등재	2093-6494
音樂學(음악학)	한국음악학학회	등재	1229-5566
음악교수법연구	한국피아노교수법학회	등재	1738-5849

*2019년 4월 기준

참고문헌

1장 음악

김애자(1996). 시대별 작곡가 및 연주관습 총정리. 서울: 상지원.

노동은(2015). 한국 근대 음악사 1. 서울: 민속원.

민경찬, 장전, 야스다 히로시, 류인옥, 김성준(2008). 동아시아와 서양음악의 수용. 경기: 음악세계.

송방송(2012). 한겨레음악대사전. 경기: 보고사.

윤용섭(2014). 음악, 마음을 다스리다. 경기: 글항아리.

이윤기(2000/2002). 그리스로마신화 1. 2. 서울: 웅진.

이재용(2014). 신화 속의 음악: 동서양 신화를 통해 보는 악기의 알레고리. 음악사연구, 3, 26-52.

이형구(2012). 한국 고대문화의 비밀. 경기: 새녘.

임미선(2012). 조선 후기 공연문화와 음악. 서울: 민속원.

임은희(1999). 음악치료학 입문. 서울: 아시아미디어리서치.

전인평(2003). 국악감상: 한국음악의 멋. 서울: 중앙대학교출판부.

전인평(2007). 우리가 정말 알아야 할 우리 음악. 서울: 현암사.

전인평(2012). 동북아시아 음악사. 서울: 아시아음악학회

정수일(1992). 신라서역교류사. 서울: 단국대학교출판부.

정종구(2014). 눈으로 듣는 음악. 서울: 나눔사

정윤수(2010). 클래식 시대를 듣다. 서울: 너머북스.

정현주(2013). 인간행동과 음악: 음악은 왜 치료적인가. 서울: 학지사.

최현석(2009). 인간의 모든 감각: 우리는 무엇을 보고 듣고 느끼는가(인간개념어 사전). 경기: 서해문집.

허영한, 김문자, 박미경, 주대창, 권송택, 이석원, 신인선(2011). 새 들으며 배우는 서양음악사 1. 서울: 심설당.

Aiello, L. C. (1996). *Terrestriality, bipedalism and the origin of language. Evolution of social behaviour patterns in primates and man.* Oxford: Oxford University Press.

Aiello, L. C., & Dunbar, R. I. M. (1993). Neocortex size, group size, and the evolution of language. *Current anthropology, 34*(2), 184-193.

Apel, W. (1969). *The Harvard dictionary of music* (2nd ed.). Cambridge, MA: The Belknap Press of Harvard University Press.

Bachus, N. (2007/2009a). 바로크 시대정신 1, 2. (오세집 편역). 서울: 상지원.

Bachus, N. (2007/2009b). 고전주의 시대정신 1, 2. (오세집 편역). 서울: 상지원.

Bachus, N. (2007/2009c). 낭만주의 시대정신 1, 2. (오세집 편역). 서울: 상지원.

Blacking, J. (1998). 인간은 얼마나 음악적인가? (채현경 역). 서울: 민음사. (원저는 1973년에 출판).

Brown, S. (2000). The 'musilanguage' model of music evolution. In N. L. Wallin, B. Merker, & S. Brown (Eds.), *The origins of music* (pp. 271-300). Cambridge, MA: The MIT Press.

Campbell, J., & Moyers. B. (2014). 신화의 힘. (이윤기 역). 경기: 21세기북스. (원저는 1991년에 출판).

Changizi, M. (2013). 자연모방. (노승영 역). 서울: 에이도스. (원저는 2011년에 출판).

Cuddy, L. L. (1982). On hearing pattern in melody. *Psychology of music, 10,* 3-10.

Darwin, C. (2014). 인간의 유래와 성선택. (이종호 역). 서울: 지식을 만드는 지식. (원저는 1871년에 출판).

Dunbar, R. I. M. (2004). *The human story*. London: Faber and Faber.

Fernald, A. (1991). Prosody in speech to children: Prelinguistic and linguistic functions. *Annals of child development, 8,* 43-80.

Gaston, E. T. (1995). Man and music. *Nordic Journal of Music Therapy, 4*(2), 83-98.

Hall, M. P. (2018). **음악의 심리학.** (윤민, 남기종 공역). 경기: 마름돌. (원저는 1957/1971년에 출판).

Jourdain, R. (2002). **음악은 왜 우리를 사로잡는가.** (채현경, 최재천 공역). 서울: 궁리. (원저는 1997년에 출판).

Lang, J. S. (2007). **바이블 키워드.** (남경태 역). 서울: 들녘. (원저는 2007년에 출판).

Lehmann, C. (2012). **음악의 탄생.** (김희상 역). 서울: 마고북스. (원저는 2010년에 출판).

Lundin, R. W. (1967). *An objective psychology of music* (2nd ed.). New York: Ronald Press.

Michels, U. (2010). **음악은이.** (홍정수, 조선우 편역). 서울: 음악춘추사. (원저는 1977년에 출판).

Mithen, S. (2008). **노래하는 네안데르탈인: 음악과 언어로 보는 인류의 진화.** (김명주 역). 서울: 뿌리와이파리. (원저는 2005년에 출판).

Nettl, B. (1983). *The study of ethnomusicology: Thirty-one issues and concepts.* Urbana, IL: University of Illinois Press.

Peretz, I. (1993). Auditory atonalia for melodies. *Cognitive Neuropsychology*, *10*(1), 21-56.

Pinker, S. (2007). **마음은 어떻게 작동하는가.** (김한영 역). 경기: 동녘사이언스. (원저는 1997년에 출판).

Powell, J. (2012). **과학으로 풀어보는 음악의 비밀.** (장호연 역). 서울: 뮤진트리. (원저는 2010년에 출판).

Radocy, R. E., & Boyle, J. D. (2001). **음악심리학.** (최병철, 방금주 공역). 서울: 학지사. (원저는 1997년에 출판).

Rousseau, J. J. (2001). **인간 언어 기원론.** (이봉일 역). 서울: 월인. (원저는 1781년에 출판).

Sloboda, J. A. (1986). The musical mind. Oxford University Press.

Slovenian Academy of Sciences (1997). *Science 11 April 1997* (pp. 203-205).

Stanley, J. (2008). 천년의 음악여행. (이창희, 이용숙 공역). 서울: 예경. (원저는 1994년에 출판).

Taylor, J. A. (1976). Perception of tonality in short melodies. *Journal of research in Mmusic Education, 24*(4), 197-208.

Thomas, D. A. (1995). *Music and the origins of language: Theories from the French Enlightenment*. Cambridge: Cambridge University Press.

Zuckerkandl, V. (2010). 음악이란 무엇인가. (서인화 역). 서울: 민속원. (원저는 1959년에 출판).

2장 음악과 인간

김지은(2016). 음악인지 발달의 개인차를 고려한 초등학교 3학년 음악개념지도방안-리듬, 가락을 중심으로. 한국교원대학교 대학원 석사학위논문.

민경훈, 김신영, 김용희, 방금주, 양종모(2013). 음악교육학 총론(2판). 서울: 학지사.

박다솜(2018). 음악영재 관련 국내 학위논문 연구동향에서 나타난 한국과 외국의 음악영재 교육 프로그램 비교 연구. 상명대학교 대학원 석사학위논문.

이내은(2002). 시창 청음 지도 방법론: 기초능력 향상을 중심으로. 연세대학교 대학원 석사학위논문.

이석원(2003). 음악음향학. 서울: 심설당.

한국예술영재학회(2006). 영재교육의 방법. 서울: 원미사.

Blacking, J. (1973). *How musical is man?* Seattle: University of Washington Press.

Bunt, L. (1994). *Music therapy: An art beyond words*. New York: Routledge.

Drosser, C. (2015). 우리는 왜 음악에 빠져드는가? (전대호 역). 서울: 해나무. (원저는 2009년에 출판).

Fraisse, P. (1982). Rhythm and tempo. In D. Deutsch (Ed.), *The psychology of music* (pp. 149-180). Orlando: Academic Press.

Jourdain, R. (1997). *Music, the brain, and ecstasy*. New York: Avon Books.

Hughes, C. W. (1948). *The human side of music*. New York: Philosophical Library.

Leeds, J. (2010). *The power of sound: how to be health and productive using music and sound*. Toronto: Healing Arts Press.

Maconie, R. (1997). *The science of music*. Oxford: Clarendon Press.

Malloch, S., & Trevarthen, C. (2009). Musicality: communicating the vitality and interest of life. In S. Malloch & C. Trevarthen (Eds.), *Communicative musicality*. Oxford: Oxford University Press.

Mankin, L, M., Wellman, M., & Owen, A. (1979). *Prelude to musicianship*. New York: Holt, Rinehart, & Winston.

Merker, B. (2000). Synchronous chorusing and human origins. In N. L. Wallin, B. Merker, & S. Brown (Eds.), *The origins of music* (pp. 315-327). Cambridge, MA: MIT press.

Minson, R. (1992). A sonic birth. In D. Campbell (Ed.), *Music and miracles* (pp. 89-97). Wheaton, Il: Quest Books.

North, A., & Hargreaves, D. (2008). *The social and applied psychology of music*. New York: Oxford University Press.

Parncutt, R. (2006). Prenatal development. In G. McPherson (Ed.), *The child as musician: A handbook of musical development*. Oxford: Oxford University Press.

Powell, J. (2018). **우리가 음악을 사랑하는 이유**. (장호연 역). 서울: 뮤직트리. (원저는 2016년에 출판).

Rothstein, E. (1995). *Emblems of mind*. New York: Avon Books.

Sandra, T., Niusha, G., & Marieve, C. (2015). Musical affect regulation in infancy. *Annals of the New York Academy of Science, 1337*, 186-192.

Standley, J., & Madsen, C. (1990). Comparisons of infant preferences and responses to auditory stimuli: Music, mother and other female voices. *Journal of Music Therapy, 27*(2), 54-97.

Tomatis, A. A. (1991). *The conscious ear*. Barrytown NY: Station Hill Press.

Wade, J. (1996). *Changes of mind: A holomonic theory of the evolution of consciousness*. Albany: State University of New York Press.

Wallin, N. L. (1991). *Biomusicology*. Stuyvesant, NY: Pendragon Press.

3장 음악의 기능

강은선(2010). **MMCP를 활용한 포괄적 음악교육 방법 연구**. 전북대학교 대학원 석사학위논문.

고유경(2003). **치유기능으로서의 음악에 관한 고찰: 음악치료학의 이론적 고찰을 중심으로**. 제주교육대학교 대학원 석사학위논문.

권덕원, 석문주, 최은식(2012). **음악교육철학**. 서울: 교육과학사.

권덕원, 석문주, 최은식, 함희주(2014). **음악교육의 기초**. 경기: 교육과학사.

권덕원, 석문주, 최은식, 함희주(2017). **음악교육의 기초(4판)**. 서울: 교육과학사.

김군자(1998). **음악치료의 이론과 실제**. 서울: 양서원.

김나윤(2010). **음악교육의 철학적 근원에 관한 고찰**. 원광대학교 대학원 석사학위논문.

김영란(2005). **음악에 있어서 정서와 형식의 문제**. 이화여자대학교 대학원 석사학위논문.

김영연(2002). **유아음악 교육론**. 서울: 학지사.

김영전(2008). **오르프 악기 편성법**. 서울: 음악세계.

김용희(2008). 체계: 포괄적 음악성: 주요 원칙들. **음악이론연구**, 13, 107-128.

김지영(1997). **심미적 음악교육에 관한 연구: 절대표현주의를 중심으로**. 동아대학교 대학원 석사학위논문.

김진영(2016). **코다이 교수법을 적용한 합창지도 방안 연구**. 국민대학교 대학원 석사학위논문.

무리이 야스지 외 3인 공저(1990). **음악심리요법**. (대한음악저작연구회 역). 서울: 삼호출판사.

민경훈(2017). **음악교육학 총론**. 서울: 학지사.

민경훈, 김신영, 김용희, 방금주, 승윤희(2009). 음악교육학 총론(21세기). 서울: 한국교원대 학교출판부.

민은기(2007). 서양음악사. 경기: 음악세계.

박승희(2003). Carl Orff와 Zoltan Kodaly의 리듬교육방법에 관한 연구. 경희대학교 대학원 석사학위논문.

박혜영(1993). 고든의 학습 이론에 대한 고찰 및 그 적용. 서울대학교 대학원 석사학위논문.

성경희(1998). 음악과 교육. 서울: 을지출판사.

승윤희, 민경훈, 양종모, 정진원(2013). 예비교사와 현장교사를 위한 초등 음악교육. 서울: 학지사.

안여진(2010). 서양음악교육 흐름을 바탕으로 한 현대의 음악교육 방향. 경북대학교 대학원 석사학위논문.

양가영(2018). 포괄적음악성 증진을 위한 교수학습 지도방안 연구-교육과정 및 포괄적 음악성 원리를 중심으로. 제주대학교 대학원 석사학위논문.

양나래(2012). 포괄적인 음악교육을 위한 교수 · 학습 지도방안 연구: 중학교 3학년 제7차 교 육 과정을 중심으로. 중앙대학교 대학원 석사학위논문.

오희숙(2004). 20세기 음악 1: 역사 · 미학. 서울: 심설당.

유덕희(1983). 세계음악교육사. 서울: 학문사.

유승지(2001). 유승지 달크로즈 교실: 교사용 지침서(Ⅰ, Ⅱ, Ⅲ). 서울: 태림출판사.

윤영배(2005). 유아 초등 음악 학습을 위한 오르프 접근법과 악기앙상블. 서울: 창지사.

윤영배, 유준호(2012). 오르프 접근법에 의한 유아 음악교육 프로그램이 창의성 증진에 미치는 효과. 아동교육, 21(1), 149-166.

이미영(2011). E. Gordon의 음악학습이론을 적용한 교수-학습 지도안 연구: 초등학교 4학년을 대상으로. 목포대학교 대학원 석사학위논문.

이석원(1997). 음악심리학. 서울: 심설당.

이선미(2003). 달크로즈 세 가지 교육 개념을 토대로 한 음악 학습지도에 관한 연구. 단국대학교 대학원 석사학위논문.

이일범(2006). 코다이, 오르프, 달크로즈의 음악이론과 교수법의 비교분석. 계명대학교 대학원 석사학위논문.

이태동(2007). 고든의 음악학습이론을 적용한 합창 교수 학습 방안. 한국교원대학교 대학원 석사학위논문.

이홍수(1990). 음악교육의 현대적 접근. 서울: 세광음악출판사

이홍수(1992). 느낌과 통찰의 음악교육. 서울: 세광음악출판사.

임미경, 현경실, 조순이, 김용희, 이에스더(2010). 음악교수법: 달크로즈 · 코다이 · 오르프 · 고든 · 포괄적 음악성. 서울: 학지사.

장지원(2009). 오디에이션(Audiation)개념의 청감각 개발을 위한 지도 방안: 중학교 1학년을 중심으로. 전남대학교 대학원 석사학위논문.

장주영(2004). 고든(E. Gordon)의 이론을 적용한 음악 교수법 연구 :중학교 1학년을 대상으로. 숙명여자대학교 대학원 석사학위논문.

전명주(1995). 칼 오르프의 음악교수법에 대한 고찰. 동아대학교 대학원 석사학위논문.

정재은(2006). 달크로즈 교수법에서의 즉흥연주의 의미. 음악교육연구, 30, 177-199.

정현주(2005). 음악치료학의 이해와 적용. 서울: 이화여자대학교출판부.

정현주(2006). 음악치료 기법과 모델. 서울: 학지사.

조현정(2003). 루터음악의 고찰-교회음악을 중심으로. 제주대학교 대학원 석사학위논문.

조홍기(2004). 코다이 음악교육. 서울: 세광음악출판사.

조효임, 정진원, 최은식(1996). 한국초등학생의 음악적성에 관한 연구. 음악교육연구, 15(1), 437-471.

주영흠(1995). 서양교육사상사. 서울: 양서원.

채완병, 조홍기(1999). 코다이 이론과 기초 교육: 교사를 위한 코다이 교수법의 실제. 서울: 다라

최병철(1999). 음악치료학. 서울: 학지사.

최병철, 문지영, 문서란, 양은아, 김성애, 여정윤(2015). 음악치료학. 서울: 학지사.

한국 오르프 음악교육 연구소(2005). 창의적 음악교육을 위한 Orff Point. 서울: 예솔.

함희주(1993). 쉽게 배우는 음악학: 음악교육학의 이해. 음악과 민족, 6, 140-160.

현경실(1994). 고든 학습 이론과 실제 수업에의 적용 방안. 한국음악교육학회, 13, 175-196.

홍세원(2001). 서양음악사. 서울: 연세대학교출판부.

홍정수(2004). 음악미학. 경기: 음악세계.

Barbara, L. W. (1981). The relationship between music therapy and theories of psychotherapy. *Music Therapy, 1,* 9-16.

Barbara, L. W. (2016). 음악치료 핸드북. (전국음악치료사협회 역). 서울: 시그마프레스. (원저는 2015년에 출판).

Bruscia, K. E. (1998). *The dynamic of music psychotherapy.* NH: Barcelona Publishers.

Bruscia, K. E. (2014). *Defining music therapy (3rd edition).* NH: Barcelona Publishers.

Charles, L., & Robert, W. H. (1997). 음악교육의 기초와 원리. (안미자 역). 서울: 이화여자대학교출판부. (원저는 1992년에 출판).

Darrow, A. A. (2006). 음악치료 접근법. (김영신 역). 서울: 학지사. (원저는 2004년에 출판).

Davis, W. B., Gfeller, K. E., & Thaut, M. H. (2002). 음악치료학개론. (김수지, 고일주, 권혜경 공역). 서울: 권혜경음악치료센터. (원저는 1999년에 출판).

Denise, G. (2011). 음악치료 수용기법: 음악치료 교육 및 임상을 위한 지침서. (문소영, 이윤진 공역). 서울: 학지사. (원저는 2010년에 출판).

Gerald, C. (2017). 심리상담과 치료의 이론과 실제(10판). (천성문, 권선중, 김인규, 김장회, 김창대, 신성만, 이동훈, 허재홍 공역). 서울: 학지사. (원저는 2015년에 출판).

Gorman, J. (1996). *New psychiatry: The essential guided to state-of-art therapy medication and emotional health.* St. Martins Press.

Jeremy, Y. (2013). 서양 음악의 이해. (민은기, 심은섭, 이서현, 이보경, 이수완 역). 서울: 시그마프레스. (원저는 1996년에 출판).

Johannes, Th. E. (2006). 분석적 음악치료. (이정실 역). 서울: 하나의학사. (원저는 2001년에 출판).

Kanfer, F. H., & Schefft, B. K. (1988). *Guiding the process of therapeutic change.* Champaign, II: Research Press.

Kingsley, P. (1997). *Ancient philosophy, mystery, and magic empedocles and pythagorean tradition.* Clarendon Press.

Lois, C., Robert, M. A., Avon, E. G., David, W., & Frank, Y. (2018). **현대의 음악교수법 자크-달크로즈, 코다이, 오르프.** (오지향, 권덕원, 석문주, 신지혜, 신혜경, 윤문정, 이수진, 정재은, 최미영, 최은식 공역). 서울: 교육과학사. (원저는 2000년에 출판).

Matton, P. (1982). *Holistic health in perspective.* Palo Alto, Mayfield Publishing Co.

Richard, S. S. (2013). **심리치료와 상담이론: 개념 및 사례(5판).** (천성문, 김진숙, 김창대, 신성만, 유형근, 이동귀, 이동훈, 이영순, 한기백 공역). 서울: Cengage Learning. (원저는 1995년에 출판).

Rosenhan, D. L., & Seligman, M. E. P. (1984). *Abnormal psychology.* New York: W.W. Norton.

Stige, B., & Aarø, L. E. (2012). *Invitation to community music therapy.* New York: Routledge.

Stuart, W. (2015). *A matrix for community music therapy practice.* Barcelona.

Tayor, D. B. (1981). Music in general hospital treatment from 1900-1950. *Journal of Music Therapy, 18,* 62-73.

Thaut, M. H. (1988). Rhythmic intervention techniques in music therapy with gross motor dysfunction. *Arts in Psychotherapy, 15,* 127-137.

Unkefer, R. F. (1990). *Music therapy in their treatment of adults with mental disorders.* New York: Schrimer Books.

Willougby, D. (1970). Institutes for music in contemporary education: their implications for the improvement of undergraduate music curricula. Doctoral dissertation, Eastman School of Music of University of Rochester.

Wolberg, L. R. (1954). *The technique of psychotherapy.* Oxford, England: Grune & Stratton.

4장 음악과 인간발달

강선미(2004). 정신지체아동의 의사소통 증진을 위한 노래활동 사례 분석. **인간행동과 음악연구, 1**(1), 33-46.

강아림(2011). **음악치료사의 직무스트레스가 소진에 미치는 영향**. 숙명여자대학교 대학원 석사학위논문.

강유리(2008). **음악치료사의 직무스트레스와 대처방법에 관한 연구**. 명지대학교 대학원 석사학위논문.

강이순, 김명식(2005). 여자 고등학생의 시험불안에 영향을 주는 인지특성에 관한 연구. **청소년상담연구, 13**(2), 75-84.

강현숙(2012). **아동의 사회성 발달에 미치는 음악선호도 및 음악경험 변인 조사**. 숙명여자대학교 대학원 석사학위논문.

고대식, 이동진, 고태성(2013). 일반 사무직 근로자의 근골격계 자각증상 정도에 따른 직무 스트레스, 자기 효능감, 우울 및 건강관련 삶의 질 변화. **한국산학기술학회지, 14**(6), 2935-2944.

고명한(2002). **사전 분류된 자극성-진정성 음악에 보이는 감사자의 반응조사**. 숙명여자대학교 대학원 석사학위논문.

공성숙(2011). 섭식장애 환자의 알코올 문제 관련요인 분석. **정신간호학회지, 20**(2), 208-218.

곽현정(2003). 음악 활동이 노인의 시지각 기능에 미치는 영향. **한국음악치료학회지, 5**(1), 19-34.

구새롬(2007). **우울 성향 여중생의 블루스 음악형식을 활용한 자기효능감 증진 연주활동**. 이화여자대학교 대학원 석사학위논문.

권석만(2013). **현대 이상심리학(2판)**. 서울: 학지사.

권선애(2012). **학교폭력 가해 및 피해학생을 위한 음악치료 프로그램 연구**. 서울기독대학교 대학원 박사학위논문.

권자연(1998). **음악요법이 치매노인의 인지기능과 우울에 미치는 효과**. 부산대학교 대학원 석사학위논문.

김계영(2000). 즉흥연주 프로그램이 아동의 자아개념에 미치는 효과-오르프 모델을 중심으로. 숙명여자대학교 대학원 석사학위논문.

김광수(2003). 청소년의 분노수준, 분노대처방식과 학교생활적응. 교육심리연구, 17(3), 393-410.

김남송, 방성환, 심규식(2015). 외상후 스트레스 위기 소방관에 대한 단기간 음악치료의 효과. 한국산학기술학회, 16(6), 4040-4047.

김다영, 황은영(2018). 음악치료사의 소진이 치료적 동맹에 미치는 영향에서 자기돌봄의 매 개효과에 관한 연구. 한국음악치료학회, 20(2), 53-78.

김미성(2001). 시설아동의 사회성과 자존감 향상을 위한 그룹 음악치료. 이화여자대학교 대학원 석사학위논문.

김미애(2003). 노래부르기가 초기 치매환자의 단어 회상에 미치는 효과. 숙명여자대학교 대학원 석사학위논문.

김보민(2010). 태교음악이 유아에게 미치는 영향 연구. 국민대학교 대학원 석사학위논문.

김선미(2005). 가출 청소년의 자기효능감 향상을 위한 음악치료활동 사례연구. 이화여자대학교 대학원 석사학위논문.

김성태(2011). 후두보정기법이 노인성 음성장애 환자의 음성개선에 미치는 효과: 음성기능운동법과의 비교연구. 대구대학교 대학원 박사학위논문.

김성희(1999). 음악치료가 정신분열병환자들이 지각한 삶의 만족도에 미치는 영향. 숙명여자대학교 대학원 석사학위논문.

김성희(2002). 음악치료가 학교생활 부적응 초등학생의 적응과 사회성 향상에 미치는 영향. 숙명여자대학교 대학원 석사학위논문.

김영신(2008). 예술고교 음악과 학생들의 연주불안 조사 연구. 한국음악치료학회지, 10(2), 40-56.

김영신(2017). 음악치료사가 지각한 주관적 삶의 질에 관한 연구. 한국음악치료학회, 19(1), 29-52.

김은영(2004). 음악적 자극이 개인의 뇌파 변화에 미치는 영향. 숙명여자대학교 대학원 석사학위논문.

김은영(2014). 치료적 밴드활동이 Williams Syndrome 청소년의 사회기술과 또래관계에 미치는 영향에 관한 사례 연구. 명지대학교 대학원 석사학위논문.
김정은, 김유미(2013). 아동의 분노감소를 위한 정서중심치료 프로그램 개발 및 효과성 검증, 아동교육, 22(1), 163-176.
김정화(1995). 유아교육을 위한 유아음악놀이지도. 서울: 창지사.
김주경(2007). 클래식 음악청취가 중학생의 시험에 따른 불안에 미치는 영향. 충남대학교 대학원 석사학위논문.
김지현(2006). 치료적 악기연주가 뇌졸중 환자의 손 장악력과 기민성에 미치는 효과. 한 국음악치료학회지, 8(1), 54-73.
김현진(2018). 뇌 발달과 성장단계에 따른 적절한 음악교육 시기. 국제신학대학교 대학원 석사학위논문.
김혜경(2001). 유아음악교육 2000. 서울: 창지사.
김희경, 이옥란(2000). 음악요법이 치매노인의 인지기능, 치매행동 및 정서에 미치는 영향. 성인간호학회지, 12(3), 463-476.
노기옥, 황문숙, 조금숙, 임정아, 강미경, 김효진, 김지연(2011). 음악치료가 Paclitaxel 항암 화학요법을 받는 부인암 환자의 말초 신경병성 통증 및 불안에 미치는 효과. 여성건강 간호학회, 17(3), 215-224.
노지혜(2012). 초등학생의 정신건강강화를 위한 가사활용 집단가창활동 연구. 대구교육대학교 교육대학원 석사논문.
문지영(2009). 복합적 외상 후 스트레스 장애 환자와의 즉흥연주 및 음악과 심상을 이용한 음악치료 사례 연구. 한국음악치료학회, 11(2), 86-99.
문지영(2010). 음악치료 및 심리 교육적 치료 프로그램에 대한 일 병원 정신과 입원 환자들 의 인식조사. 한국음악치료학회지, 13(3), 31-53.
박나현(2016). Ellis의 ABCD모형 기반 노래 만들기 프로그램에 참여한 청소년의 시험 불안 감소 사례. 이화여자대학교 대학원 석사학위논문.
박문일(2000). 태교는 과학이다. 서울: 한양대학교출판부.
박선미(2003). 음악활동이 청소년 정신건강에 미치는 효과. 중앙대학교 대학원 석사학위논문.
박성희(1999). 청소년 심리학. 서울: 양서원.

박수정(2002). 정서장애 청소년의 자기표현력 향상을 위한 음악치료적 접근: Song Psychotherapy를 이용한 질적 연구 중심으로. 이화여자대학교 대학원 석사학위논문.

박윤희(2003). 항공기 조종사의 직무 스트레스 감소를 위한 음악치료적 접근: 사례연구를 중심으로. 이화여자대학교 대학원 석사학위논문.

박정숙, 조혜경, 김윤태(2013). 심리운동 프로그램이 주간보고센터 정신분열환자의 자아존중 감 및 대인관계 완화에 미치는 영향. 특수교육재활과학연구. 52(1), 218-233.

박지은(2005). 대중음악에 대한 청소년들의 인식 및 또래집단의 영향 조사. 이화여자대학교 교육대학원 석사학위논문.

박진숙(2008). 집단음악치료가 결손가정 아동의 우울, 불안, 자기효능감에 미치는 영향. 원광대학교 대학원 석사학위논문.

박향숙, 박성희(2008). 아동의 분노 체험분석. 초등상담연구, 7(2), 159-168.

박현경, 이주영(2014). 스트레스 감소를 위한 음악치료 연구 메타분석. 한국음악치료학회, 16(1), 29-47.

박형준(2008). 음악치료가 외상 후 스트레스 장애 환자의 뇌파 변화 및 정서, 우울, 불안 감소에 미치는 영향. 원광대학교 대학원 석사학위논문.

박희숙, 하정희(2007). 부모-자녀 간 의사소통 수준과 정서적 자율성이 청소년의 분노표현방식과 비행행동에 미치는 영향. 한국청소년연구, 18(2),

배순애(2009). 분노표출 아동의 심리적 특성. 진주교육대학교 대학원 석사학위논문.

변보기, 강석기(2002). 청소년의 자아존중감과 적대감에 관한 연구. 청소년학 연구, 9(3), 268-291.

서은주(2010). 음악치료가 임상간호사의 직무스트레스와 불안에 미치는 영향. 순천향대학교 대학원 석사학위논문.

성영혜, 김연진, 이경화, 윤혜경(1999). 영유아 발달의 이론과 실제. 서울: 동문사.

손민정, 김광웅(2005). 부모와 아동의 분노표현방식이 자기주장 행동에 미치는 영향. 인간발달연구, 12(1), 89-103.

송옥경(2003). 윌리엄스 증후군 아동의 언어 및 운동 발달에 미치는 음악치료의 효과. 이화여자대학교 대학원 석사학위논문.

송윤경(2012). 노인 음성장애 출현율 및 음성장애지수 특성. 말소리와 음성과학, 4(3), 151-159.

송인령(2007). 아동을 위한 심상유도음악(M-GIM) 프로그램 개발. 단국대학교 대학원 박사학위논문.

신매희(2002). 사랑의 소리 태교 이야기. 서울: 한양대학교출판부.

심교린, 김완석(2016). 마음챙김 음악감상(mindful music listening)이 직장인의 지각된 스트 레스, 마음챙김 수준, 삶의 질, 정서에 미치는 영향: 예비연구. 예술심리치료연구, 12(3), 1-17.

심성경, 이희자, 이선경, 김경의, 이효숙, 박주희(2003). 유아음악교육. 서울: 양서원.

안마리(1999). 시험시기, 특질 · 상태불안, 자기효능감이 시험불안에 미치는 영향. 연세대학교 대학원 석사학위논문.

안재신(1996). 유아생활지도. 서울: 삼광출판사.

우현주(2013). 음악 사용유무에 따른 신체활동이 지적장애 청소년의 자아존중감에 미치는 영향. 이화여자대학교 대학원 석사학위논문.

윤하휘(2015). 음악치료에서 청소년 내담자가 인식하는 치료적 관계에 효과적인 치료사 요인. 이화여자대학교 대학원 석사학위논문.

이난복(2000). 멜로디억양치료(Melodic Intonation Therapy: MIT)가 비유창성 실어증환자들의 언어재활에 미치는 효과. 숙명여자대학교 대학원 석사학위논문.

이미숙(1998). 직무스트레스 요인이 퍼스낼리티에 따라 직무스트레스와 조직유효성에 미치는 영향에 관한 연구. 이화여자대학교 대학원 석사학위논문.

이상기(2007). 정서자극이 사상인의 뇌파 변화에 미치는 영향. 우석대학교 대학원 박사학위논문.

이상은(2004). 집단음악활동이 정신분열병 환자의 고독 및 대인관계에 미치는 영향. 한국음악치료학회, 6(2), 52-65.

이석원(2013). 음악인지과학. 서울: 심설당.

이성삼(1981). 세계 명작 오페라 전집. 서울: 세광출판사.

이수연(2004). 3-6세 유아의 영역별 발달 촉진을 위한 단계별 음악치료교육활동 연구. 이화여자대학교 대학원 석사학위논문.

이수정(2005). 리듬중심의 음악치료가 치매노인의 인지기능에 미치는 영향. 원광대학교 대학원 석사학위논문.

이수정(2016). 음악활동경험이 아동 · 청소년 발달에 미치는 효과에 관한 연구. 추계예술대학교 대학원 석사학위논문.

이수진(2002). 집단음악활동이 초등학생의 공격성 감소에 미치는 영향. 숙명여자대학교 대학원 석사학위논문.

이영미(2005). 게임 중독 청소년의 충동성과 불안 감소를 위한 노래 만들기(songwriting) 기법. 이화여자대학교 대학원 석사학위논문.

이은선, 황은영, 박지선(2013). 국내 음악치료서비스 운영현황과 발전방안에 대한 조사연구. 예술심리치료연구, 9(3), 1-17.

이은선, 황은영(2018). 단회기 치료적 그룹 음악활동에서는 불안, 우울, 불안, 우울, 신체적 스트레스 그리고 정서변화에 미치는 효과: 예비연구. 교육치료연구, 10(1), 43-58.

이정균(1987). 비정형정신분열증의 증상 및 감별진단. 신경정신의학, 17(3), 223-224.

이주영(1999). 음악 리듬이 뇌졸중 환자의 균형적 보행에 미치는 영향. 숙명여자대학교 대학원 석사학위논문.

이주영(2008). 방임된 아동의 공격성과 분노 감소를 위한 분노조절 음악 프로그램 연구. 인간행동과 음악연구, 5(2), 17-39.

이지영(2005). 학대받은 아동을 위한 음악치료 사례연구. 한국음악치료학회지, 7(1), 90-114.

이혜주(2006). 치료사-내담자 관계에서 음악의 역할에 대한 사례 연구. 인간행동과 음악연구, 3(2), 29-44.

임명희(2004). 구조화된 음악활동을 통한 학습장애 청소년의 주의집중력 향상에 관한 사례연구. 이화여자대학교 대학원 석사학위논문.

임소래(2019). 선호 음악을 적용한 체육수업에서 여중생의 신체활동 재미와 창의성 및 신체활동량의 변화. 고려대학교 대학원 석사학위논문.

임소영(2000). 비행청소년을 위한 분노조절 훈련 프로그램의 효과성 연구. 연세대학교 대학원 석사학위논문.

임은희(1999). 음악치료학 입문. 서울: 아시아미디어리서치.

임을라(2015). 음악치료가 아동의 분노표현과 심리적 안녕감에 미치는 영향. 학습자중심교과교육연구, 15(9), 83-107.

임지혜(2009). 노래심리치료를 통한 청소년의 시험불안 감소에 관한 연구. 이화여자대학교 대학원 석사학위논문.

임현정(2002). TV 유아 프로그램의 음악적 활용에 대한 연구. 이화여자대학교 대학원 석사학위논문.

임현정(2009). 노래심리치료가 내재화된 정서 문제를 갖는 청소년의 자아존중감 증진에 미치는 영향. 이화여자대학교 대학원 석사학위논문.

정옥분(2010). 발달심리학. 서울: 학지사.

정은주, 김지연, 최병철(2011). 신경재활음악치료. 서울: 하나의학사.

정현주(2005). 음악치료학의 이해와 적용. 서울: 이화여자대학교출판부.

정현주(2015). 음악치료학의 이해와 적용(2판). 서울: 이화여자대학교출판부.

정호숙(2007). 학급중심 집단음악상담 프로그램이 중학생의 학업스트레스와 불안에 미치는 효과. 경성대학교 대학원 석사학위논문.

조상현(2015). 밴드(Band)연주 중심의 음악치료가 지역아동센터 청소년의 자기효능감과 사회성에 미치는 효과. 대한음악치료학회, 9(2), 50-81.

조수철(1991). 시험불안의 개념과 이론. 소아 · 청소년정신의학, 2(1), 3-10.

조수철, 유태익, 신민섭(1999). 시험불안과 정신병리, 기질 그리고 가정환경 간의 구조적 관계에 관한 연구. 소아 · 청소년정신의학, 10(1), 50-63.

조수철, 정영, 홍강의, 신민섭, 성영훈(2001). 시험불안과 우울, 특성불안 및 상태불안과의 상호관계에 관한 연구. 소아 · 청소년정신의학, 12(2), 225-236.

조진영(2011). 인지행동음악치료가 전, 의경 대원의 군 생활 스트레스 감소에 미치는 효과. 성신여자대학교 대학원 석사학위논문.

조현경(2009). 정서행동문제 청소년 대상 음악치료 연구 분석: 2000-2008년까지. 이화여자대학교 대학원 석사학위논문.

조현진(2009). 시설청소년의 자기통제력을 위한 음악극 활동 사례연구. 이화여자대학교 대학원 석사학위논문.

주정일(1993). 태교 출산의 지혜. 샘터교육신서.

주지은(2017). 산모의 노래 중재가 고위험 신생아의 신체사정지수와 산모의 정서변화에 미치는 영향. 숙명여자대학교 대학원 박사학위논문.

지은미(2002). 음악활동이 비행청소년의 정서적 안정성과 자아존중감에 미치는 영향. 숙명여자대학교 대학원 석사학위논문.

진소영(2001). 음악활동이 초등학교 아동의 우울성향 감소에 미치는 효과. 한국음악치료학회지, 3(1), 1-14.

진진주(2010). 의료복지시설 거주노인의 우울, 무력감과 생활만족에 음악활동이 미치는 영향. 경희대학교 행정대학원 석사학위논문.

최말옥, 박혜령(2005). 노인 생활 만족도 및 자아존중감과 우울감에 대한 집단 음악 프로그램 효과성 비교 연구: 시설 · 재가노인을 대상으로. 한국노인복지학회, 27, 303-324.

최방희(2002). 음악치료 프로그램이 학교생활 부적응 학생의 불안감소 및 사회성 발달에 미치는 효과. 부산대학교 대학원 석사학위논문.

최병철(2005). 국내 음악치료사의 직무만족도. 한국음악치료학회, 7(1), 115-127.

최병철(2006). 음악치료학(2판). 서울: 학지사.

최병철, 문지영, 문서란, 양은아, 김성애, 여정윤(2015). 음악치료학(3판). 서울: 학지사.

최정수, 배종우, 장윤실, 이난희, 홍원란(2012). 신생아기 저출생체중아 사망영향요인과 관리방안. 서울: 한국보건사회연구원.

하정민(2017). 초등학생의 특성분노 및 분노표현양식에 따른 이야기 그림검사(DAS) 반응 특성. 서울여자대학교 대학원 석사학위논문.

하현덕(2012). 음악 감상을 통한 시설 청소년의 정서적 안정감 유도를 위한 심상 분석 연구. 이화여자대학교 대학원 석사학위논문.

한지현(2005). 공격성 아동을 위한 음악치료. 이화여자대학교 대학원 석사학위논문.

허고은, 문소영(2016). 치료적 가창 훈련이 뇌졸중 노인 환자의 음성 질과 우울에 미치는 영향. 한국음악치료학회지, 18(2), 139-163.

홍승만(2000). 직무스트레스와 직무만족간의 영향요인의 전략적 활용방안. 배재대학교 대학원 박사학위논문.

홍화진(2000). **음악활동이 주의력 결핍 과잉행동 아동의 주증상 감소 및 친사회적 행동 증가에 미치는 영향**. 숙명여자대학교 대학원 석사학위논문.

황녹연(2009). **음악감상이 청소년들의 정서와 학습에 미치는 영향 연구: 고등학생들을 중심으로**. 목원대학교 대학원 석사학위논문.

황순각(2003). **유아신체활동: 이론과 실제**. 서울: 양서원.

황은영(2015). 수술 및 진료의 국내 일반의료현장에서 음악요법효과에 대한 메타분석. **예술심리치료연구**, 11(4), 89-109.

황은영, 장문정, 이은선, 위아름, 박지선, 고은진(2017). **올 댓 청소년 음악치료**. 서울: 학지사.

Adams, J. A., Marshall, P. H, & Goetz, E. T. (1972). Response feedback and short-term motor retention. *Journal of Experimental Psychology*, 92-95.

Aldridge, D. (1994). Alzheimer's disease: Rhythm, timing and music as therapy. *Biomedicine and pharmacotherapy, 48*(7), 275-281.

Aldridge, D., & Fachner, J. (Eds.) (2006). *Music and altered states-consiousness, transcendence, therapy and addiction*. London: Jessica Kingsley Publishers.

Aldridge, D., & Fachner, J. (2010). *Music therapy and addiction*. London: Jessica Kingsley Publishers.

Allen, D. M. (1977). Music therapy with geriatric patients. *British Journal of Music Therapy, 8*(3), 2-6.

Alvin, J. (1978). *Music therapy for the autistic child*. London: Oxford University Press.

Ames, R. (1993). Collaborating to build an opera ensemble. *Music Educational Journal, 79*(6), 31-34.

Andrew, Wilson-Dickson. (1992). *The story of christian music*. Oxford: Lion Publishing.

APA. (2015). **정신질환의 진단 및 통계 편람 DSM-5**. (권준수 외 공역). 서울: 학지사. (원저는 2013년에 출판).

Ansdell, G. (1995). *Music for life: Aspects of creative music therapy with adult client.* Pennsylvania: Jessica Kingsley.

Ashida, S. (2000). The effect of reminiscence music therapy sessions on changes in depressive symptoms in elderly persons with dementia. *Journal of Music Therapy, 37*(3), 170-182.

Austin, D. (2012). **성악심리치료의 이론과 실제.** (한국성악심리치료사협회 역). 서울: 시그마프레스. (원저는 2008년에 출판).

Baker, F. A., Rickard, N., Tamplin, J., & Raddy, C. (2015). Flow and meaningfulness as mechanisms of change in self-concept and well-being following a songwriting intervention for people in the early phase of neurorehabilitation. *Frontiers in Human Neuroscience, 9*, 299.

Baker, F., A., & Tamplin, J. (2011). **신경재활음악치료.** (최병철, 정은주, 김지연 공역). 서울: 하나의학사. (원저는 2006년에 출판).

Baker, F. & Wigram, T. (2008). **치료적 노래만들기**[*Songwriting*]. (최미환 역). 서울: 학지사. (원저는 2005년에 출판).

Bensimon, M., Amir, D., & Wolf, Y. (2008). Drumming through trauma: Music therapy with post-traumatic soldiers. *Art Psychother, 35*(1), 34-48.

Benson, E. R., & McDevitt, J. Q. (1989). Home care and the older adult: Illness care versus wellness care. *Holistic Nursing Practice, 3*(2), 30-38.

Binns-Turner, P. G., Wilson, L. L., Pryor, E. R., Boyd, G., & Prickett. C. A. (2011) Perioperative music and its effects on anxiety, hemodynamics, and pain in women undergoing mastectomy. *American Association of Nurse Anestheti, 79*(4), 21-27.

Biodeau, L. (1992). *The anger workboork*. Hazelden.

Blood, A. J., & Zatorre, R. J. (2001). 'Intensely pleasurable responses to music correlate with activity n brain regions inplicated in reward and emotion.' *Proceedings of the National Academy of Sciences of the United states of America, 98*(20), 11818-11823.

Bonny, H. L. (1994). Twenty-one years later: A GIM update. *Music Therapy Perspectives, 12*(2), 70-74.

Boxill, E. H. (1985). *Music therapy for the developmentaly disabled.* Rockvills, MD: An Aspen Pulication.

Boxill, E. H. (1994). **발달장애인을 위한 음악치료.** (김태련, 엄현경 정현지, 김현령 공역). 서울: 이화여자대학교출판부. (원저는 1985년에 출판).

Bright, R. (1972). *Music in geriatric care.* New York: St. Martins Press.

Bright, R. (1988). *Music therapy and the dementias: Improving the quality of life.* Missouri: Mmb Music.

Brotons, M., & Pickett-Cooper, P. (1994). Preference of Alzheimer's disease patients for music activities: singing, instruments, dance/movement, games, and composition/improvisation. *Journal of Music Therapy, 31*(3), 220-233.

Bruscia, K. E. (1987). *Improvisational models of music therapy.* Springfield, IL: Charles C. Thomas Publishers.

Bruscia, K. E. (1998). **음악치료의 즉흥연주 모델.** (강준자 역). 서울: 양서원. (원저는 1987년에 출판).

Bruscia, K. E. (2003). **음악치료.** (최병철 역). 서울: 학지사. (원저는 1998년에 출판).

Buckwalter, K. C., Kathleen, J., Hartsock, R. L., & Gaffney, K. F. (1985). *Nursing intervention, treatments for nursing diagnosis.* Philadelphia: WB Saunders Co.

Byrnes, S. (1996). The effect of radio, video, and paired audio-video stimuli on experience of stress. *Journal of Music Therapy, 33*(4), 248-260.

Caine, J. (1991). The effects of music on the selected stress behavior, weight, caloric and formula intake, and length of hospital stay of premature and low birth weight neonates in a newborn intensive care unit. *Journal of Music Therapy, 28*(4), 190-192.

Carr, C., d'Ardenne, P., Sloboda, A., Scott, C., Wang D., & Priebe, S. (2012). Group music th erapy for patients with persistent post-traumatic stress disorder-n exploratory randomized controlled trial with mixed methods evaluation.

Psychology and Psychotherapy: Theory, Research and Practice, 85(2), 179-202.

Cassity, M, D., & Cassity, J. E. (1993). Psychiatric, Music therapy assessment and treatment in clinical training facilities with adults, adolescents and children. *Journal of Music Therapy, 31*(1), 2-30.

Cevasco, A., & Grant, R. (2006). Comparison of different methods for eliciting exercise-to-music for clients with alzheimer's disease. Cevasco, Andrea M.: Grant, Roy E. *Journal of Music Therapy, 40*(1), 41-56,

Clair, A. A. (1996). *Therapeutic uses of music with older adults*. Baltimore, Maryland: Health Professions Press, Inc.

Clair, A. A., & Memmott, J. (2008). *Therapeutic uses of music with older adults* (2nd ed.). Maryland: AMTA.

Clark, C. A. & Chadwick. D. M. (1980). *Clinically adapted instruments for the multiply handicapped*. St. Louis, MO: Magnamusic-Baton.

Cohen, N. S. (1994). Speech and song: Implication for therapy. *Music therapy Perspective, 12*(1), 8-13.

Cohen, N., & Masse, R. (1993). The application of singing and rhythmic instruction as a therapeutic intervention for persons with neurogenic communication disorders. *Journal of Music Therapy, 11*, 81-99.

Colligan, K. G. (1987). Music Therapy and hospice care. *Activities, Adaption, and Aging, 10*, 103-122.

Covington, M. V. (1992). *Making the grade*. Cambridge: Cambridge University Press.

Cripe, F. F. (1986). Rock music as therapy for children with attention deficit disorder: An exploratory study. *Journal of Music Therapy, 23*(1), 30-37.

Cross, I. (2006). Music and social being. *Musicology Australia, 28*, 114-126.

Cross, I. (2008). Musicality and the human capacity for culture. *Musicae Scientiae, Special Issue: Narrative in Music and Interaction*, 147-167.

Cuddy, L. I., & Duffin, J. (2005). Music, memory, and Alzheimer's disease: Is music recognition spared in dementia, and how can it be assessed? *Medical Hypotheses, 64*(2), 229-235.

Darrow, L. G. (1976). Televised Music lessons as educational reinforcement for correct mathematical responses with educable mentally retarded. *Journal of Music Therapy, 13*(2), 77-85.

Darrow, A., & Cohen, N. (1991). The effect of programmed pitch practice and private instruction on the vocal reproduction accuracy of hearing-impaired children: Two case studies. *Music Therapy Perspectives, 9*, 18-20.

Darrow, A., & Gfeller, K. (1991). A study of public school music programs mainstreaming hearing impaired students. *Journal of Music Therapy, 28*(1), 23-39.

Davis, W. B., Gfeller, K. E., & Thaut, M. H. (2002). **음악치료학 개론.** (김수지, 고일주, 권혜경 공역). 서울: 권혜경 음악치료센터. (원저는 1999년에 출판).

Daykin, N., de Viggiani, N., Pilkington, P., & Moriarty, Y. (2012). Music making for health, well being and behavior change in youth justice settings: A systematic review. *Health Promotion International, 28*(2), 197-210.

Debra, B. S. (2001). The effect of the Bonny method of guided imagery and music on the mood and life quality of cancer patients. *Journal of Music Therapy, 38*(1), 51-65.

DeCasper, A. J., & Fifer, W. P. (1980). Of human bonding: Newborns prefer their mothers' voice. *Science, 208*, 1174-1176.

Dimaio, L. (2010). Music therapy entrainment: A humanistic music therapist's perspective of using music therapy entrainment with hospice clients experiencing pain. *Music Therapy Perspectives, 28*(2), 106-115.

Douglas, S., & Willats, P. (1994). The relationship between musical ability and literary skill. *Journal of Research in Reading, 17*(2), 99-107.

Elefant, C., Baker, F. A., Lotan, M., Lagesen, S. K., & Monga, T. N. (1984). Observations on the use of music in rehabilitation of stroke patients.

Physiotherapy Canada, 36(4), 197-201.

Elefant, C., Baker, F. A., Lotan, M., Lagesen, S. K., & Skeie, G. O. (2012). The effect of group music therapy on mood, speech, and singing in individuals with parkinson's disease a feasibility study. *Journal of Music Therapy, 49*(3), 278-302.

Elliot, B. (1982). *Guide to the selection of musical instruments with respect to physical ability and disability*. Philadelphia, PA: LINC Resources, Inc.

Fisher, K. V., & Parker, B. J. (1994). A multisensory system for the development of sound awareness and speech production. *Journal of Academy of Rehabilitative Audiology, 23*, 13-24.

Flodmark, A. (1986). Augmented auditory feedback as an aid in gait training of the cerebralpalsied child. *Developmental Medicine and Child Neurology, 28*, 147-155.

Freeberg, S. (1982). Anger in adolescence in children and adolescents. *American Journal of Psychotherapy, 21*(3), 565-574.

Friedman, R. L. (2000). *The healing power of the drum*. PA: White Cliff Media.

Frith, S. (1981). *Sound effects: Youth, leisure and the politics of rock' n roll*. New York, NY: Pantheon Books.

Gabrielsson, A. (1982). Performance and training of musical rhythm. *Psychology of Music, Spec Iss*, 42-46.

Gaston, E. T. (Ed.). (1968). *Music in therapy*. NY: Te MacMillan Company.

Gatz, J. L., Tyas, S. L., St. John, P., & Montgomery, P. (2005). Do depressive symptoms predict Alzheimer's disease and dementia? *The Journals of Gerontology Series: A Biological Sciences and Medical Sciences, 60*(6), 744-747.

Gfeller, K. (1990). A cognitive-linguistic approach to language development of the preschool child with hearing impairment: Implication for music therapy practice. *Music Therapy Perspectives, 8*, 47-51.

Gfeller, K. (2002). Music as therapeutic agent: Hastorical and sociocultural perspectives. In M. H. Thaut & R. G. Unkefer (Eds.), *Music therapy in treatment of adults with mental disorders: Theoretical bases abd clinical interventions* (pp. 60-67). St. Louis, MO: MMB Music.

Gibbons, A. C. (1977). Popular music preferences of elderly people. *Journal of Music Therapy, 14*(4), 180-189.

Gilman, L., & Paperte, F. (1952). *Music as a psychotherapeutic agent. Music and your emotion.* New York: Liveright Publishing Corp.

Glaser, K. (1967). Masked depression in children and adolescents. *American Journal of Psychotherapy, 21*(3), 565-574.

Gottlieb, M. M. (1999). *The angry self: A comprehensive approach to anger management.* Phoenix, Arizona: Zeig, Tucker and Co.

Grant, R. E. (1989). Music therapy guidelines for developmentally disabled children. *Music Therapy Perspectives, 6,* 18-22

Greenberg, M. (1979). *Your children need music.* Englewood Cliffs, NJ: Prentice Hall.

Gregory, D. (2002). Music listening for maintaining attention of older adults with cognitive impairments. *Journal of Music Therapy, 39*(4), 244-264.

Grocke, D., & Wigram, T. (2011). **음악치료 수용기법.** (문소영, 이윤진 공역). 서울: 학지사. (원저는 2007년에 출판).

Hamdy, R. C., Turnbull, J. M., Clark, W., & Lancaster, M. M. (1998). *Alzheimer's disease: A handbook for caregivers* (3rd ed.). Missouri: Mosby.

Handley, S. (2008). **정신역동 음악치료 사례연구.** (김성희, 김연정, 김향숙, 박소연, 양은아, 오선화 외 공역). 서울: 학지사. (원저는 2003년에 출판).

Haneishi, E. (2001). Effects of a music therapy voice protocol on speech intelligibility, vocal acoustic measures, and mood of individuals with parkinson's disease. *Journal of Music Therapy, 38*(4), 273-290.

Hanser, S. B. (1990). A music therapy strategy for depressed older adults in the community. *Journal of Applied Gerontology, 9*(3), 283-298.

Hanson, N., Gfeller, K., Woodworth, G., Swanson, E., A., & Garand, L. (1996). A comparison of the effectiveness of differing types and difficulty of music activities in programming for older adults with alzheimer's disease and related disorders. *Journal of Music Therapy, 33(2),* 93-123.

Harding, C., & Ballard, K. D. (1982). The effectiveness of music as a stimulus and as a contingent reward in prompting the spontaneous speech of three physically handicapped preschooler. *Journal of Music Therapy, 19*(2), 86-101.

Harding, J. A. H. (1989). *The relationship between music and language achievement in early children*. Doctoral dissertation, The Montana State University.

Harmburg, J., & Clair, A. A. (2003). The effects of a physical movement program on measures of balance and gait speed in healthy older adults. *Journal of Music Therapy, 40(3), 212-226.*

Harmon, N. M., & Kravitz, L. (2007). The beat goes on: the effects of music on exercise: a review of the research on the ergogenic and psychophysical impact of music in an exercise program. *IDEA Fitness Jpurnal, 4*(8), 72-77.

Henderson, S. (1983). Effect of a music therapy program upon awareness of mood in music, group cohesion, and self-esteem among hospitalized adolescent patients. *Journal of Music Therapy, 20*(1), 14-20.

Hennessey, M. J. (1984). *Music therapy, in working with the elderly: group processes and techniques.* Monterey, CA: Wadsworth Health Science Division.

Hilliard, R. E. (2001). The use of cognitive-behavioral music therapy in the treatment of women with eating disorders. *Music Therapy Perspectives, 19,* 109-113.

Hirokawa, E., & Ohira, H. (2003). The effects of music listening after a stressful task on immune functions, neuroendocrine responses and emotional states in college students. *Journal of Music Therapy, 40*(3), 189-211.

Hogstel, M. O. (1995). *Geropsychiatric nursing* (2nd ed.). Missouri: Mosby.

Hoshizaki, M. K. (1983). *Teaching mentally retarded children through music*. Charles C Thomas Pub Ltd.

Hoskins, C. (1988). Use of music to increase verbal response and improve expressive language abilities in preschool language delayed children. *Journal of Music Therapy, 25*(2), 73–84.

Iliffe, S., Manthorpe, J., & Eden, J. (2003). Sooner or later? issues in the early diagnosis of dementia in general practice: A qualitative study. *Family Practice, 20*(4), 376–381.

Ivancevich, J. M., & Matteson, M. T. (1980). *Stress and work: A managerial perspective*. Glenview, Ill: Scott, Foresman.

Jacobson, E. (1938). *Progressive Relaxation: A physiological and clinical investigation of muscular states and their significance in psychology and medical practice*. Chicago, IL: University of Chicago Press.

Jellison, J. A., Brooks, B. H., & Huck, A. M. (1984). Structuring small groups and music reinforcement to facilitate positive interactions and acceptance of severely handicapped students in the regular music classroom. *Journal of Research in Music Education, 32*, 243–254.

Justice, R. W. (1994). Music therapy interventions for people with eating disorder in an inpatient setting. *Music Terapy Perspective, 12*(1), 104–110.

Kabat-Zinn, J. (1990). *Full catastrophe living: Using the wisdom of your body and mind to face stress, pain, and illness*. Dell Publishing; New York.

Kaser, V. A. (1993). Musical expressions of subconscious feeling: A Clinical Perspective. *Music Therapy Perspective, 11*(1), 15–23.

Kelly, L. L. (1981). *A combined experimental and descriptive study of the effect of music on reading and language*. Doctoral Dissertation, University of Pennsylvania.

Kern, P., & David, A. (2006). Using embedded music therapy interventions to support outdoor play of young children with autism in and inclusive community-based child care program. *Journal of Music Therapy, 43*(4), 270-294.

Kim, S. J. (2010). Music therapy protocol development to enhance swallowing training for stoke patients with dysphagia. *Journal of Music Therapy, 47,* 102-119.

Knight, W. E., & Rickard, N. S. (2001). Relaxing music prevents stress-induced increases in subjective anxiety, systolic blood pressure, and heart rate in healthy males and females. *Journal of music therapy, 38*(3), 254-272.

Kolata, G. (1984). Studying learning in the womb. *Science, 225*, 302-303.

Kolb, B. (2004). Mechanisms of corticalcity after neuronal injury. In J. Ponsford (Ed.), *Cognitive and behavioral rehabilitation: From neurobiology to clinical practice.* New York: Gilford Press.

Kopiez, R., Bangert, M., Goebl, W., & Altenmuller, E. (2003). 'Tempo and loudness analysis of a continuous 28-hour performance of Erik Satie's composition "Vexations". *Journal of New Music Research, 32*(3), 243-258.

Krout, R. E. (2003). Music therapy with imminently dying hospice patients and their families: facilitating release near time of death. *American Journal of Hospice and Palliative Medicine, 20*(2), 129-134.

Kultti, A. (2013). Singing as language learning activity in multilingual toddler groups in preschool. *Early Child Development and Care, 183*(12), 1955-1969.

Laiho, S. (2004). The psychological functions of music in adolescence. *Nordic Journal of Music Therapy, 13*(1), 47-63.

Lathom-Radocy, W. (1998). Music Therapy for students with Disabilities. **국제세미나 자료집.** 경기: 국립특수교육원.

Lazarus, R. S., & Folkman, S. (1984). *Stress, appraisal and coping.* New York: Springer-Verlag.

Leland, C., & Horste, J. (1994). Multiple ways of knowing: Curriculum in new key. *Language Arts, 71*, 337-334.

Leventhal, A. S., & Lipsitt, L. P. (1964). Adaptation, pitch discrimination, and sound localization in the neonate. *Child Development, 35*(3), 759-767.

Liederman, P. C. (1967). Music and rhythm group therapy for geriatric patients. *Journal of Music Therapy, 4*(4), 126-127.

Lorch, C. A., Lorch, V. Diefendorf, A. O., & Earl, P. W. (1994). Effect of stimulative and sedative music on systolic blood pressure, heart rate, and respiratory rate in premature infants. *Journal of Music Therapy, 31*(2), 105-118.

Maack, C., & Nolan, P. (1999). The effects of guided imagery and music therapy on reported change in normal adult. *Journal of Music Therapy, 36*(1), 39-55.

Madsen, C. K. (1981). Music lessons and books as reinforcement alternatives for an academic task. *Journal of Research in Music Education, 29*(2), 103-110.

Madsen, C. K., & Wolfe, D. E. (1979). The effect of interrupted music and incompatible responses on bodily movement and music attentiveness. *Journal of Music Therapy, 16*(1), 17-30.

Magill, L. (2009). The spiritual meaning of pre-loss music therapy to bereaved caregivers of advanced cancer patients. *Palliative & Supportive Care, 7*(1), 97-108.

Malmquist, C. P. (1977). Childhood depression: A clinical and behavioral perspective. *Depression in children: Diagnosis, treatment and conceptual models*, 33-59.

Malone, A. B. (1996). The effects of live music on the distress of pediatric patients receiving intravenous starts, venipunctures, injections, and heel stricks. *Journal of Music Therapy, 23*(1), 19-33.

Mason, C. (1978). Musical activities with elderly patient. *Physiotherapy, 64*(3), 80-82.

Mateer, C. A. (2000). Attention. In S. A. Raskin & C. A. Mateer (Eds.), *Neuropsychological management of mild traumatic brain injury* (pp. 73-92). New York: Oxford University Press.

McCaffery, F., & Pasero, C. (1999). Pain: Clinical manual (2nd ed.). St. Louis, MO:

Mosby.

McClosky, L. J. (1985). Music and the frail elderly. *Activities, Adaptation, and Aging, 7*, 73-75.

Meichenbaum, D., & Butler, L. (1980). Toward and conceptual model for the treatment of test anxiety: Implications for research and treatment. In I. G. Sarason (Ed.), *Test Anxiety: Theory, research, and applications* (pp. 187-208). Hillsdale, NJ: Erlbaum.

Melzack, R., & Wall, P. (1983). *The challenge of pain*. New York: Basic Books.

Michel, P. (1973). The optimum development of music abilities in the first years of life. *Psychology of Music, 1*(2), 14-20.

Mike, D. B. (2002). Musically adapted social stories to modify behaviors in students with autism: Four case studies. *Journal of Music Therapy, 39*(2), 117-144.

Miller, S. (1984). Opera made elementary. *Music Educators Journal, 71*, 52-54.

Montello, L., & Coons, E. E. (1998). Effects of active versus passive group music therapy on preadolescents with emotional, learning, and behavioral disorders. *Journal of Music Therapy, 35*(1), 49-67.

Nancy, H., Pollack., Kevan, H., & Namazi. (1992). The Effect of Music Participation on the Social Behavior of Alzheimer's Disease Patients. *Journal of Music Therapy, 29*(1), 54-67.

Neugebauer, V. (2004). the amygdala and persistent pain. *The Neuroscientist, 10*(3), 221-234.

Nolan, P. (1989). *Music therapy improvisation techniques with bulimic patients*. In L. M. Hornyak & E. K. Baker (Eds.), *Experiential therapies for eating disorders* (pp. 167-187). New York, NY: Guilford Press.

Nordoff, P., & Robbins, C. (1971). *Therapy in music for handicapped children*. New York: St. Martin's Press.

North, A. C., & Hargreaves, D. J. (1999). Music and adolescent identity. *Music Education Research, 1*(1), 75-92.

Novaco, R. W. (1986). *Anger as a clinical and social problem*. In R. J. Blanchard & D. C. Blanchard (Eds.), Advances in the study of aggression (pp. 1-67). New York: Academic Press.

O'Callaghanm, C. (1996). Lyrical themes in song written by palliative care patients. *Journal of Music Therapy, 33*(2), 74-92.

Olds, C. (1986). A sound start in life. *Pre- and Peri-natal Psychology Journal, 1*, 82-85.

Palmer, M. (1989). Music therapy in gerontology: A review and projection. *Music Therapy Perspectives, 6*, 52-56.

Patel, A. (2003). Rhythm in language and music: parallels and defferences. *Annals of the New York Academy of Science, 999*, 140-143.

Pavlicevic, M., Trevarthen, C., & Duncan, J. (1994). Improvistional music therpy and the rehabilitation of persons suffering from chronicschizophrenia. *Journal of Music Therapy*, 31-32.

Polverini-Rey, R. A. (1992). *Intrauterine musical learning: The soothing effect on newborns of a lullaby learned prenatally*. Unpublished Doctoral Dissertation, California School of Professional Psychology, Los Angeles.

Priestley, M. (1986). Analytical music therapy and "the detour through fantasy". *British Journal of Projective Psychology & Personality Study, 25*(1), 11-15.

Prigatano, G. P. (1999). *Principles of neuropsychological rehabilitation*. New York: Oxford University Press.

Radocy, R. E., & Boyle, J. D. (1997). *Psychological foundations of musical behavior*. Springfield, IL: Charles C. Thomas.

Radocy, W. L. (1998). *Music therapy for students with disabilities*. 경기: 국립특수교육원.

Ragland, Z., & Apprey, M. (1974). Community music therapy with adolescents. *Journal of Music Therapy, 11*(3), 147-155.

Rickson, D. J. & Watkins, W. G. (2003). Music therapy to promote prosocial behaviors in aggressive adolescent boys-A pilot study. *Journal of Music*

Therapy, 40(4), 283-301.

Robb, S. L. (1996). Techniques in song writing: Restoring emotional and physical well being in adolescents who have been traumatically injured. *Music Therapy Perspectives, 14*(1), 30-37.

Robb, S. L. (2000). Music assisted progressive muscle relaxation, progressive muscle relaxation, music listening, and silence: A comparison of relaxation techniques. *Journal of Music Therapy, 37*(1), 2-21.

Rubin, B. (1976). Handbells in therapy. *Journal of Music Therapy, 14*, 190-197.

Salmon, P. (1990). A psychological perspective on musical performance anxiety: A review of the literature. *Medical Problems of Performing Artists, 5*(2), 77-80.

Sato, Y. (2011). Musical Life Review in Hospice. *Music Therapy Perspectives, 29*(1), 31-38.

Schlaug, G., Norton, A., Overy, K., & Winner, F. (2005). Effects of music training on the child's brain and cognitive development. *Annals of the New York Academy of Sciences, 1060*, 219-230.

Sears, W. W. (1958). The effect of music on muscle tonus. In E. G. Gaston (Ed.), *Music therapy* (pp. 199-205). Lawrence, KS: Allen Press.

Sears, W. (1968). Processes in music therapy. In E. T. Gaston (Ed.), *Music in Therapy*. New York: MacMillan Co.

Selye, H. (1975). Confussion and controversy in stress field. *Journal of Human Stress*, June.

Seybold, C. D. (1971). The value and use of music activities in the treatment of speech delayed children. *Journal of Music Therapy, 8*(3), 102-110.

Shapiro, A. (1969). A pilot program in music therapy with residents of a home or the aged. *Gerontologist, 9*, 128-133.

Sharkin, B. S. (1988). The measurement and treatment of client anger counseling. *Journal of Counseling and Development, 66*(4), 361-365.

Silber, F., & Hes, H, P. (1995). The Use of Songwriting with Patients Diagnosed with Alzheimer's Disease. *Music Therapy Perspectives, 13*(1), 31-34.

Silverman, M. J. (2003). Contingency songwriting to reduce combativeness and non- cooperation in a client with schizophrenia. *The Arts in Psychotherapy, 31*(1), 25-33.

Sixsmith, A., & Gibson, G. (2006). Music and the wellbeing of people with dementia. *Aging and Society, 27*(1), 127-145.

Snyder, L., Jenkins, C., & Joosten, L. (2007). Effectiveness of support groups for people with mild to moderate Alzheimer's Disease: An evaluative servey. *American Journal of Alzheimer's disease and Other Dementias, 22*(1), 14-19.

Spielbger, C. D., Reheiser, E. C., & Sydman, S. M. (1995). Measuring the experience, expression, and control of anger. In Kassinove (Ed.), *Anger disorders: Definition, diagnosis, and treatment* (pp. 4-67). Tatlor and Francis.

Standley, J. (2003). The effect of music-reinforced nonnutritive sucking on feeding rate of premature infants. *Journal of Pediatric Nursing, 18*(3), 169-173.

Standley, J., & Madsen, C. (1990). Comparisons of infant preferences and responses to auditory stimuli: Music, mother, and other female voice. *Journal of Music Therapy, 27*(2), 54-97.

Staum, M. J. (2000). Music for physical rehabilitation: An analysis of the literature from 1950-1999 and applications for rehabilitation settings. American Music Therapy Association, Inc., completely revised third edition, 65-111.

Steinberg, L. (1990). Autonomy, conflict, and harmony in the family relationship. In Feldman, S. S., & Elliot, G. R. (Eds.), *Consequences of growing up poor.* New York: Russell Sage Foundation.

Steorns, F. R. (1972). *Anger, psychology, physiology, pathology*. Springfield, IL: Charles C. Thomas.

Sung, H., & Chang, A. M. (2005). Use of preferred music to decrease agitated behaviours in older people with dementia: A review of the literatire. *Journal of Clinical Nursing, 14*(9), 1133-1140.

Sutton, K. (1984). The development and implementation of a music therapy physiological measures test. *Journal of Music Therapy, 21,* 160.

Suzuki, T., Kamijo, Y., & Kiuchi, S. (1964). LXXIV auditory test of newborn infants. *Annals of Otology, Rhionlogy & Laryngology, 73,* 914-923.

Talbot, M. L., & Junkala, J. (1981). The effects of auditorally augmented feedback on the eye-hand coordination of students with cerebral palsy. *American Journal of Occupational Therapy, 35*(8), 525-528.

Tarrant, M., North, A. C., & Hargreaves, D. J. (1999). Adolescents' intergroup attributions: A comparison of two social identities. *Journal of Youth and Adolescence, 33*(3), 177-185.

Thaut, M. H. (1988). Rhythmic intervention techniques in music therapy with gross motor dysfunction. *The Arts in Psychotherapy, 15*(2), 127-137.

Thaut, M. H. (1989). The influence of music therpay interventions on self -rated changes in relaxation, affect and thought in psychiatric prison er-patients. *Journal of Msic Therapy, 26,* 155-166.

Thaut, M. H. (2009). 리듬, 음악 그리고 뇌. (차영아 역). 서울: 학지사. (원저는 2005년에 출판).

Thaut, M. H., & Smeltekop, R. A. (1990). *Music therapy in the treatment of adults with disorder*. New York: Macmillan Co.

Thaut, M. H., McIntosh, G., Prassas, S., & Rice, R. (1992). Effective of auditory rhythmic pacing on normal gait and gait in stroke, cerebellar disorder, and transverse myelitis. In M. Woollacott & E. Horak (Eds.), *Posture and gait: Control mechanisms* (pp. 437-440). Eugene, OR: University of Oregon Books.

Thaut, M. H., Sandra, S., & William, D. (1991). Analysis of EMG activity in biceps and triceps music in upper and extremity gross motor task under the influence of auditory rhythm. *Journal of music therapy, 17*(2), 64-88.

Tims, F. (1978). *Contrasting music conditions, visual attending behavior, and state in eight-week-old infants*. Unpublished Doctoral Dissertation, University of

Kansas, Lawrence.

Took, K. J., & Weiss, D. (1994). The relationship between heavy metal and rap music in adolescent turmoil: Real or artifact. *Adolescent, 29*, 513-521.

Toolan, J. M. (1962). Depression in children and adolescents. *American Journal of Orthopsychiatry, 32*(3), 404.

Trainor, L. J., Shahin, A. J., & Roberts, L. E. (2009). Understanding the benefits of musical training: effects on oscillatory brain activity. *Annals of the New York Academy of Sciences, 1169*, 133-142.

Trehub, S. E., Schneider, B. A., & Bull. (1991). Observational measures of auditory sensitivity in early infancy. *Developmental Psychology, 27*(1), 40-49.

Trondalen, G. (2003). "Self-listening" in music therapy with a young woman suffering from anorexia nervosa. *Nordic Journal of Music Therapy, 12*(1), 3-17.

Unkefer, R. (1990). *Music therapy in the treatment of adults with mental disorders.* New York: Schirmer.

Van Wei, F., Linssen, H., & Abma, R. (2004). The parental bond and the well-being of adolescents and young adults. *Journal of Youth and Adolescence, 29*(3), 307-318.

Wallace, M. A. (2009). Occupational health nurses—the solution to absence management? *AAOHN Journal, 57*(3), 122-127.

Watterson, T., & Riccillo, S. (1985). Effect of stimulus frequency on local suppression in neonates. *Journal of Audiological Research, 25*, 81-89.

Wendrich, K. A. (1981). *Pitch imitation in infancy and early childhood: Observations and implications.* Unpublished Doctoral Dissertation, The University of Connecticut.

Wheeler, B. L. (1983). A psychotherapeutic classification of music therapy practice; a continuum of procedures. *Music Therapy Perspectives, 1*(2), 8-12.

Whitehead-Pleaux, A. M., Baryza, M. J., & Sheridan, R. L. (2006). The effects of music therapy on pediatric patients pian and anxiety during donor site dressing change. *Journal of Music Therapy, 43*(2), 136-153.

Williams, G., & Dorow, L. G. (1983). Changes in complaints and non-complaint of a chronically depressed psychiatric patient as a function of an interrupted music/verbal feedback package. *Journal of music therapy, 20*(3), 93-98.

Winner, E. (1982). *Invented worlds: The psychology of the arts.* Cambridge, MA: Harvard University Press.

Zarit, S. H., Femia, E. E., Watson, J., Rice-Oeschger, L., & Kakos, B. (2004). Memory club: A group intervention for people with early-stage dementia and their care partners. *The Gerontologist, 44*(2), 262-269.

Zoller, M. B. (1991). Use of music activities in speech-language therapy. *Language, Speech and Hearing Services in Schools, 22*(1), 272-276.

5장 음악과 사회문화

김기용(1993). **한국공연 뮤지컬에 관한 연구**. 연세대학교 대학원 석사학위논문.

김창남(2010). **대중문화의 이해**. 서울: 한울아카데미.

류기혁, 김선경(2018). 학교 주도형 문화예술교육 운영 효과 연구: 문화예술역량 증진을 중심으로. **문화예술교육연구**, 13(1), 67-95.

민경훈(2001). 생활 음악문화의 환경 조성에 관한 연구. **문화예술교육연구**, 20, 21-52.

민경훈(2008). 생활 음악 문화의 창출을 위한 학교 및 사회의 역할. **문화예술교육연구**, 3(1), 107-123.

민경훈(2016). 지역과 함께 하는 문화예술교육으로서의 음악교육의 역할. **음악응용연구**, 8, 2-14.

박경선(1998). **한국 뮤지컬의 역사와 그 문제점에 관한 연구**. 중앙대학교 대학원 석사학위논문.

박병성(2007). 이제는 창작 뮤지컬이다. **창작과 비평**, 35(1), 403-412.

박소연, 박용호(2016). 학교문화예술교육 효과모델 탐색 연구. 문화예술교육연구, 11(5), 31-52.

박진홍(2014). 음악으로 사색하는 즐거움: 음악비평. 서울: 음악과 생활.

설연경(2013). 문화예술활동 기반 교육 개발사례에서 미적경험이 주는 교육적 효과분석. 한국콘텐츠학회, 14(2), 517-526.

성동환(2012). 대중음악 공연사업의 현황과 발전방안. 콘텐츠문화, 2, 69-102.

송세영(2015). 대중음악 콘서트의 브랜드화에 관한 연구: 이문세의 브랜드 콘서트를 중심으로. 단국대학교 대학원 석사학위논문.

송진범(2016). 음악과 사회: 송진범의 한국음악 비평. 서울: 음악춘추.

유다정, 김지윤, 신하람, 윤재명(2016). 홍대 앞 버스킹 문제 해소를 위한 커뮤니티 서비스 디자인. 디자인융복합 연구, 15(3), 187-201.

유승엽(2017). K-POP 특성이 한류콘텐츠 호감도와 청취의도 및 한국제품 구매의사에 미치는 영향. 디지털융복합연구, 15(9), 201-210.

유희성(1995). 한국 창작 뮤지컬의 방전 방향에 대한 연구. 중앙대학교 대학원 석사학위논문.

원종원(2012). 원종원의 올 댓 뮤지컬. 서울: 동아시아.

원종원(2013). 뮤지컬. 서울: 커뮤니케이션북스.

이미나(2000). 뮤지컬의 수용과 그 문제점에 관한 연구. 성균관대학교 대학원 석사학위논문.

이소희(2011). 뮤지컬의 역사와 갈라 콘서트의 작품해설에 대한 연구. 세종대학교 대학원 석사학위논문.

이수범(2012). 디지털 시대의 음악산업. 서울: 한울아카데미.

이수완(2014). 대중음악입문. 서울: 경성대학교출판부.

이수완(2016). 케이팝(K-Pop), Korean과 Pop Music의 기묘한 만남: K-Pop의 한국 대중음악적 진정성에 대한 탐구. 인문논총, 73(1), 77-103.

이은솔, 이우창(2017). 케이팝(K-Pop)의 현황과 국내 음악콘텐츠의 미래. 글로벌문화콘텐츠 학술대회, 185-188.

이은우(2017). 문화예술 관람이 주관적 만족감에 미치는 영향. 문화산업연구, 17(3),

129-134.

이준원, 김유경(2018). 한류가 국가브랜드 태도에 미치는 영향에 관한 연구. **광고PR실학연구, 11**(2), 123-148.

조혜덕, 서일호, 이용기(2018). 방탄소년단의 스타 속성이 스타 만족, 신뢰, 그리고 충성도에 미치는 영향. **한국엔터테인먼트산업학회지, 12**(7), 19-34.

하병현, 윤용근(2017). **음악과 저작권**. 서울: 북스데이.

한국문화콘텐츠진흥원(2006). **2006 전국 지역문화산업 지원기관 현황조사**. 서울: 한국문화콘텐츠진흥원.

한국문화예술교육진흥원(2007). **예술영재교육 네트워크 구축 결과보고서**. 서울: 한국문화예술교육진흥원.

한국콘텐츠진흥원(2018). **2017 음악산업백서**. 나주: 한국콘텐츠진흥원출판부.

황은영, 양은아(2017). 음악치료사들이 지각하는 음악의 치료적 요인에 대한 고찰. **한국음악치료학회지, 19**(2), 1-19.

Floyd, S. (1995). *The power of black music*. New York: Oxford University Press.

Longhurst, B. (1999). **대중음악과 사회**. (이호준 역). 서울: 예영커뮤니케이션. (원저는 1995년에 출판).

Said, E. E. (2007). **음악은 사회적이다**. (박홍규, 최유준 공역). 서울: 이다미디어. (원저는 1991년에 출판).

Whyte, W. H. (1980). *The social life of small urban space*. New York.

찾아보기

인명

내용

저자 소개

● **황은영**(Hwang Eun Young)

숙명여자대학교 음악치료학과 박사졸업

현) 숙명여자대학교 음악치료대학원 조교수

〈저서 및 역서〉

가족과 함께 하는 음악치료: 치료적 접근과 이론적 조망(공역, 교육과학사, 2018)

올 댓 청소년 음악치료(공저, 학지사, 2017)

음악치료 탐구: 논점과 이해(공역, 학지사, 2016)

● **장문정**(Jang Moon Jung)

숙명여자대학교 음악치료학과 석사졸업, 박사수료

현) 숙명여자대학교 음악치료대학원 초빙대우교수

경기대학교 외래교수

뮤직앤마인드 음악치료사

〈저서〉

올 댓 청소년 음악치료(공저, 학지사, 2017)

올 댓 음악치료사: 음악치료사의 모든 것!(공저, 학지사, 2014)

● **고은진**(Ko Eun Jin)

숙명여자대학교 음악치료학과 석사졸업, 박사수료

현) 고은뮤직앤마인드 음악치료연구소장

〈저서〉

올 댓 청소년 음악치료(공저, 학지사, 2017)

올 댓 음악치료사: 음악치료사의 모든 것!(공저, 학지사, 2014)

● 위아름(Wee A Rum)

숙명여자대학교 음악치료학과 석사졸업, 박사수료

현) 서울시 감정노동종사자 권리보호센터 심리/치유강사

중곡종합사회복지관 음악치료강사

〈저서〉

올 댓 청소년 음악치료(공저, 학지사, 2017)

올 댓 음악치료사: 음악치료사의 모든 것!(공저, 학지사, 2014)

● 박지선(Park Ji Sun)

숙명여자대학교 음악치료학과 석사졸업, 박사수료

현) 연세정신건강의학과의원 음악치료사

〈저서〉

올 댓 청소년 음악치료(공저, 학지사, 2017)

유아를 위한 음악치료의 이론과 실제(공저, 파란마음, 2015)

올 댓 음악치료사: 음악치료사의 모든 것!(공저, 학지사, 2014)

● 이은선(Lee Eun Sun)

숙명여자대학교 음악치료학과 박사졸업

현) 숙명여자대학교 특수대학원 음악치료학과 초빙대우교수

드리미 문화예술심리연구소 소장

〈저서〉

올 댓 청소년 음악치료(공저, 학지사, 2017)

유아를 위한 음악치료의 이론과 실제(공저, 파란마음, 2015)

올 댓 음악치료사: 음악치료사의 모든 것!(공저, 학지사, 2014)

음악과 인간행동
−음악에서 음악치료까지, 음악에 대한 모든 것−

Music and Human Behavior:
All that Music, from Music to Music Therapy

2019년 7월 30일 1판 1쇄 발행
2022년 9월 20일 1판 2쇄 발행

지은이 • 황은영 · 장문정 · 고은진 · 위아름 · 박지선 · 이은선
펴낸이 • 김진환
펴낸곳 • (주)학지사
04031 서울특별시 마포구 양화로 15길 20 마인드월드빌딩
대표전화 • 02-330-5114 팩스 • 02-324-2345
등록번호 • 제313-2006-000265호

홈페이지 • http://www.hakjisa.co.kr
페이스북 • https://www.facebook.com/hakjisabook

ISBN 978-89-997-1870-0 93370

정가 18,000원

이 도서의 국립중앙도서관 출판시도서목록(CIP)은 서지정보유통지원시스템 홈페이지(http://seoji.nl.go.kr)와 국가자료공동목록시스템(http://www.nl.go.kr/kolisnet)에서 이용하실 수 있습니다.
(CIP 제어번호: CIP2019028493)